O TESTE DO PSICOPATA

JON RONSON

O TESTE DO PSICOPATA

Tradução
Bruno Casotti

1ª edição

Rio de Janeiro | 2014

CIP-BRASIL. CATALOGAÇÃO NA PUBLICAÇÃO
SINDICATO NACIONAL DOS EDITORES DE LIVROS, RJ

R682t

Ronson, Jon, 1967-
O teste do psicopata / Jon Ronson; tradução Bruno
Casotti. – 1. ed. – Rio de Janeiro: Best*Seller*, 2014.
il.

Tradução de: The psychopath test
Apêndice
ISBN 978-85-7684-590-4

1. Psicopatas. 2. Reportagem. 3. Ensaios. I. Título.

13-02615

CDD: 616.8582
CDU: 616.89-008.1

Texto revisado segundo o novo Acordo Ortográfico da Língua Portuguesa.

Título original
THE PSYCHOPATH TEST
Copyright © 2011 by Jon Ronson Ltd
Copyright da tradução © 2014 by Editora Best Seller Ltda.

Capa adaptada do design original da Crushed, publicado pela Picador
Editoração eletrônica: Abreu's System

Todos os direitos reservados. Proibida a reprodução,
no todo ou em parte, sem autorização prévia por escrito da editora,
sejam quais forem os meios empregados.

Direitos exclusivos de publicação em língua portuguesa para o Brasil
adquiridos pela
EDITORA BEST SELLER LTDA.
Rua Argentina, 171, parte, São Cristóvão
Rio de Janeiro, RJ – 20921-380
que se reserva a propriedade literária desta tradução

Impresso no Brasil

ISBN 978-85-7684-590-4

Seja um leitor preferencial Record.
Cadastre-se e receba informações sobre nossos lançamentos e nossas
promoções.

Atendimento e venda direta ao leitor
mdireto@record.com.br ou (21) 2585-2002

SUMÁRIO

1. Revelando a peça que faltava no quebra-cabeça *9*

2. O homem que fingia ser louco *38*

3. Psicopatas sonham em preto e branco *69*

4. O Teste do Psicopata *91*

5. Toto *120*

6. A noite dos mortos-vivos *139*

7. O tipo certo de loucura *169*

8. A loucura de David Shayler *179*

9. Querendo um pouco demais *210*

10. A evitável morte de Rebecca Riley *228*

11. Boa sorte *250*

Notas/Fontes/Bibliografia/Agradecimentos *268*

Para Anita Bhoomkar (1966-2009)
Uma amante da vida e de toda a sua loucura

1

REVELANDO A PEÇA QUE FALTAVA NO QUEBRA-CABEÇA

Esta é uma história sobre loucura. Começa com um encontro curioso em uma cafeteria Costa Coffee em Bloomsbury, no centro de Londres. Esse era o local que os neurologistas costumavam frequentar — a Escola de Neurologia da University College London ficava logo depois da esquina. E ali estava uma neurologista, virando na Southampton Row, acenando meio sem jeito para mim. Seu nome era Deborah Talmi. Ela parecia alguém que passava dias em laboratórios e não estava acostumada a encontros peculiares com jornalistas em cafés, muito menos a se ver envolvida em mistérios incompreensíveis. Ela estava acompanhada por um homem jovem, alto, com a barba por fazer e aparência de acadêmico. Eles se sentaram.

— Eu sou Deborah.

— Eu sou Jon — falei.

— Eu sou James — disse o homem.

— Então — perguntei —, você trouxe?

Ela fez que sim com a cabeça. Em silêncio, deslizou um pacote sobre a mesa. Abri-o e examinei o conteúdo.

— É bem bonito.

Em julho do ano passado, Deborah recebeu um pacote estranho pelo correio, que esperava por ela em seu escaninho. O carimbo postal indicava *Gotemburgo, Suécia*. Alguém escrevera no envelope acolchoado "Eu lhe direi mais quando voltar!" No entanto, quem quer que o tivesse enviado não pusera o nome.

O pacote continha um livro. Era um livro de apenas 42 páginas, 21 delas — alternadamente — em branco. Porém, tudo ali — o papel, as ilustrações, a fonte — indicava que aquela parecia ser uma produção muito cara. A capa era uma imagem delicada e misteriosa de duas mãos separadas do corpo, uma desenhando a outra. Deborah a reconheceu: era uma reprodução de *Mãos desenhando*, de M.C. Escher.

O autor era um tal de "Joe K" (seria uma referência a Joseph K., de Kafka, ou um anagrama de *joke*?) e o título era *O ser ou o nada*, uma referência a um ensaio de Sartre de 1943, *O ser e o nada*. Alguém tinha cortado cuidadosamente a página que indicava os detalhes da publicação e dos direitos autorais, o ISBN etc., para que não houvesse pista alguma ali. Em uma etiqueta adesiva, lia-se: "Aviso! Por favor, estude a carta ao professor Hofstadter antes de ler o livro. Boa sorte!"

Deborah folheou o livro. Era obviamente uma espécie de quebra-cabeça esperando para ser resolvido, com um verso enigmático, páginas nas quais palavras tinham sido recortadas, e por aí em diante. Ela olhou mais uma vez para o "Eu lhe direi mais quando voltar!". Um de seus colegas estava visitando a Suécia e, portanto, embora não fosse normalmente o tipo de pessoa que enviava pacotes misteriosos, a explicação mais lógica era que ele era o remetente.

Entretanto, quando o colega voltou, ela lhe perguntou ele disse que nada sabia sobre o pacote.

Deborah ficou intrigada. Pesquisou na internet. E foi aí que descobriu que não estava sozinha.

— Todos os que receberam o livro são neurologistas? — perguntei.

— Não — disse Deborah. — Apenas a maioria. Há também um astrofísico do Tibete e um estudioso de religião do Irã, por exemplo.

— São todos do meio acadêmico — falou James.

Eles tinham recebido o pacote exatamente da mesma maneira que Deborah — em um envelope acolchoado vindo de Gotemburgo, no qual estava escrito "Eu lhe direi mais quando voltar!". Eles se reuniam em blogs e fóruns e estavam tentando decifrar o código.

Talvez, sugeriu um deles, o livro devesse ser lido como uma alegoria cristã, "por causa da enigmática frase 'Eu lhe direi mais quando voltar!' (claramente uma referência à Segunda Vinda de Jesus). O autor ou autores parecem estar contradizendo o ateístico 'O ser e o nada' de Sartre."

Uma pesquisadora de psicologia da percepção chamada Sarah Allred concordou: "Tenho uma vaga suspeita de que isso vai acabar se revelando um marketing viral ou um golpe de publicidade de algum tipo de organização religiosa em que acadêmicos/intelectuais/cientistas/filósofos vão aparecer como tolos."

Para outros, essa hipótese parecia improvável: "O custo eliminaria a teoria viral, a não ser que a campanha esteja apostando que seus alvos cuidadosamente selecionados vão refletir sobre o misterioso livro na internet."

A maioria dos que receberam o livro achava que a resposta estava, de maneira intrigante, com o próprio grupo. *Eles* tinham sido escolhidos para receber o pacote. Havia claramente um traço comum em ação. Mas qual seria? Será que todos tinham ido à mesma conferência anos atrás ou algo assim? Talvez estivessem sendo procurados para ocupar um cargo alto em algum empreendimento sigiloso?

"Do tipo 'o primeiro que decifrar o código consegue o emprego'?", escreveu um australiano.

A única coisa que parecia óbvia era que uma pessoa brilhante ou uma empresa com ligações com Gotemburgo tinha criado um enigma tão complexo, que mesmo acadêmicos inteligentes como eles não conseguiam decifrar. Talvez aquilo não pudesse ser decifrado porque o código estava incompleto. Talvez faltasse uma peça. Alguém sugeriu "pôr as letras perto de uma lâmpada e tentar fazer o teste do vapor de iodo. Pode haver algo secreto escrito em outro tipo de tinta".

Mas o teste não revelou qualquer mensagem secreta.

Eles jogaram a toalha, derrotados. Se aquilo era um enigma que acadêmicos não conseguiam resolver, talvez devessem procurar alguém mais rude, como um investigador particular ou um jornalista. Deborah procurou saber. Qual repórter seria persistente e curioso o bastante para se envolver com esse mistério?

Eles analisaram alguns nomes.

E então James, o amigo de Deborah, disse:

— Que tal Jon Ronson?

No dia em que recebi o e-mail de Deborah com o convite para ir ao Costa Coffee, eu estava no meio de um ataque de ansiedade muito intenso. Entrevistara recentemente um homem chamado Dave McKay. Ele era o carismático líder de um pequeno grupo religioso australiano chamado Jesus Christians, e, pouco tempo antes, havia sugerido aos membros do grupo que cada um deles doasse um dos rins a um estranho. Eu e Dave nos demos muito bem de início — ele parecia um excêntrico charmoso e, consequentemente, eu estava colhendo um bom material para minha matéria, além de citações agradavelmente malucas dele. Porém, quando sugeri que a pressão sobre o grupo por parte de Dave talvez fosse o motivo pelo qual alguns membros mais vulneráveis estavam optando por doar um rim, ele explodiu. Enviou-me uma mensagem dizendo que, para me dar uma lição, estava impedindo uma doação de rim iminente.

Ele deixaria a receptora morrer e a morte dela ficaria para sempre em minha consciência.

Fiquei horrorizado pela receptora e também bastante satisfeito por Dave ter me enviado uma mensagem tão louca, que seria ótima para minha matéria. Eu disse a um jornalista que Dave parecia um psicopata (eu não sabia nada sobre psicopatas, mas presumi que aquilo era o tipo de coisa que eles fariam). O jornalista publicou o que falei. Dias depois, Dave me enviou um e-mail: "Considero difamatório afirmar que sou um psicopata. Procurei consultoria jurídica. Fui informado de que tenho um caso forte contra você. Sua malícia em relação a mim não lhe dá o direito de me difamar."

Era por isso que eu estava em pânico no dia em que o e-mail de Deborah chegou em minha caixa de entrada.

— Onde eu estava com a *cabeça*? — disse à minha mulher, Elaine. — Eu estava apenas me divertindo ao ser entrevistado. Estava me divertindo ao falar. E agora estou fodido. Dave McKay vai me processar.

— O que está acontecendo? — falou meu filho Joel, entrando no quarto. — Por que todo mundo está gritando?

— Eu cometi um erro idiota, chamei um homem de psicopata e agora ele está zangado — expliquei.

— O que ele vai fazer com a gente? — perguntou Joel.

Houve um breve silêncio.

— Nada — disse eu.

— Mas se ele não vai fazer nada com a gente, por que você está nervoso?

— Só estou preocupado porque o deixei zangado — disse. — Não gosto de deixar as pessoas incomodadas ou zangadas. Por isso estou triste.

— Você está mentindo — falou Joel, cerrando os olhos. — Eu *sei* que você não se importa em deixar as pessoas zangadas ou incomodadas. O que não quer me contar?

— Eu contei tudo a você — respondi.

— Ele vai nos machucar? — perguntou Joel.

— Não! Não, não! Isso definitivamente não vai acontecer!

— Estamos em perigo? — gritou Joel.

— Ele não vai nos machucar. Ele só vai nos processar. Só quer levar o meu dinheiro.

— Ai, meu Deus — disse Joel.

Enviei um e-mail a Dave me desculpando por chamá-lo de psicopata.

"Obrigado, Jon", respondeu ele de imediato. "Meu respeito por você aumentou consideravelmente. Espero que, se nos encontrarmos de novo, possamos agir como algo mais próximo do que poderia ser chamado de amizade."

E assim, pensei, *ali estava eu me preocupando à toa mais uma vez.*

Cheguei meus e-mails não lidos e encontrei o de Deborah Talmi. A mensagem dizia que ela e muitos outros acadêmicos ao redor do mundo tinham recebido um pacote misterioso pelo correio. Ela soubera por um amigo que lera meus livros que eu era o tipo de jornalista capaz de se interessar por histórias estranhas de investigação. Terminava com "Espero ter transmitido a você a sensação de estranheza que tudo isso me dá e como essa coisa toda é fascinante. É como uma história de aventura, ou um jogo de realidade alternativa, e nós somos as peças. Ao enviarem isso aos acadêmicos, evocaram a pesquisadora em mim, mas não consegui encontrar a resposta. Espero realmente que você se interesse por isso".

Agora, no Costa Coffee, ela olhava para o livro que eu tomava em minhas mãos.

— Basicamente — disse ela —, alguém está tentando atrair a atenção de acadêmicos específicos para alguma coisa de uma maneira muito misteriosa, e estou curiosa para saber por quê. Acho que é uma campanha elaborada demais para ser apenas de uma pessoa. O livro está tentando nos dizer algo. Mas não sei o que é. Adoraria saber quem o enviou para mim, só que não tenho talento algum para investigação.

— Bem... — falei.

Fiquei em silêncio e examinei seriamente o livro. Dei um gole em meu café.

— Vou tentar.

Eu disse a Deborah e James que gostaria de começar minha investigação dando uma olhada no local onde eles trabalhavam. Falei que estava ansioso para ver o escaninho onde Deborah encontrara o pacote. Eles olharam um ao outro disfarçadamente, como que pensando: *É um lugar estranho para começar, mas quem ousaria criticar os métodos dos grandes detetives?*

Talvez o olhar deles não quisesse dizer realmente isso. Talvez quisesse dizer: *A investigação de Jon não poderia se beneficiar de maneira séria com uma visita ao nosso escritório, e é um pouco estranho que ele queira fazer isso. Tomara que não tenhamos escolhido o jornalista errado. Tomara que ele não seja um maluco, ou que tenha um objetivo particular para querer ver o nosso prédio.*

Se o olhar deles realmente queria dizer isso, eles estavam certos: eu tinha um objetivo particular para querer ver o prédio em que eles trabalhavam.

O departamento de James ficava numa laje de concreto extremamente sem graça perto da Russel Square, na Escola de Psicologia da University College London. Fotografias esmaecidas dos anos 1960 e 1970 nas paredes do corredor mostravam crianças amarradas a máquinas de aparência assustadora, com fios pendendo de suas cabeças. Elas sorriam para a câmera com uma alegria incompreensível, como se estivessem na praia.

Um crime contra aquele espaço público tinha sido cometido ao pintarem o corredor de amarelo-claro. Isso aconteceu porque os bebês vinham aqui para ter seu cérebro examinado e alguém achou que o amarelo os deixaria calmos. Eu não conseguia entender como. A feiura opressiva do prédio era tanta que era como se tivessem colocado um nariz vermelho num cadáver e o chamado de Ronald McDonald.

Dei uma espiada nos escritórios. Em cada um deles, um neurologista ou psicólogo estava debruçado sobre a mesa, muito concentrado em algo relacionado ao cérebro. Fiquei sabendo que em uma das salas, o campo de interesse era um homem do País de Gales que conseguia identificar cada uma de suas ovelhas, mas não conseguia reconhecer rostos humanos — nem mesmo o de sua mulher, nem mesmo ele próprio no espelho. O distúrbio se chama prosopagnosia — ou cegueira para feições. Parece que aqueles que sofrem desse distúrbio insultam inadvertidamente seus colegas de trabalho, vizinhos, maridos e esposas por não sorrirem de volta ao passarem por eles na rua e coisas parecidas. As pessoas não conseguem evitar de se sentirem ofendidas, mesmo sabendo que a grosseria é causada pela doença, e não por arrogância. Sentimentos ruins podem se espalhar rapidamente.

Em outro escritório, um neurologista estava estudando um caso de julho de 1996 sobre um médico, ex-piloto da RAF, que voou sobre um campo em plena luz do dia, fez a volta, voou pelo mesmo lugar 15 minutos depois e, de repente, lá estava um vasto círculo na plantação. Como se tivesse acabado de se *materializar.* Cobria quatro hectares e era formado por 151 círculos separados. O círculo, batizado de Julia Set, tornou-se o mais festejado da história dos círculos em plantações.* Camisetas e pôsteres foram pro-

---

*Os chamados círculos ingleses — que na verdade podem ter formatos e padrões diversos — são formados pelo achatamento de plantas de modo a criar desenhos quando vistos do alto. (*N. do T.*)

duzidos. Convenções foram organizadas. No entanto, o movimento andava enfraquecido — era cada vez mais óbvio que os círculos em plantações eram feitos por artistas conceituais, na calada da noite, com o uso de tábuas de madeira e cordas, e não por extraterrestres — mas aquele aparecera do nada no intervalo de 15 minutos entre as viagens de ida e volta do piloto sobre o campo.

Nesta sala, o neurologista estava tentando descobrir por que o cérebro do piloto não identificara o círculo ao passar por ele pela primeira vez. O círculo estava ali o tempo todo e havia sido feito na noite anterior por um grupo de artistas conceituais conhecido como Team Satan.

No terceiro escritório, vi uma mulher com o livro *Little Miss Brainy* na estante. Ela parecia alegre, animada e tinha uma boa aparência.

— Quem é essa? — perguntei a James.

— Essi Viding — disse ele.

— O que ela estuda?

— Psicopatas.

Dei uma espiada na sala de Essi. Ela nos viu, sorriu e acenou.

— Isso deve ser perigoso.

— Já ouvi uma história sobre ela — falou James. — Ela estava entrevistando um psicopata. Mostrou a ele uma imagem de um rosto assustado e pediu que identificasse a emoção. Ele disse que não sabia qual era a emoção, mas que era a expressão que as pessoas faziam antes de ele matá-las.

Continuei andando pelo corredor. Então parei e olhei de volta para Essi Viding. Eu realmente nunca havia pensando muito sobre psicopatas até aquele momento e me perguntei se deveria tentar conhecer alguns. Parecia extraordinário que houvesse pessoas cujo estado neurológico as tornava, de acordo com a história de James, tão assustadoras quanto uma criatura espacial totalmente malévola de um filme de ficção científica. Eu me lembrava vagamente de ouvir psicólogos dizendo que havia uma predominância de psicopatas no topo dos mundos corporativo e político — uma ausência clínica de empatia seria um benefício nesses ambientes. Será que isso era realmente verdade? Essi acenou para mim de novo. E decidi que não, seria um erro começar a me intrometer no mundo dos psicopatas, um erro especialmente grande para alguém como eu, que sofre de excesso de ansiedade. Acenei de volta e continuei seguindo pelo corredor.

O prédio de Deborah, o Wellcome Trust Centre for Neuroimaging, da University College London, ficava logo depois da esquina, na Queen Square. Era mais moderno e equipado com gaiolas de Faraday e aparelhos de ressonância magnética operados por técnicos nerds que usavam camisetas com estampa de personagens de histórias em quadrinhos. O jeito nerd deles fazia as máquinas parecerem menos intimidadoras.

"Nosso objetivo", dizia o site da instituição, "é entender como o pensamento e a percepção surgem da atividade cerebral e como esses processos se degeneram em doenças neurológicas e psiquiátricas."

Chegamos ao escaninho de Deborah. Eu o examinei.

— Está bem — disse eu. — Certo.

Permaneci concordando com a cabeça por alguns instantes. Deborah fez o mesmo. Olhamos um para o outro.

Agora certamente seria o momento de revelar a ela meu objetivo secreto para querer entrar nos prédios deles. O nível de minha ansiedade tinha ultrapassado todos os limites nos últimos meses. Isso não era normal. Pessoas normais com certeza não sentiam esse pânico. Pessoas normais com certeza não se sentiam como se estivessem sendo eletrocutadas de dentro para fora por um feto armado com uma pistola de eletrochoque em miniatura, como se estivessem levando um choque de um fio que emitia aquela descarga elétrica que impede o gado de entrar no campo do vizinho. Portanto, durante o dia inteiro (desde o Costa Coffee), meu plano era desviar a conversa para outro assunto: meu cérebro ansioso demais. E talvez Deborah se oferecesse para me pôr no aparelho de ressonância magnética ou algo assim. Mas ela parecia tão satisfeita por eu ter concordado em resolver o mistério de *O ser ou o nada*, que até então eu não tivera coragem de mencionar meu problema, para não estragar o clima.

Minha última chance era agora. Deborah viu que eu olhava para ela, querendo dizer alguma coisa importante.

— Sim? — disse ela.

Houve um breve silêncio. Eu a encarei.

— Eu lhe aviso sobre o que vou fazer — falei.

O voo das seis horas da manhã da Ryanair para Gotemburgo, com desconto, estava lotado, claustrofóbico e apertado. Tentei alcançar o bolso da calça para apanhar meu bloco de anotações e escrever uma lista de tarefas, mas minha perna ficou completamente entalada sob a mesinha, que estava com uma pilha alta de restos do café da manhã: pacotes de biscoitos. Eu precisava fazer um plano para Gotemburgo. Realmente deveria tê-lo feito com meu bloco de anotações. Minha memória já não é como antes. Na verdade, hoje em dia, é muito frequente eu sair de casa com uma expressão animada, determinada, e, depois de algum tempo, diminuir o ritmo até parar e ficar com uma expressão perplexa no rosto. Em momentos como esse, tudo parece irreal e confuso. Minha memória provavelmente vai desaparecer completamente qualquer dia, como aconteceu com meu pai, e então não haverá mais nenhum livro para escrever. Eu realmente preciso fazer um pé-de-meia.

Tentei me abaixar para coçar o pé. Não consegui. Eu estava preso. Porra, eu estava preso. *Porra*, eu estava...

— IAAU! —, gritei involuntariamente. Minha perna se atirou para cima, batendo na mesinha. O passageiro a meu lado lançou-me um olhar assustado. Eu só havia soltado um *grito sem querer*. Olhei diretamente para frente, parecendo chocado, mas também um pouco amedrontado. Não sabia que esses barulhos loucos e misteriosos existiam dentro de mim.

Eu só tinha uma pista em Gotemburgo: o nome e o endereço do escritório de um homem que poderia saber a identidade, ou as identidades, de "Joe K". Seu nome era Petter Nordlund. Embora nenhum dos pacotes enviados aos acadêmicos contivesse qualquer pista — não havia nome algum de um possível autor ou distribuidor —, enterrado no fundo do arquivo de uma biblioteca sueca, eu encontrara "Petter Nordlund" citado como o tradutor para o inglês de *O ser ou o nada*. Uma busca no Google não revelou mais nada sobre ele, apenas o endereço de uma empresa de Gotemburgo chamada BIR, com a qual ele estava envolvido.

Se, como suspeitavam as pessoas que haviam recebido o livro, uma equipe de criadores de enigmas estava por trás daquela campanha cara e misteriosa por motivos ainda não determinados (propaganda religiosa? Marketing viral? Caça-talentos?), Petter Nordlund era o único caminho a seguir. Porém, ele não sabia que eu estava chegando. E eu temia que ele se escondesse se soubesse. Ou talvez ele tivesse avisado qualquer que fosse a organização obscura por trás de *O ser ou o nada*. Talvez tentassem me impedir de alguma maneira que eu ainda não conseguia visualizar bem. O que quer que fosse, determinei que cercar Petter Nordlund na saída era a maneira mais esperta de agir. A viagem inteira era uma aposta. Tradutores geralmente trabalham a uma grande distância de seus clientes, e Petter Nordlund poderia muito bem não saber absolutamente nada.

* * *

Algumas pessoas que haviam recebido o livro tinham sugerido que *O ser ou o nada* era um enigma que não poderia ser decodificado por estar incompleto, e depois de estudar o livro durante uma semana, passei a concordar com ela. Cada página parecia uma charada com uma solução fora de alcance. Uma nota no início dizia que o manuscrito havia sido "encontrado" na esquina de uma estação ferroviária abandonada: "Estava num lugar aberto, visível a todos, mas fui o único curioso o bastante para apanhá-lo."

O que se seguia eram citações concisas:

"Meu pensamento é vigoroso."
ALBERT EINSTEIN

"Eu sou um laço estranho."
DOUGLAS HOFSTADTER

"A vida deve ser uma aventura alegre."
JOE K

O livro tinha apenas 21 páginas que não estavam em branco, mas algumas delas continham apenas uma frase. Na página 18, por exemplo, lia-se simplesmente: "No sexto dia depois de parar de escrever o livro, eu me sentei no lugar de B e escrevi o livro."

E tudo isso tinha uma produção cara, com papel e tinta da melhor qualidade — em uma página, havia uma reprodução delicada e colorida de uma borboleta — e o esforço deve ter custado uma quantidade enorme de dinheiro a alguém ou a um grupo de pessoas.

A peça que faltava não era um texto secreto em tinta invisível, como fora constatado, mas havia outra possibilidade. Na página 13 de todos os exemplares, um buraco havia sido feito de forma bastante cuidadosa. Faltavam algumas palavras. Estaria a solução para o mistério de algum modo ligada a essas palavras que faltavam?

Aluguei um carro no aeroporto de Gotemburgo. O cheiro dele — o cheiro de um carro alugado que fora higienizado recentemente — nunca deixa de me trazer lembranças felizes de aventuras investigativas. Houve as semanas que passei seguindo o autor de teorias conspiratórias David Icke, quando ele propôs sua teoria de que os governantes secretos do mundo são lagartos pedófilos gigantes que bebem sangue de crianças sacrificadas e que haviam assumido uma forma humana. Aquela era uma boa história. E começara, assim como essa, com o cheiro de um carro alugado limpo há pouco tempo.

O GPS me levou ao parque de diversões Liseberg, ao estádio em que Madonna deveria se apresentar na noite seguinte e ao centro financeiro. Imaginei que o escritório de Petter Nordlund ficaria ali, mas, em vez disso, o GPS me disse para fazer uma curva inesperada e acentuada para a esquerda, e me vi avançando por uma rua residencial cercada de árvores, em direção a uma casa de madeira quadrada, gigante e branca.

Aquele era o meu destino, conforme me informava o GPS.

Caminhei até a porta da frente e toquei a campainha. Uma mulher de calça de ginástica atendeu.

— Aqui é o escritório de Petter Nordlund? — perguntei a ela.

— Não, é a casa dele — respondeu.

— Ah, sinto muito — disse eu. — Ele está?

— Hoje ele está com os pacientes — disse ela. A mulher tinha sotaque americano.

— Ele é médico?

— Psiquiatra.

Ficamos parados na entrada e conversamos durante algum tempo. Ela falou que seu nome era Lily e que era esposa de Petter. Eles haviam começado a namorar na infância (ele estudara nos Estados Unidos) e haviam pensado em morar na Califórnia, onde ela nascera, mas então um tio de Petter morreu, ele herdou aquela casa enorme e eles não conseguiram resistir.

Petter, segundo Lily, era não apenas um tradutor, mas também um psiquiatra muito bem-sucedido. (Mais tarde, li sua página no LinkedIn, que dizia que ele trabalhava com esquizofrênicos, psicóticos e vítimas de TOC e era também "químico de proteína" e consultor de uma "empresa internacional de investimentos" e de uma "empresa de biotecnologia em Cambridge — especializada em algo chamado "descoberta e desenvolvimento de peptídio terapêutico".) Ele estava trabalhando numa clínica a duas horas de Gotemburgo, disse ela, e não, não adiantava eu ir até lá. Eles nunca me deixariam entrar sem as credenciais certas.

— Eu não consigo falar com meu marido nem por telefone quando ele está com os pacientes — disse ela. — É muito intenso.

— Intenso de que maneira? — perguntei.

— Eu não sei. Ele vai estar de volta em alguns dias. Se você ainda estiver em Gotemburgo, será bem-vindo se tentar de novo. — Ela fez uma pausa. — Então, por que está aqui? Por que quer ver meu marido?

— Ele traduziu um livro muito intrigante chamado *O ser ou o nada*. Fiquei tão fascinado com a obra que queria encontrá-lo e descobrir quem o contratou e por que o livro foi escrito.

— Ah — disse ela. Parecia surpresa.

— Você conhece *O ser ou o nada*?

— Sim — respondeu ela, fazendo uma pausa. — Eu... Sim, eu sei de que livro o senhor está falando... Ele traduz muita

coisa. Para empresas. E este foi... — Ela hesitou. Então, falou:
— Nós não nos metemos no trabalho um do outro. Eu sequer
presto atenção no que ele está fazendo, para ser sincera. Sei que
ele está muito envolvido em algo importante, mas não entendo
nada sobre o assunto. Às vezes, ele diz: "Acabei de traduzir isso
para uma empresa", e se está em sueco, eu não entendo, então
realmente não tento ver seu trabalho.

— De qualquer modo, foi um prazer falar com você. Eu
apareço de novo dentro de alguns dias.

— Claro — Lily respondeu. — Claro.

Os dias seguintes passaram lentamente. Descansei em meu
quarto do hotel e assisti a uma TV europeia estranha que
provavelmente faria perfeito sentido se eu falasse a língua,
mas, como não entendia os programas, eles pareciam irreais
e confusos. Em um programa de estúdio, um grupo de acadêmicos escandinavos observava enquanto um deles derra-
mava plástico líquido em um balde de água gelada. O plástico se solidificou, eles o retiraram, seguraram-no, passando-o
pelo círculo e, até onde posso dizer, discutiram sua deformi-
dade aleatória. Telefonei para casa, mas minha mulher não
atendeu. Passou por minha cabeça que ela podia estar morta.
Entrei em pânico. Então descobri que ela não estava morta.
Fora apenas fazer compras. Tenho entrado em pânico desne-
cessariamente em todos os lugares. Saí para caminhar. Quando voltei, havia uma mensagem à minha espera. Era de Deborah Talmi. Havia surgido um suspeito. Eu poderia telefonar
para ela?

O suspeito, descobri para meu desgosto, não estava na Suécia.
Estava em Bloomington, Indiana. Seu nome era Levi Shand e
ele acabara de entrar na internet para postar a mais implausível
história sobre seu envolvimento com *O ser ou o nada*.

A história de Levi Shand, conforme Deborah me disse, era mais ou menos a seguinte: ele estudava na Indiana University. Estava dirigindo seu carro sem rumo pela cidade quando notou uma grande caixa marrom embaixo de uma ponte ferroviária, sobre a terra. Então parou o carro para olhar de perto.

A caixa não tinha qualquer identificação e estava visivelmente limpa, como se tivesse sido jogada ali há pouco tempo. Embora estivesse nervoso para abri-la — podia haver qualquer coisa ali dentro, desde 1 milhão de dólares até uma cabeça decepada — Levi se encheu de coragem e descobriu oito exemplares imaculados de *O ser ou o nada*.

Ele leu as etiquetas em cada um deles — "Aviso! Por favor, estude a carta ao professor Hofstadter antes de ler o livro. Boa sorte!" — e ficou intrigado. Porque sabia quem era o professor Hofstadter e onde ele morava.

— Não conheço o professor Hofstadter — falei a Deborah. — Sei que há referências ao sujeito espalhadas por todo *O ser ou o nada*. Mas não consegui descobrir se é uma pessoa de verdade ou um personagem fictício. Ele é muito conhecido?

— Ele escreveu *Gödel, Escher, Bach*! — respondeu ela, surpresa com a minha falta de conhecimento. — Foi um marco.

Eu não reagi.

— Se você é nerd — suspirou Deborah — e está descobrindo a internet, principalmente se for um menino, *Gödel, Escher, Bach* é a sua Bíblia. É sobre como é possível usar as teorias matemáticas de Gödel e os cânones de Bach para dar sentido à experiência da consciência. Muitos jovens realmente gostam. É bem divertido. Eu não li todo, mas está na minha estante.

Segundo ela, Hofstadter publicou a obra no fim dos anos 1970. O livro foi bastante elogiado. Ganhou o Pulitzer. É repleto de enigmas brilhantes, jogos de palavras e reflexões sobre o significado da consciência e inteligência artificial. É o tipo de livro — assim como *Zen e a arte de manutenção de motocicletas* ou *Uma breve história do tempo* — que tudo mundo quer ter na prateleira, mas poucos são inteligentes o bastante para realmente entender.

Embora em 1979 o mundo estivesse aos pés de Hofstadter, ele havia se isolado e passara as últimas três décadas trabalhando discretamente como professor de ciência cognitiva na Indiana University. No entanto, ele era bem conhecido entre os estudantes. Tinha uma massa de cabelos grisalhos como a de Andy Warhol e uma casa enorme na extremidade do campus. Foi para lá — a história de Levi Shand continuava — que o jovem estudante rumou com seu carro na intenção de presentear Hofstadter com os oito exemplares de *O ser ou o nada* que encontrara na caixa embaixo da ponte ferroviária.

— Uma ponte ferroviária — falei a Deborah. — Você notou o paralelo? Naquela carta a Douglas Hofstadter, na capa, o autor fala de encontrar algumas velhas páginas batidas à máquina jogadas de qualquer jeito na esquina de uma estação de trem abandonada.

— Você está certo!

— E o que Levi Shand diz que aconteceu quando ele foi à casa de Hofstadter entregar os livros? — perguntei.

— Ele falou que bateu na porta de Hofstadter, que se abriu e revelou, para seu espanto, um harém de belas mulheres francesas. No meio do harém estava o próprio Hofstadter. Ele convidou o jovem estudante boquiaberto a entrar, pegou os livros, agradeceu e o encaminhou à porta novamente.

E este era o fim da história de Levi Shand.

Mergulhamos em um silêncio intrigado.

— Um harém de belas mulheres francesas? — perguntei.

— Não acredito nessa história — disse ela.

— Não parece plausível. Será que consigo falar com Levi Shand por telefone?

— Pesquisei um pouco sobre ele. Ele tem uma página no Facebook.

— Ah, que bom — falei. — Vou entrar em contato com ele, então.

Houve mais um silêncio.

— Deborah?

— Acho que ele não existe — disse ela, de repente.

— Mas ele tem uma página no Facebook — falei.

— Com trezentos amigos americanos que parecem muito oportunos — disse Deborah.

— Você acha...?

— Acho que alguém criou um personagem convincente para Levi Shand no Facebook.

Aceitei essa possibilidade.

— Você pensou no nome dele? — perguntou-me a neurologista.

— Levi Shand?

— Você não entendeu? — disse ela. — É um anagrama.

Fiquei em silêncio.

— Lavish End — exclamei de repente.

— Não — disse Deborah.

Peguei uma folha de papel

— Devil Has N...? — perguntei momentos depois.

— Live Hands — disse Deborah. — É um anagrama de Live Hands.

— Está bem, está bem — falei.

— Como o desenho na capa de *O ser ou o nada* — lembrou Deborah. — Duas mãos, uma desenhando a outra...?

— Então, se Levi Shand não existe, quem o criou?

— Acho que todos eles são Hofstadter — disse Deborah. — Levi Shand. Petter Nordlund. Acho que *todos são Douglas Hofstadter.*

27

* * *

Saí para caminhar em Gotemburgo, sentindo-me bastante chateado e decepcionado por estar ali à toa há dias quando o culpado era provavelmente um eminente professor que estava a mais de 6 mil quilômetros de distância, na Indiana University. Deborah me apresentara provas circunstanciais suplementares para sustentar sua teoria de que todo o enigma era um produto da mente travessa de Douglas Hofstadter. Segundo ela, esse era exatamente o tipo de brincadeira que ele poderia fazer. E sendo autor de um best-seller internacional, teria os recursos financeiros para levá-la a cabo. Além do mais, ele não era nem um pouco estranho na Suécia. De acordo com sua página na Wikipédia, o professor havia morado ali em meados dos anos 1960. Fora isso, *O ser ou o nada* parecia um livro dele. A capa branca e simples lembrava a capa do livro de Hofstadter seguinte a *Gödel, Escher, Bach*: *I Am A Strange Loop*, de 2007.

É verdade que a invenção de um falso estudante da Indiana University, com uma página falsa no Facebook, e uma história improvável sobre um harém de lindas mulheres francesas eram acréscimos estranhos, mas não adiantaria nada desconfiar dos motivos de um homem brilhante como Hofstadter.

Além disso, Deborah achava que havia resolvido o enigma. Sim, faltava uma peça, mas esta não assumia a forma de tinta invisível nem de palavras significativas cortadas na página 13. Era, disse ela, o modo como o livro revelara um narcisismo inerente àqueles que o haviam recebido.

— *I Am A Strange Loop* é sobre isso — Deborah me falou. — É sobre como passamos a vida nos autorreferenciando repetidamente, em uma espécie de laço estranho. Agora muitas pessoas estão se perguntando: "Por que fui escolhido para receber esse livro?" Elas não estão falando sobre o *livro* ou a *mensagem*. Estão falando sobre *si mesmas*. Então, *O ser ou o nada* criou um laço estranho de pessoas e é um receptáculo para a autorreferência delas — Ela fez uma pausa. — Acho que esta é a mensagem de Hofstadter.

Era uma teoria convincente, e continuei a achar que poderia ser a solução para a charada até o momento — uma hora depois — em que tive uma conversa no Skype com Levi Shand, que, logo ficou claro, não era uma invenção de Douglas Hofstadter, mas sim um estudante de verdade da Indiana University.

Ele era um jovem bonitão, com cabelos pretos, olhos tristonhos e um quarto bagunçado de estudante. Foi fácil encontrá-lo. Enviei-lhe um e-mail por meio de sua página no Facebook. Ele me respondeu imediatamente (estava on-line na hora) e, em segundos, estávamos cara a cara.

Ele me disse que era tudo verdade. Ele realmente encontrara os livros em uma caixa embaixo de um viaduto da ferrovia e Douglas Hofstadter realmente tinha um harém de francesas morando em sua casa.

— Me diga exatamente o que aconteceu quando você o visitou — pedi.

— Eu estava realmente nervoso — disse Levi —, considerando a proeminência dele na área de ciência cognitiva. Uma jovem francesa bonita atendeu à porta. Ela me disse para esperar. Olhei para dentro e havia mais garotas francesas bonitas lá.

— Quantas no total? — perguntei.

— Havia pelo menos seis — disse Levi. — Elas tinham cabelos castanhos, cabelos louros, todas em pé ali, entre a cozinha e a sala de jantar. Eram incrivelmente bonitas.

— Isso é *verdade*?

— Bem, elas podiam ser belgas.

— O que aconteceu então?

— O professor Hofstadter saiu da cozinha — disse ele. — Parecia magro, mas saudável. Carismático. Ele pegou os livros, me agradeceu e saiu. E foi isso.

— E cada palavra disso é verdade? — perguntei.

— Cada palavra — confirmou Levi.

No entanto, alguma coisa ainda não parecia certa. A história de Levi e a teoria de Deborah só funcionariam se Douglas Hofstadter fosse uma espécie de brincalhão diletante, e nada do que eu consegui encontrar sugeria isso. Em 2007, por exemplo, Deborah Solomon, do *New York Times*, fez-lhe algumas perguntas ligeiramente bem-humoradas e as respostas dele revelaram um homem sério e bastante impaciente:

P. O senhor ficou conhecido em 1979, quando publicou *Gödel, Escher, Bach*, um clássico nas universidades, que encontra paralelos nos cérebros de Bach, M.C. Escher e do matemático Kurt Gödel. Em seu novo livro, *I Am A Strange Loop*, o senhor parece interessado principalmente em seu próprio cérebro.

R. Este livro é muito mais direto. Menos louco. E menos ousado, talvez.

P. O senhor realmente sabe como divulgar um livro.

R. Bem, eu não sei. Questões de consciência e alma, foi isso o que motivou meu novo livro.

P. Sua página na Wikipédia diz que sua obra inspirou muitos estudantes a iniciar carreiras em computação e inteligência artificial.

R. Não tenho interesse algum em computadores. A página está cheia de afirmações incorretas, e isso me deprime.

E assim por diante. Aprendi mais tarde que a trajetória de Hofstadter era marcada por duas tragédias neurológicas. Quando ele tinha 12 anos, ficou claro que sua jovem irmã Molly era incapaz de falar ou entender línguas: "Eu já era muito interessado em como as coisas funcionavam em minha mente", disse ele à revista *Time* em 2007. "Quando a infeliz situação de Molly se tornou evidente, tudo começou a se conectar com o mundo físico. Isso realmente faz você pensar no cérebro e no *self*, e em como o cérebro determina quem a pessoa é."

E depois, em 1993, sua esposa, Carol, morreu de repente de um tumor no cérebro. Os filhos deles tinham 2 e 5 anos. O professor Hofstadter foi tomado pela tristeza. Em *I Am A Strange Loop*, ele se consola com o pensamento de que ela vivia em seu cérebro: "Acredito que há um traço de seu 'eu', de sua interioridade, de sua luz interna, como quer que você queira definir isso, que permanece dentro de mim", disse ele à *Scientific American* em 2007, "e o traço que permanece é um traço válido do *self* dela — sua alma, se você preferir. Tenho que enfatizar que a triste verdade da questão, obviamente, é que o que quer que persiste em mim é uma cópia muito fraca dela. É reduzida, uma espécie de versão em baixa resolução, de granulação espessa... É claro que isso não remove a dor da morte. Não diz: 'Ah, está tudo bem, não importa que ela tenha morrido, porque ela vive muito bem em meu cérebro.' Quem dera. Mas, de qualquer modo, é um pequeno consolo".

Nada disso pintava um retrato de um homem que teria um harém de francesas e uma propensão a criar uma conspiração complicada e esquisita envolvendo o envio anônimo de dezenas de livros estranhos a acadêmicos mundo afora.

Enviei-lhe um e-mail, perguntando se a história de Levi Shand sobre a caixa embaixo da ponte e o harém de francesas era verdadeira, e saí para caminhar. Quando voltei, eis o que estava me esperando em minha caixa de entrada:

"Caro Sr. Ronson,

Não tenho nada a ver com *O ser ou o nada*, exceto pelo fato de que sou mencionado no livro. Sou apenas uma 'vítima inocente' do projeto.

Sim, o Sr. Shand veio até minha casa e me entregou alguns exemplares deste livro estranho, mas o resto da história é pura invenção. Minha filha estava tendo aula de francês com sua tutora francesa na sala de estar, então talvez o Sr. Shand tenha espiado as duas e as tenha ouvido falando francês. Eu também falo italiano em casa com meus filhos, e pode ser que o Sr. Shand tenha confundido o som do italiano com o francês. A questão é que, com certeza, não havia uma 'casa cheia de belas francesas' — isso é uma bobagem completa. Ele quis que sua missão parecesse misteriosa e estimulante. É uma pena que as pessoas façam esse tipo de coisa e coloquem na internet.

Atenciosamente, Douglas Hofstadter"

Respondi ao e-mail de Hofstadter. Boa parte da história de Levi Shand não parecia verdadeira, falei. Não apenas o negócio do harém, mas também a história sobre como ele encontrara a caixa embaixo da ponte ferroviária. Seria possível que Levi Shand fosse, na verdade, o autor de *O ser ou o nada*? Ele respondeu:

"Levi Shand certamente não escreveu *O ser ou o nada*. O autor me enviou cerca de oitenta exemplares (setenta em inglês, dez em sueco). Eles permanecem intocados em meu escritório. Antes de o livro existir, recebi uma série de cartões-postais extremamente enigmáticos em sueco (li todos, embora não com muito cuidado, e nenhum deles fazia o menor sentido). Indivíduos normais (i.e., sãos, racionais) não tentam abrir canais de comunicação com pessoas totalmente estranhas enviando-lhes uma série de mensagens desconexas, esquisitas e enigmáticas.

Daí em diante, a coisa ficou ainda mais estranha — primeiro, vários exemplares do livro foram enviados a mim em um pacote, e então, alguns meses depois, cerca de oitenta exemplares chegaram ao meu escritório, e depois veio a afirmação bizarra de que um monte de exemplares haviam sido 'encontrados embaixo de uma ponte' no campus onde eu trabalhava, e depois os livros começaram a chegar a várias universidades do mundo, enviados a pessoas de certas disciplinas vagamente ligadas a Inteligência Artificial, biologia etc. E, além disso, havia as palavras recortadas com tesoura (muito estranho!) e a carta datilografada, endereçada a mim. Tudo isso é uma completa maluquice. Eu poderia dizer mais sobre isso tudo, mas não tenho tempo.

Já fiz um bocado de experiência com pessoas que são inteligentes, mas também desequilibradas. Pessoas que acham que encontraram a chave do universo etc. Este caso específico foi excessivamente transparente, porque foi excessivamente obsessivo."

Sim, faltava uma peça no quebra-cabeça — era isso que Douglas Hofstadter estava dizendo —, mas as pessoas que haviam recebido o livro tinham entendido errado. Elas achavam a iniciativa brilhante e racional porque eram brilhantes e racionais, e tendemos a supor automaticamente que todas as outras pessoas são basicamente como nós. Porém, na verdade, a peça que faltava era que o autor era maluco. O livro não podia ser decodificado porque havia sido escrito por um maluco.

Petter Nordlund?, pensei.

Seria Petter Nordlund o único responsável? Parecia improvável que um homem tão bem-sucedido — um psiquiatra renomado, químico de proteína e consultor de uma empresa de biotecnologia especializada em descoberta e desenvolvimento de peptídio terapêutico, seja lá o que for isso — fosse, na verdade, nas palavras de Hofstadter, um maluco "excessivamente obsessivo".

Porém, às 19 horas daquela noite, eu estava cara a cara com ele, e logo ficou claro que aquele homem era de fato o culpado. Ele era alto, tinha mais de 50 anos, um rosto atraente e um ar de acadêmico. Usava um paletó de tweed. Estava à porta com a esposa ao lado. Imediatamente gostou de mim. Tinha um sorriso largo, gentil e enigmático no rosto e estava torcendo as mãos como se estivesse possuído. Frequentemente torço minhas mãos da mesma maneira. Não consegui evitar a ideia de que, em termos de ficar obcecado por coisas estúpidas que não importavam, eu e Petter éramos provavelmente farinha do mesmo saco.

— Estou surpreso por você estar aqui — disse Petter.

— Espero que não seja uma surpresa muito desagradável — respondi.

Houve um breve silêncio.

— Se você estudar *O ser ou o nada* — falou Petter — perceberá que nunca descobrirá quem é o autor.

— Acho que sei quem é o autor — falei. — Acho que é você.

— Isso é fácil de... — Petter interrompeu. — Essa é uma suposição fácil.

— É uma suposição correta?

— É claro que não.

Petter Nordlund (e esse não é seu nome verdadeiro, assim como Lily não é o nome verdadeiro da esposa dele) balançou-se um pouco para cima e para baixo sobre seus pés. Estava se comportando como um homem que recebe a visita inesperada de um vizinho justamente quando tem alguma coisa fervendo em cima do fogão. Mas eu podia dizer que seu ar de distração amistosa era uma máscara e que, na verdade, ele estava se sentindo bem oprimido com a minha chegada.

— Petter — falei —, deixe-me pelo menos lhe fazer uma pergunta. Por que aquelas pessoas específicas foram escolhidas para receber o livro?

Diante disso, o homem soltou um pequeno suspiro. Seu rosto se iluminou. Era como se eu tivesse feito a ele a pergunta mais maravilhosa que poderia ser feita.

— Bem...! — começou.

— Como você saberia quem recebeu o livro, Petter? — interrompeu Lily rapidamente, com uma perspicácia na voz. — Você apenas o traduziu.

E, com isso, o momento passou. O rosto de Petter voltou a assumir uma máscara de distração educada.

— Sim — disse ele. — Sim. Eu realmente sinto muito, mas vou ter que encerrar... Minha intenção era só dizer oi e voltar. Eu disse mais do que deveria... Agora você conversa com minha esposa.

Petter se afastou então, sorrindo, de volta às sombras de sua casa, e Lily e eu olhamos um para o outro.

— Estou indo para a Noruega agora — disse ela. — Até logo.

— Até logo — repeti.

Voei de volta a Londres.

Havia um e-mail de Petter à minha espera. "Você parece um bom homem. O primeiro passo do projeto terminará logo e caberá a outros levá-lo ao nível seguinte. Se você participará, eu não sei, mas com certeza saberá..."

"Eu ficaria feliz em participar se você me desse alguma orientação sobre como poderia fazer isso", escrevi.

35

"Bem, essa é a parte difícil, saber o que fazer", respondeu ele. "Chamamos essa parte de vida. Confie em mim, quando sua hora chegar, você saberá."

Várias semanas se passaram. Minha hora não chegou, ou se chegou, eu não notei. Por fim, telefonei para Deborah e lhe disse que havia resolvido o mistério.

Eu me sentei do lado de fora do Starbucks, no Brunswick Centre, na Russell Square, centro de Londres, e vi Deborah virando a esquina e caminhando rápido em minha direção. Ela se sentou e sorriu.

— Então? — disse ela.

— Bem... — respondi.

Contei a ela sobre minhas conversas com Levi Shand e Douglas Hofstadter, meus encontros com Petter e Lily e nossa subsequente troca de e-mails. Quando terminei, ela me olhou e falou:

— É *isso*?

— Sim. Tudo aconteceu porque o autor é, de acordo com Hofstadter, um maluco. Todo mundo estava procurando uma peça que faltava no quebra-cabeça, e a peça que faltava vem a ser isso.

— Ah — disse Deborah.

Ela parecia decepcionada.

— Mas isso *não é* decepcionante — falei. — Você não consegue ver? É muito interessante. Você não está impressionada com tanto esforço que houve simplesmente porque algo deu errado no cérebro de um homem? É como se o mundo racional, o seu mundo, fosse um lago tranquilo, e o cérebro de Petter fosse uma pedra irregular jogada nele, criando estranhas ondulações por toda parte.

Essa ideia de repente me excitou imensamente: a loucura de Petter Nordlund tivera uma grande influência no mundo. Levara a análises intelectuais, a atividades econômicas, e formara uma espécie de comunidade. Diferentes acadêmicos, espalhados pelos continentes, haviam ficado intrigados, paranoicos e narcisistas por causa daquilo. Haviam se reunido em blogs e caixas de mensagem e discutido durante horas, criando teorias conspiratórias sobre organizações cristãs obscuras e outras coisas. Eu voara para a Suécia na tentativa de resolver o mistério. E assim por diante.

Pensei em meu próprio cérebro demasiadamente ansioso, meu próprio tipo de loucura. Seria ela um motor mais poderoso em minha vida do que a racionalidade? Lembrei-me daqueles psicólogos que disseram que os psicopatas faziam o mundo girar. Eles estavam falando sério: a sociedade era, afirmaram eles, uma expressão desse tipo específico de loucura.

De repente, a loucura estava em toda parte, e eu estava determinado a aprender sobre o impacto que ela tinha no modo como a sociedade evolui. Sempre acreditei que a sociedade fosse uma coisa fundamentalmente racional, mas e se não era? E se a sociedade está construída sobre a insanidade?

Falei tudo isso a Deborah. Ela franziu as sobrancelhas.

— Essa coisa de *O ser ou o nada* — disse ela. — Você tem *certeza* de que foi tudo feito por um sueco maluco?

2

O HOMEM QUE FINGIA
SER LOUCO

O DSM-IV-TR é um livro de 886 páginas publicado pela Associação Psiquiátrica Americana e vendido por 99 dólares. Está nas prateleiras dos consultórios psiquiátricos do mundo inteiro e relaciona todos os distúrbios mentais conhecidos. Eu o comprei logo depois de voltar de meu café com Deborah e o folheei, procurando distúrbios que pudessem compelir alguém a tentar alcançar uma posição de poder e influência sobre os outros. Surpreendentemente, mesmo sendo um livro extenso e com tantos distúrbios — incluindo alguns secretos, como o *frotteurismo* ("esfregar-se em uma pessoa sem o consentimento desta em um veículo de transporte público e, enquanto isso, geralmente fantasiar um relacionamento exclusivo e afetivo com a vítima; a maioria dos atos de *frottage* ocorre quando a pessoa tem de 12 a 15 anos, após os quais há uma redução gradual da frequência) — não havia absolutamente nada ali sobre psicopatas. Talvez tivesse havido alguma dissidência nos bastidores do mundo dos psiquiatras? O mais próximo que consegui encontrar foi o Transtorno da Personalidade Narcisista, cujas vítimas têm um "sentimento acentuado de autoimportância e merecimento", são "imbuídas de fantasias de sucesso ilimitado", "aproveitadoras" e "carentes de empatia" e requerem "admiração excessiva"; e o Transtorno de Personalidade Antissocial, que compele suas vítimas a serem "com frequência enganadoras e manipuladoras para conseguir ganhos pessoais ou prazer (por exemplo, obter dinheiro, sexo ou poder)".

Eu podia realmente ter descoberto algo importante, pensei. *Pode ser que muitos de nossos líderes políticos e empresariais realmente sofram de Transtorno de Personalidade Antissocial ou Narcisista e façam coisas prejudiciais e sejam aproveitadores por causa de algum esforço louco para obter sucesso ilimitado e admiração excessiva. Seus transtornos mentais talvez sejam o que governa nossas vidas. Esta seria uma grande história para mim, se eu conseguisse pensar em uma maneira de provar isso.*

Fechei o manual.

Será que tenho algum desses 374 transtornos?

Abri o manual de novo.

E imediatamente diagnostiquei 12 distúrbios diferentes em mim.

O Transtorno de Ansiedade Generalizada era um velho conhecido. Mas eu não havia percebido como minha vida inteira vinha sendo uma colagem de distúrbios mentais: desde minha incapacidade de entender operações de soma (Transtorno da Aprendizagem de Aritmética) e das consequentes situações tensas no dever de casa com minha mãe (Problema de Relacionamento Pais-Filhos) até os dias de hoje — na verdade aquele *mesmo dia*, em que eu passara grande parte do tempo ficando agitado com o café (Transtorno Induzido por Cafeína) e evitando trabalhar (Transtorno Factício). Suponho que provavelmente seja incomum sofrer do Transtorno de Ansiedade Generalizada *e* do Transtorno Factício, com a improdutividade tendendo a fazer você se sentir mais ansioso, mas ali estava: eu tinha ambos. Nem o sono me dava uma trégua dos distúrbios mentais. Havia o Transtorno do Pesadelo, diagnosticado quando a vítima sonha que está sendo "perseguida ou declarada como um fracasso". Em *todos* os meus pesadelos há alguém me perseguindo pela rua e gritando: "Você é um fracassado!"

Eu era muito mais maluco do que imaginava. Ou talvez não fosse uma boa ideia ler o DSM-IV sem ser um profissional treinado. Ou talvez a Associação Psiquiátrica Americana tivesse um desejo louco de rotular todo mundo com um transtorno mental.

Eu sabia, por ver pessoas queridas afetadas, que muitos dos transtornos relacionados — depressão, esquizofrenia, transtorno obsessivo-compulsivo e por aí em diante — são verdadeiros, opressivos e devastadores. Porém, como escreveu certa vez L.J. Davis, ao criticar o DSM na *Harper's*: "Pode-se admitir realmente que o *frotteurista* seja uma vítima indefesa nas garras de sua própria obsessão, mas é igualmente possível que seja simplesmente uma pessoa desagradável e entediada procurando alguma excitação barata."

Eu não tinha a menor ideia de o que fazer com aquilo. Decidi que se fosse embarcar em uma viagem para tentar identificar transtornos mentais em pessoas ocupando cargos altos, eu precisava de uma segunda opinião sobre a autenticidade dos rótulos.

Então saí perguntando. Havia alguma organização que se dedicasse a documentar as ocasiões em que psiquiatras haviam exagerado em seus diagnósticos e se enganado? E foi assim que, três dias depois, acabei almoçando com Brian Daniels.

Brian é cientologista. Ele trabalha para o escritório britânico de uma rede internacional de cientologistas chamada Comissão dos Cidadãos para os Direitos Humanos (CCHR, na sigla em inglês), um grupo disposto a provar ao mundo que os psiquiatras são maus e precisam ser impedidos. Há cientologistas como Brian em escritórios da CCHR do mundo inteiro, e eles passam cada dia de suas vidas descobrindo histórias para minar a profissão da psiquiatra e levar os profissionais a serem humilhados ou impedidos de exercer a profissão. Brian era incrivelmente tendencioso, é claro — certa vez, Tom Cruise afirmou em um discurso gravado para cientologistas: "*Nós* somos as autoridades da mente!" No entanto, eu queria saber sobre as ocasiões em que a psiquiatria realmente se enganara e ninguém sabia melhor essas histórias do que ele.

Eu achava bastante intimidadora a ideia de me encontrar com um cientologista importante. Ouvira falar da fama deles de perseguir incansavelmente pessoas que consideravam opositores de sua religião. Será que durante o almoço eu diria alguma coisa errada sem querer e acabaria sendo perseguido? Mas acabou que eu e Brian nos demos muito bem. Compartilhávamos uma desconfiança da psiquiatria. Admito que a dele era profunda e permanente, enquanto a minha só existia há alguns dias — em grande parte devido a meu decepcionante autodiagnóstico com base no DSM-IV. Porém, isso nos deu algo para conversar durante o almoço.

Ele me contou sobre seus sucessos recentes, sendo que o de maior projeção ocorrera algumas semanas antes, quando seu escritório havia conseguido derrubar o Dr. Raj Persaud, psiquiatra que fazia um enorme sucesso na TV britânica.

Há muito tempo, o Dr. Raj era um nome querido nos lares, embora, às vezes, fosse criticado por afirmar o óbvio em sua coluna no jornal. Como contou o escritor Francis Wheen ao *Guardian* em 1996:

Depois que Hugh Grant foi preso [por solicitar os serviços da prostituta Divine Brown em Los Angeles em 1995], o *Daily Mail* pediu a Raj Persaud para analisar os comentários de Liz Hurley sobre o caso. Ele argumentou: "O fato de ela estar 'ainda confusa' indica que sua abalada compreensão sobre Hugh ainda deverá ser reconstruída (...) Sua declaração de que ainda não está 'preparada para tomar qualquer decisão sobre o futuro' é fatídica. Sugere que (...) o futuro ainda é um livro aberto."

Um ano atrás, quando o bebê recém-nascido de Abbie Humphries foi sequestrado em um hospital, o *Daily Mail* perguntou que tipo de mulher poderia fazer uma coisa dessas. Por sorte, o Dr. Persaud estava disponível para explicar que o sequestrador talvez tivesse algum tipo de "necessidade de ter um bebê".

E assim por diante. No fim de 2007, o Dr. Persaud estava, por instigação de Brian, sendo investigado pelo Conselho Médico Geral por plágio. Ele escrevera um artigo atacando a guerra da Cientologia contra a psiquiatria — trezentas palavras que pareciam ter sido copiadas letra por letra de um ataque anterior à religião feito por Stephen Kent, professor de sociologia da University of Alberta, no Canadá. Parecia um ato bastante imprudente, considerando o quanto os cientologistas eram conhecidos por serem atentos. Depois, outros incidentes de plágio vieram à tona, e ele foi considerado culpado, tendo sua prática de psiquiatria suspensa por três meses.

De maneira humilhante para o Dr. Raj, o analista de distúrbios de personalidade de celebridades acabou sendo analisado.

"Seria Persaud um narcisista", opinou o *Guardian*, "ou um homem tão atormentado por dúvidas sobre si mesmo que não obedece às regras da academia por achar que não pertence a ela?"

Agora ele já não aparecia na TV e nos jornais. Brian parecia discretamente satisfeito com o sucesso desse caso.

— Acho que muitos de nossos líderes sofrem de transtornos mentais — falei.

Brian ergueu ligeiramente os olhos ao ouvir as palavras "transtornos mentais".

— Mas, primeiro, queria me assegurar de que posso confiar nas pessoas que fazem os diagnósticos. Portanto, você tem algo no momento que me provará que não se pode confiar em psiquiatras?

Houve um silêncio.

— Sim — disse o cientologista. — Tem Tony.

— Quem é Tony? — perguntei.

— Tony está em Broadmoor.

Olhei para ele.

Broadmoor significava o Hospital Psiquiátrico de Broadmoor. Que também já foi conhecido como Asilo de Lunáticos Criminosos de Broadmoor. Foi para lá que enviaram Ian Brady, o Assassino de Moors, que matou três crianças e dois adolescentes nos anos 1960; Peter Sutcliffe, o Estripador de Yorkshire, que assassinou 13 mulheres nos anos 1970, aproximando-se sorrateiramente delas e atingindo-as na cabeça com um martelo; Kenneth Erskine, o Estrangulador de Stockwell, que matou sete idosos em 1986; e Robert Napper, que matou Rachel Nickell em Wimbledon Common em julho de 1992 — esfaqueada 49 vezes diante de seu bebê. É para Broadmoor que enviam os pedófilos, os assassinos em série e de crianças, aqueles que não conseguem se controlar.

— O que Tony fez? — perguntei a Brian.

— Tony é completamente são. Ele fingiu para entrar lá! E agora está preso. Ninguém acredita que ele não é louco.

— O que você quer dizer?

— Ele foi preso anos atrás por algum motivo — respondeu Brian. — Acho que bateu em alguém ou algo assim e resolveu se fingir de louco para escapar da prisão. Tony achou que acabaria em algum hospital local confortável, mas, em vez disso, o enviaram para Broadmoor! E agora ele está preso! Quanto mais tenta convencer os psiquiatras de que não é maluco, mais eles tomam isso como uma prova de que é. Ele não é cientologista nem nada, mas nós o estamos ajudando nos tribunais. Se você quer uma prova de que psiquiatras não sabem o que estão falando e inventam enquanto estão atuando, você deveria conhecer Tony. Você quer que eu lhe ajude a entrar em Broadmoor?

Seria tudo verdade? Haveria realmente um homem são em Broadmoor? Comecei a pensar automaticamente no que eu faria se tivesse que provar que não era maluco. Gostaria de pensar que estar no meu estado normal (basicamente são) seria suficiente, mas iria me comportar de maneira tão exageradamente educada, solícita e competente que eu seria percebido como um mordomo louco com pânico nos olhos. Além disso, quando sou posto em um ambiente insano, tendo a ficar quase imediatamente mais louco, conforme evidenciado em meu recente grito de "IAAU!" a bordo do avião da Ryanair para Gotemburgo.

Eu queria mesmo conhecer Tony?

— Está bem — falei.

O centro de visitantes de Broadmoor era pintado nas cores tranquilizantes de um complexo de lazer municipal — tudo pêssego, rosa e pinho. As gravuras nas paredes eram reproduções em série de pinturas em cores pastéis de grandes portas se abrindo para praias ao entardecer. O prédio era chamado de Centro de Bem-Estar.

Eu tomara um trem em Londres para chegar ali. Comecei a bocejar incontrolavelmente em Kempton Park. Isso tende a acontecer comigo diante de uma situação estressante. Aparentemente, os cachorros fazem a mesma coisa. Bocejam quando estão ansiosos.

Brian me apanhou na estação e percorremos de carro uma distância curta até o hospital. Passamos por dois controles: "Você tem celular?", perguntou-me o guarda no primeiro deles. "Equipamento de gravação? Um bolo com uma serra de metais escondido dentro dele? Uma escada?", e depois por portões abertos em cercas de alta segurança, uma após a outra após a outra.

— Acho que Tony é a única pessoa em toda a unidade de TPPS que tem o privilégio de encontrar pessoas no Centro de Bem-Estar — disse Brian, enquanto esperávamos.

— O que significa TPPS?

— Transtorno de Personalidade Perigoso e Sério.

Houve um silêncio.

— Tony está na parte de Broadmoor que abriga as pessoas *mais perigosas*? — perguntei.

— Loucura, não? — disse Brian, rindo.

Pacientes começaram a entrar para se sentar com seus entes queridos em mesas e cadeiras fixadas no chão. Todos pareciam semelhantes uns aos outros, bem dóceis e de olhar triste.

— Estão medicados — cochichou Brian.

A maioria era gorda e usava uma camiseta confortável e uma calça de moletom com elástico. Provavelmente não havia muita coisa para fazer em Broadmoor além de comer.

Imaginei se algum deles era famoso.

Eles bebiam chá e comiam barras de chocolate da máquina de doces com seus visitantes. A maioria era jovem, na casa dos 20 anos, e seus visitantes eram os pais. Alguns eram mais velhos, e seus cônjuges e filhos estavam ali para vê-los.

— Ah! Lá está Tony — disse Brian.

Eu olhei pela sala. Um homem perto dos 30 anos vinha em nossa direção. Ele não arrastava os pés como os outros. Estava passeando. Seu braço estava esticado. E também não usava calça de moletom. Vestia um casaco de risca de giz e uma calça convencional. Parecia um jovem homem de negócios tentando abrir caminho no mundo, alguém que queria mostrar a todos que era muito, muito são.

E é claro que o observei aproximando-se de nossa mesa. Perguntei-me se a risca de giz era uma pista de que ele era são ou uma pista de que não era.

Apertamos as mãos.

— Eu sou Tony — disse ele, sentando-se.

— Então, Brian disse que você fingiu ser louco para vir para cá — falei.

— É exatamente isso.

Ele tinha a voz de um jovem normal, simpático e ávido para ajudar.

— Eu havia cometido um DCG [Dano Corporal Grave] — esclareceu. — Depois que me prenderam, sentei-me na minha cela e pensei: "Eu posso passar cinco, sete anos preso." Então, perguntei aos outros prisioneiros o que fazer. Eles disseram: "É fácil! Diga a eles que você é maluco! Eles vão colocar você em um hospital do condado. Você terá TV a cabo e videogames à vontade. Os enfermeiros lhe trarão pizzas." Mas não me mandaram para um hospital confortável. Eles me mandaram para o maldito Broadmoor.

— Há quanto tempo foi isso? — perguntei.

— Há 12 anos — disse Tony.

Involuntariamente, sorri sem graça.

Ele sorriu sem graça de volta.

Tony disse que se fingir de louco foi a parte fácil, principalmente quando você tem 17 anos, usa drogas e assiste a um bocado de filmes assustadores. Não é preciso saber como as pessoas loucas de verdade se comportam, basta imitar o personagem de Dennis Hopper no filme *Veludo azul*. Foi o que Tony fez. Ele disse ao psiquiatra da prisão que gostava de mandar cartas de amor vindas diretamente de seu coração, que uma carta de amor era a bala de um revólver e que, se você recebesse uma carta de amor dele, iria diretamente para o inferno.

Imitar um filme muito conhecido foi um risco, disse ele, mas compensou. Muitos outros psiquiatras começaram a visitá-lo na cadeia. Ele ampliou seu repertório, passando a incluir um pouco de *Hellraiser*, *Laranja mecânica* e *Crash*, um filme de David Cronenberg em que as pessoas obtêm prazer sexual batendo o carro. Tony disse aos psiquiatras que gostava de bater carros em muros para ter prazer sexual; e também que queria matar mulheres, porque achava que olhar em seus olhos quando elas morriam o fazia se sentir normal.

— De onde você tirou essa? — perguntei.

— De uma biografia de Ted Bundy — respondeu Tony. — Encontrei na biblioteca da prisão.

Balancei a cabeça e pensei que provavelmente não era uma boa ideia as bibliotecas das prisões terem livros sobre Ted Bundy.

Brian se sentou ao nosso lado, rindo com sarcasmo da credulidade e inexatidão da profissão da psiquiatria.

— Eles acreditaram em tudo — disse Tony.

Tony falou que no dia em que chegou a Broadmoor deu uma olhada no lugar e percebeu que tomara uma decisão terrivelmente ruim. Pediu para falar urgentemente com os psiquiatras.

— Não sou doente mental — disse a eles.

— É muito mais difícil — disse Tony — convencer as pessoas de que você é são do que convencê-las de que é louco. Achei que a melhor maneira de parecer normal seria falar normalmente com as pessoas sobre coisas normais da vida, como futebol e programas de TV. É o óbvio a se fazer, certo? Sou assinante da *NewScientist*. Gosto de ler sobre descobertas científicas. Certa vez, havia um artigo sobre como o exército americano estava treinando abelhas para farejar explosivos. Então, falei a um enfermeiro: "Você sabia que o exército americano está treinando abelhas para farejar explosivos?" Mais tarde, quando li meus registros médicos, vi que haviam escrito: "Acha que abelhas podem farejar explosivos."

— Quando você resolveu vestir o casaco de risca de giz para me encontrar — perguntei —, percebeu que sua aparência poderia levar a uma direção ou outra?

— Sim — disse Tony. — Mas pensei que valia a pena correr o risco. Além disso, muitos dos pacientes daqui são relaxados e nojentos e passam semanas a fio sem tomar banho e sem mudar de roupa, e eu gosto de me vestir bem.

Olhei em volta, para os pacientes do Centro de Bem-Estar devorando barras de chocolate com seus pais que, ao contrário dos filhos, faziam um grande esforço para se vestir bem. Era a hora do almoço de domingo e eles pareciam estar vestidos para uma refeição importante. Os pais de terno, as mães de vestido. Uma mulher infeliz, sentada a algumas mesas de distância, tinha dois filhos em Broadmoor. Eu a vi se inclinando e acariciando os rostos deles, um de cada vez.

— Sei que as pessoas estão procurando "pistas não verbais" de meu estado mental — continuou Tony. — Os psiquiatras adoram "pistas não verbais". Adoram analisar os movimentos do corpo. Mas isso é realmente difícil para uma pessoa que está tentando agir como sã. Como você se *senta* de maneira sã? Como você *cruza as pernas* de maneira sã? E você sabe que eles estão prestando atenção. Então fica constrangido. Você tenta sorrir de maneira sã. Mas isso é simplesmente... — Tony fez uma pausa. — É simplesmente *impossível*.

De repente, me senti bastante constrangido com minha própria postura. Eu estava sentado como um jornalista? Cruzava minhas pernas como um jornalista?

— Então, durante algum tempo, você pensou que ser normal e educado seria sua passagem para fora daqui? — perguntei.

— Sim — respondeu ele. — Eu me ofereci como voluntário para cuidar do jardim do hospital. Mas eles viram como eu estava me comportando bem e decidiram que isso significava que eu só podia me comportar bem no ambiente de um hospital psiquiátrico e que isso provava que eu era louco.

Olhei com suspeita para Tony. Instintivamente, eu não acreditava nele. Parecia *Ardil 22* demais, estranhamente absurdo e simples demais. Mais tarde, porém, Tony me enviou seus registros e, de fato, lá estava.

"Tony é alegre e amistoso", dizia um relatório. "Sua detenção no hospital está impedindo a deterioração de seu estado."

(Pode parecer estranho que Tony tivesse permissão para ler seus registros médicos e entregá-los a mim, mas foi o que aconteceu. E, de qualquer modo, não era mais estranho do que os cientologistas terem me posto dentro de Broadmoor, um lugar onde jornalistas são quase sempre proibidos. Como eles haviam conseguido isso? Eu não fazia a menor ideia. Talvez contassem com alguém especial e misterioso ali dentro, ou talvez simplesmente soubessem driblar bem a burocracia.)

Tony disse que depois de ler o relatório parou de se comportar de maneira exemplar. Começou, em vez disso, uma espécie de guerra, o que incluía ficar bastante em seu quarto. De todo modo, ele realmente não gostava de andar entre estupradores e pedófilos. Era desagradável e muito assustador. Certa vez, por exemplo, ele foi ao quarto do Estrangulador de Stockwell e pediu um copo de limonada.

— É claro! Leve a garrafa! — disse o Estrangulador de Stockwell.

— Não, Kenny, um copo está bom.

— Leve a garrafa.

— Eu só quero um copo — repetiu Tony.

— *Leve a garrafa!* — gritou o Estrangulador de Stockwell.

Do lado de fora, disse Tony, não querer passar algum tempo com seus vizinhos criminalmente insanos seria uma posição perfeitamente compreensível. Mas ali dentro isso demonstra que você está afastado, indiferente e tem um senso acentuado de sua própria importância. Em Broadmoor, não querer conviver com assassinos insanos é um sinal de loucura.

"O comportamento do paciente está piorando em Broadmoor", dizia um relatório feito durante o período de não cooperação de Tony. "Ele não se envolve [com os outros pacientes]."

Então Tony criou um novo plano radical. Parou de falar com os funcionários também. Percebeu que se você se envolve com o tratamento, isso é uma indicação de que está melhorando, e, se está melhorando, eles têm o direito legal de deter você. Portanto, se ele não fizesse o tratamento, não poderia melhorar, seria intratável e eles o deixariam sair. (De acordo com a lei britânica, você não pode deter infinitamente um paciente "intratável" se o crime dele é relativamente menor, como um DCG).

O problema é que, em Broadmoor, se um enfermeiro se senta ao seu lado durante o almoço, fala um pouco com você e você responde, isso é considerado envolvimento com a terapia. Então Tony tinha que dizer a todos eles: "Você poderia se sentar em outra mesa?"

Os psiquiatras perceberam que este era um plano tático. Eles escreveram em seus relatórios que isso provava que ele era "astuto" e "manipulador" e também que estava sofrendo de "distorção cognitiva", porque não acreditava que era louco.

Tony foi divertido e bastante encantador durante a maior parte das duas horas que passei com ele, mas ficou mais triste quando o horário de visitas chegou ao fim.

— Eu tinha 17 anos quando cheguei aqui — disse ele. — Agora tenho 29. Cresci em Broadmoor, passeando pelas alas do hospital. Tenho o Estrangulador de Stockwell de um lado e o Estuprador da Ponta dos Pés entre as Tulipas na outra. Estes deveriam ser os melhores anos da minha vida. Eu vi suicídios. Vi um homem arrancando o olho de outro.

— Como? — perguntei.

— Com um pedaço de pau com prego — respondeu ele.

— Quando o cara tentou pôr o olho de volta na órbita, tive que sair da sala.

Tony disse que só o fato de estar ali pode ser o suficiente para enlouquecer uma pessoa. Então um dos guardas gritou "Tempo!" e, mal se despedindo, ele saiu apressado de nossa mesa e cruzou a sala até a porta que conduzia ao seu bloco. Todos os pacientes fizeram o mesmo. Foi uma demonstração tremenda, radical e aguda de bom comportamento. Brian me deu uma carona de volta à estação.

Eu não sabia o que pensar. Ao contrário dos pacientes medicados e de olhar triste à nossa volta, Tony parecia perfeitamente comum e são. No entanto, o que eu sabia? Brian disse que a sanidade dele era evidente. Cada dia de Tony em Broadmoor era um dia negro para a psiquiatria. Quanto mais rapidamente eles o tirassem de lá — e Brian estava determinado a fazer tudo o que pudesse —, melhor seria.

No dia seguinte, escrevi para o professor Anthony Maden, o clínico-chefe da unidade de Tony em Broadmoor — "Estou entrando em contato com o senhor na esperança de que possa esclarecer um pouco até que ponto a história de Tony pode ser verdade" — e, enquanto esperava uma resposta, eu me perguntei por que o fundador da Cientologia, L. Ron Hubbard, decidira criar a organização de Brian, a CCHR. Como a guerra entre a Cientologia e a psiquiatria começou? Telefonei para Brian.

— Você deveria ir a Saint Hill — disse ele. — Provavelmente eles têm alguns documentos antigos relacionados a isso.

— Saint Hill? — perguntei.

— A velha mansão de L. Ron Hubbard — respondeu Brian.

* * *

Saint Hill Manor — a casa de L. Ron Hubbard de 1959 a 1966 — ergue-se impecavelmente preservada no interior de East Grinstead, 56 quilômetros ao sul de Londres. Há pilastras bem conservadas, inestimáveis azulejos islâmicos do século XII, quartos de verão, quartos de inverno, uma sala coberta do chão ao teto por um mural de meados do século XX que mostra figuras públicas britânicas retratadas como macacos — uma sátira estranha e formalmente divertida de muito tempo atrás, encomendada por um proprietário anterior — e um anexo grande e moderno, construído por voluntários da Cientologia, no formato de um castelo medieval. Pequenas lembranças da vida de Hubbard, como seu gravador cassete, papéis de carta personalizados e um chapéu de safári, são exibidas em mesas laterais.

Fui até lá achando que Brian estaria no local para me colocar em uma sala para que eu pudesse estudar calmamente os documentos que detalham os primeiros tempos da guerra entre a Cientologia e a psiquiatria. No entanto, ao virar a esquina, vi, para minha surpresa, que uma comissão de boas-vindas formada por alguns dos principais cientologistas do mundo havia voado milhares de quilômetros com o objetivo de me receber e me mostrar o lugar. Estavam esperando por mim na entrada de cascalho, com ternos imaculados e sorrisos cheios de expectativa.

Nas últimas semanas, tinham sido constantes as reportagens negativas sobre a religião na mídia, e alguém importante havia claramente decidido que eu poderia ser o jornalista que mudaria isso. Semanas antes, três ex-membros da Igreja da Cientologia — Marty Rathbun, Mike Rinder e Amy Scobee — haviam feito algumas acusações assustadoras contra o líder e sucessor de L. Ron Hubbard, David Miscavige. Disseram que ele rotineiramente castigava seus altos executivos por considerá-los insatisfatórios como Pessoas de Ideias esbofeteando-os, esmurrando-os, "enchendo-os de porrada" — chutando-os quando eles estavam no chão, batendo na cara deles, esganando-os até seus rostos ficarem roxos e, de modo inesperado, obrigando-os a brincar de uma versão radical da dança das cadeiras a noite inteira.

— O fato — disse o porta-voz chefe da Cientologia, Tommy Davis, que voara de Los Angeles para me ver — é que, sim, pessoas foram espancadas. Sim, pessoas levaram chutes quando estavam no chão e foram esganadas até seus rostos ficarem roxos, mas o agressor não era o Sr. Miscavige. Era *o próprio Marty Rathbun*!

(Mais tarde, soube que Marty Rathbun admitiu ter cometido esses atos de violência, mas por ordem de David Miscavige. A Igreja da Cientologia negou essa alegação.)

Tommy disse que, diferentemente da maioria dos jornalistas, eu era um pensador livre, que não estava a serviço de grupos que tinham interesses contrários aos cientologistas e que se dispunha a considerar realidades inesperadas. Ele me deu um exemplar da revista interna da Cientologia, *Freedom*, que se referia às três pessoas que haviam feito as acusações a David Miscavige como Cabeça, Vigarista e Adúltera. A Adúltera era, na verdade, "uma adúltera reincidente", que se recusara a "controlar seu comportamento sexual libertino", fora responsável por "cinco incidentes de indiscrições extraconjugais" e fora "afastada da Igreja por crimes eclesiásticos".

Tirei os olhos da revista.

— E a versão radical da dança das cadeiras por toda a noite? — perguntei.

Houve um breve silêncio.

— Sim, bem, o Sr. Miscavige realmente nos obrigou a fazer isso — disse Tommy. — Mas não foi nada nem de longe tão ruim quanto o que foi relatado. De qualquer modo, vamos fazer uma visita com você para ensinar-lhe o que realmente é a Cientologia.

Tommy me encaminhou a Bob Keenan, meu guia.

— Sou o relações-públicas pessoal de L. Ron Hubbard no Reino Unido — disse ele. Keenan era um ex-bombeiro inglês que havia descoberto a Cientologia, segundo ele, "depois de quebrar as costas quando apagava um incêndio em um apartamento de um cigano no leste de Londres. Havia um burro em um dos quartos. Eu o vi, virei para um canto e caí através do chão. Quando estava me recuperando, li *Dianética* [livro de autoajuda de Hubbard] e isso me ajudou a suportar a dor".

A mansão era imaculada como raramente são as mansões hoje em dia. Era impecável e cintilante como as mansões de filmes de época passados nos tempos em que a nobreza britânica tinha poder de verdade e dinheiro ilimitado. A única mancha que vi foi no Quarto de Inverno, onde alguns azulejos do piso de mármore reluzente estavam ligeiramente desbotados.

— Era ali que Ron deixava sua máquina de Coca-Cola — explicou Bob. Ele sorriu. — Ron adorava Coca-Cola. Bebia o tempo todo. Era o que mais gostava. Mas um dia vazou um pouco de xarope da máquina. A mancha veio disso. Houve um bocado de discussão sobre se deveríamos limpá-la. Eu disse para deixarem assim. É uma coisa boa.

— Como uma relíquia — falei.

— Exatamente — disse Bob.

— Uma espécie de Santo Sudário de Coca-Cola.

— Pode ser — respondeu Bob.

Os anticientologistas acreditam que essa religião e tudo o que é feito em seu nome — incluindo a ala de antipsiquiatria — não passam de uma manifestação da loucura de L. Ron Hubbard.

Eles dizem que ele era paranoico e deprimido (ao que parece, de vez em quando, Hubbard chorava descontroladamente, jogava coisas contra a parede e gritava). Tommy e Bob disseram que ele era um gênio e um grande filantropo. Citaram seu passado de escoteiro de nível internacional ("O mais jovem Escoteiro Águia dos Estados Unidos", disse Bob, "ele ganhou 21 distintivos de mérito"), piloto, aventureiro (reza a lenda que Hubbard salvou sozinho um urso que se afogava), escritor de ficção científica incrivelmente prolífico (podia escrever um best-seller em uma única noite durante uma viagem de trem), filósofo, marinheiro, guru e um denunciador feroz dos perversos psiquiatras. Dizem que Hubbard foi o primeiro homem a revelar que os psiquiatras estavam dando doses enormes de LSD a seus pacientes e fazendo tratamento eletroconvulsivo em tentativas secretas, financiadas pela CIA, de criar assassinos através de lavagem cerebral. Ele publicou seu relato sobre as experiências em 1969, e só em junho de 1975 o *Washington Post* anunciou a um mundo incrédulo que esses programas (chamados de MK-ULTRA) existiam.

Uma pessoa drogada e submetida a choques elétricos pode receber ordens para matar, a quem matar, como fazer isso e o que dizer depois. Os cientologistas, por serem tecnicamente superiores aos psiquiatras e estarem aproximadamente cem anos-luz à frente deles moralmente, opõem-se seriamente à indiferença oficial aos tratamentos com drogas e choques elétricos (...) Algum dia, a polícia terá que pôr as mãos no psiquiatra. Ele está sendo desmascarado.

L. Ron Hubbard, *Pain-Drug-Hypnosis*, 1969

Dizem que Hubbard passou a acreditar que uma conspiração de grupos de interesse comum — em outras palavras, a psiquiatria e a indústria farmacêutica — estava por trás dos ataques políticos a ele, porque seus princípios de autoajuda da *Dianética* (de que somos todos carregados de "engramas" — lembranças dolorosas de vidas passadas — e, quando nos livramos delas, podemos ser invencíveis, voltando a desenvolver dentes, curando-nos da cegueira e nos tornando sãos) significavam que ninguém jamais precisaria consultar um psiquiatra ou tomar um antidepressivo de novo.

Uma biografia em vídeo de Hubbard, feita pela Igreja, diz: "L. Ron Hubbard foi provavelmente o homem mais inteligente que caminhou pela face da Terra. Tivemos Jesus, tivemos Moisés, tivemos Maomé — todos eles grandes homens. L. Ron Hubbard é como eles."

O último lugar de minha visita guiada foi o quarto de L. Ron Hubbard.

— A última noite que ele passou nesta cama — disse Bob — foi a de 30 de dezembro de 1966. Na noite seguinte, véspera do Ano Novo, ele deixou a Inglaterra para nunca mais voltar.

— Por quê? — perguntei.

— A pesquisa que ele estava realizando na época era simplesmente muito... — Bob mergulhou em um silêncio. Lançou-me um olhar solene.

— Você está dizendo que a pesquisa dele estava ficando pesada demais e ele teve que sair da Inglaterra por temer por sua vida?

— As conclusões a que ele estava chegando... — falou Bob. Sua voz adquirira um tom sinistro.

— L. Ron Hubbard nunca teve *medo* — interpôs Tommy Davis, rispidamente. — Ele nunca *fugiria* de lugar algum. Não seria correto as pessoas pensarem que ele fugiu. Ele só fazia as coisas nos próprios termos.

— Ele partiu porque queria um lugar seguro — esclareceu Bill Walsh, um dos principais advogados da Cientologia, que tomara um avião em Washington só para me encontrar.

— Qual era a natureza da pesquisa dele? — perguntei.
Houve um silêncio. E então Bob disse calmamente:
— A personalidade antissocial.

A PERSONALIDADE ANTISSOCIAL
[Esse tipo de personalidade] não consegue ter qualquer sentimento de remorso ou vergonha. Aprova apenas ações destrutivas. Parèce bastante racional. Pode ser *muito* convincente.
L. Ron Hubbard, *Introduction to Scientology Ethics*, 1968

Hubbard, quando morava em Saint Hill, começou a pregar que seus inimigos, como a Associação Psiquiátrica Americana, eram Personalidades Antissociais, espíritos malévolos obcecados por direcionar seu mal contra ele. A maldade deles havia sido fomentada ao longo de incontáveis gerações, muitos milhões de anos, e era uma força realmente poderosa. Ele escreveu que era dever de todo cientologista "arruiná-los completamente (...) usar propaganda negativa para destruir sua reputação". Embora mais tarde ele tenha cancelado essa ordem ("Por causar relações públicas ruins" — escreveu), foi essa atitude intransigente — "Queremos que cada psiquiatra da Inglaterra carregue pelo menos um estigma: um assassinato, uma agressão ou um estupro (...) Não existe um psiquiatra institucional vivo que, pela lei criminal comum, não possa ser processado e condenado por extorsão, lesão corporal e assassinato" — que levou à formação da ala antipsiquiatria, a CCHR, em 1969.

A CCHR via a psiquiatria da maneira como Hubbard a retratara, como um Império do Mal que existia há milênios, e via a si própria como uma força rebelde popular cuja tarefa era derrotar Golias.

E a organização teve algumas vitórias épicas. Houve, por exemplo, uma campanha contra o psiquiatra australiano Harry

Bailey, nos anos 1970 e 1980. Ele dirigia um hospital psiquiátrico pequeno e privado nos subúrbios de Sydney. Os pacientes sofriam de ansiedade, depressão, esquizofrenia, obesidade, síndrome pré-menstrual e outros males. Harry Bailey os recebia e lhe pedia para engolir alguns comprimidos. Às vezes, os pacientes sabiam o que estavam tomando, mas, outras vezes, não. Àqueles que perguntavam para que serviam as pílulas, ele dizia: "Ah, isso é uma prática normal."

Então eles as tomavam e mergulhavam em coma profundo.

Harry Bailey acreditava que enquanto seus pacientes estivessem em coma, suas mentes se curariam sozinhas de qualquer que fosse o distúrbio mental que os acometia. No entanto, algo entre 26 e 85 de seus pacientes pioraram muito e morreram. Alguns sufocaram com o próprio vômito, outros tiveram ataques cardíacos, danos cerebrais, pneumonia e trombose venosa profunda. Os cientologistas acabaram sabendo do escândalo e formaram uma equipe para investigar Bailey, incentivar os sobreviventes a denunciá-lo e os tribunais a processá-lo, o que conseguiram fazer (para indignação de Harry Bailey, que considerava seu trabalho pioneiro).

Em setembro de 1985, quando ficou claro que seu destino era a prisão, o psiquiatra escreveu um bilhete: "Façam saber que os cientologistas e as forças da loucura venceram." Em seguida, foi até seu carro e tomou um frasco de soníferos, regados à cerveja.

Harry Bailey morreu e, espera-se, não estava usando a vida após a morte para se armar de um poder ainda mais maligno e usá-lo contra a raça humana durante alguma terrível vida futura.

Quando voltei de Saint Hill para casa, assisti a um vídeo da CCHR, *Psiquiatria: Uma indústria da morte*. Grande parte do filme é um catálogo bem pesquisado de abusos cometidos por psiquiatras ao longo da história. Lá estava o médico americano Samuel Cartwright identificando, em 1851, um distúrbio mental, a drapetomania, evidente apenas em escravos. O único sintoma era "o desejo de fugir da escravidão" e a cura era "expulsar o diabo deles a chicotadas" como medida preventiva. Lá estava também o neurologista Walter Freeman martelando com um furador de gelo a órbita do olho de um paciente em algum momento dos anos 1950. Freeman viajaria animadamente pelos Estados Unidos em seu "lobotomóvel" (uma espécie de trailer), fazendo lobotomias onde quer que lhe dessem permissão. E lá estava o psicólogo comportamental John Watson borrifando um líquido claro e não identificado em um bebê, que eu esperava não ser ácido, mas àquela altura do DVD eu já achava que aqueles canalhas eram capazes de fazer qualquer coisa.

Mas então o filme desviava para a especulação. Mencionava B.F. Skinner, psicólogo de Harvard, isolando de maneira cruel sua filha Deborah, um bebê, em uma caixa de acrílico transparente durante um ano. Na verdade, nas imagens ela parecia bastante feliz dentro da caixa, e mais tarde chequei um pouco os fatos e descobri que ela afirmou ao longo da vida que a caixa era basicamente um cercado, que raramente ficava ali dentro e que seu pai era um homem adorável.

O comentário no DVD era: "Em toda cidade, em todo estado, em todo país, você encontrará psiquiatras cometendo estupros, abusos sexuais, assassinatos e fraudes."

Alguns dias depois, chegou uma carta de Tony, de Broadmoor. "Este lugar é horrível à noite, Jon", escreveu ele. "Palavras não podem expressar a atmosfera. Notei que os narcisos silvestres brotaram esta manhã. Senti como se estivesse correndo entre eles, como costumava fazer na infância, com minha mãe."

Tony incluíra no pacote cópias de seus registros. Então, pude ler as palavras exatas que ele usara em 1998 para convencer os psiquiatras de que era doente mental. A coisa toda de Dennis

Hopper em *Veludo azul* que ele havia me contado estava bem ali — como ele gostava de enviar às pessoas cartas de amor vindas diretamente de seu coração, que uma carta de amor era a bala de um revólver e se você recebesse uma carta de amor dele iria diretamente para o inferno — mas havia muito mais. Ele realmente desvairou. Disse aos psiquiatras que a CIA estava atrás dele e que as pessoas nas ruas não tinham olhos de verdade, mas sim manchas pretas onde os olhos delas deveriam estar, e que talvez a maneira de fazer com que as vozes que ouvia em sua cabeça desaparecessem fosse ferir alguém, fazer um homem refém e enfiar um lápis em seu olho. Disse que estava pensando em roubar um avião porque já não se divertia mais roubando carros. Disse que gostava de pegar coisas que pertenciam a outras pessoas porque gostava da ideia de fazê-las sofrer. Disse que ferir pessoas era melhor do que sexo.

Eu não sabia bem de que filmes aquelas ideias haviam sido copiadas. Ou mesmo se haviam sido copiadas. Senti o chão se movendo sob meus pés. De repente, eu estava um pouco do lado dos psiquiatras. Tony deve ter parecido extremamente assustador na época.

Havia outra página em seu registro, uma descrição do crime que ele cometera em 1997. A vítima era um sem-teto, um alcoólatra chamado Graham, que estava sentado em um banco próximo. Aparentemente, ele fez "um comentário inapropriado" sobre a filha de 10 anos de um dos amigos de Tony. O comentário tinha algo a ver com o comprimento do vestido dela. Tony lhe disse para calar a boca. Graham deu um soco nele. Ele reagiu, chutando-o. Graham caiu. E teria terminado aí, disse Tony mais tarde, se Graham tivesse ficado em silêncio. Mas não ficou. Ele disse: "Isso é tudo o que você pode fazer?"

Com isso, Tony "pirou". Chutou Graham sete ou oito vezes na barriga e na virilha. Deixou-o lá, voltou para junto de seus amigos e tomou mais um drinque. Em seguida, voltou até Graham — que ainda estava deitado inerte no chão —, inclinou-se e deu cabeçadas e chutes repetidamente nele. Chutou-o mais uma vez no rosto e se afastou.

Lembrei-me da lista de filmes que Tony disse que imitara para demonstrar que era um doente mental. Um deles era *Laranja mecânica*, que começa com um grupo de marginais chutando um sem-teto caído no chão.

Meu telefone tocou. Reconheci o número. Era Tony. Não atendi.

Uma semana se passou e então o e-mail que eu estava esperando chegou. Era do professor Anthony Maden, clínico-chefe da unidade de Transtorno de Personalidade Perigoso e Sério, em Broadmoor.

Dizia o e-mail: "Tony realmente chegou aqui fingindo doença mental por achar que isso seria preferível a uma prisão."

Ele tinha certeza disso, falou, assim como muitos outros psiquiatras que haviam conhecido Tony nos últimos anos. Já era um consenso. As ilusões de Tony — aquelas que ele apresentara quando estava preso — simplesmente não pareciam verdadeiras, em retrospecto. Eram pavorosas demais, clichês demais. Além disso, no momento em que ele foi admitido em Broadmoor, olhou ao redor e, ao perceber o inferno onde havia se metido, os sintomas desapareceram.

Ah!, pensei, agradavelmente surpreso. *Isso é ótimo!*

Eu gostara de Tony ao conhecê-lo, mas estava me sentindo mais desconfiado dele nos últimos dias, então era bom ter sua história analisada por um especialista.

Mas então li a frase seguinte do professor Maden: "A maioria dos psiquiatras que o avaliaram, e foram muitos, considerou que ele não está mentalmente enfermo, mas sofre de psicopatia."

Olhei para o e-mail. *Tony é um psicopata?*, pensei.

61

Eu não sabia muita coisa sobre psicopatas na época, apenas a história que James me contara sobre Essi Viding, quando eu estava resolvendo o mistério de *O ser ou o nada*: "Ela mostrou a um psicopata uma imagem de um rosto assustado e lhe pediu para identificar a emoção. Ele disse que não sabia qual era a emoção, mas era a expressão que as pessoas faziam antes de ele matá-las." Portanto, eu não sabia muito sobre psicopatas — mas sabia uma coisa: aquilo parecia pior.

Enviei um e-mail ao professor Maden: "Essa situação não seria como aquela cena do filme *Ghost* em que Whoopi Goldberg finge ser uma vidente e acaba conseguindo realmente falar com um fantasma?"

"Não", respondeu ele. "Não é como aquela cena de Whoopi Goldberg. Tony fingiu uma doença mental. Isso é como quando você tem alucinações e ilusões. A doença mental vem e vai. Pode melhorar com a medicação. Tony é um psicopata. Isso não vem e vai. É como a pessoa é."

Fingir doença mental para escapar de uma sentença de prisão é exatamente o tipo de ato enganador e manipulador que você espera de um psicopata, explicou ele. O fato de Tony fingir que seu cérebro não estava bom foi um sinal de que seu cérebro de fato não estava bom.

"Não há dúvida sobre o diagnóstico dele", concluía o e-mail do professor Maden.

Tony telefonou de novo. Não atendi.

— Psicopata clássico! — disse Essi Viding.

Houve um silêncio.

— Mesmo? — perguntei.

— Sim — confirmou ela. — A maneira pela qual ele conheceu você! Ele é um psicopata clássico!

Depois de receber o e-mail do professor Maden, telefonei para Essi para saber se ela poderia me encontrar. Eu acabara de lhe contar sobre o momento em que vi Tony pela primeira vez, como ele caminhou resoluto pelo Centro de Bem-Estar de Broadmoor, com um terno de risca de giz, como alguém de *O aprendiz*, com o braço esticado.

— *Isso* é um psicopata clássico?

— Certa vez, visitei um psicopata na prisão — disse Essi.

— Li seu dossiê. Ele tinha uma história horrível de estuprar mulheres, matá-las e morder seus mamilos até arrancá-los. Foi uma leitura pavorosa, angustiante. Um psicólogo me falou: "Você vai conhecer esse cara e vai ficar totalmente caidinha por ele." Pensei: *De jeito nenhum!* E sabe o que aconteceu? *Fiquei totalmente caidinha por ele!* A ponto de achá-lo um pouco atraente. Ele era bonito, estava em plena forma física e tinha um jeito muito macho. Um charme sexual rude. Pude entender por que as mulheres que matou haviam saído com ele.

— Usar um terno elegante pode ser uma indicação de que o cara é um psicopata?... — falei. — De onde vem isso?

— Da Lista de Hare — disse Essi. — A PCL-R.

Olhei para ela sem entender.

— É uma espécie de teste de psicopatia criado por um psicólogo canadense chamado Bob Hare. É o padrão-ouro para diagnosticar psicopatas. O primeiro item da lista é "Descontraído/charme Superficial".

Essi me contou um pouco sobre o Teste do Psicopata de Bob Hare. Pelo modo como descreveu, parecia bastante estranho. Ela disse que é possível fazer um curso em que o próprio Hare ensina maneiras de identificar psicopatas lendo a linguagem corporal dos suspeitos, as nuances da construção de suas frases etc.

— Quantos anos Tony tem? — perguntou ela.

— Vinte e nove — respondi.

— Bem, boa sorte para o professor Maden — disse ela. — Não acho que os tempos de agressão de Tony acabaram.

— Como você *sabe* isso?

De repente, ela me pareceu uma brilhante enóloga, identificando um vinho raro por meio de detalhes pouco perceptíveis. Ou talvez fosse mais como um vigário inteligente, acreditando piamente em algo imperceptível demais para ser provado.

— Os psicopatas não mudam — revelou ela. — Eles não aprendem com o castigo. O máximo que você pode esperar é que acabem ficando velhos e preguiçosos demais para se dar ao trabalho de agredir alguém. E eles podem parecer interessantes. Carismáticos. As pessoas ficam fascinadas. Portanto, sim, o verdadeiro problema começa quando um deles se torna muito bem-sucedido na sociedade.

Eu disse a Essi que tinha visto como o livro louco de Petter Nordlund havia, por um breve período, bagunçado os mundos até então racionais de seus colegas. É claro que não havia nada de psicopata em Petter — ele parecia ansioso e obsessivo como eu, embora em maior grau. Porém, por causa da aventura de *O ser ou o nada*, eu ficara fascinado em aprender sobre a influência que a loucura — a loucura entre nossos líderes — tinha em nossa vida diária. Essi realmente acreditava que muitos líderes são doentes como Tony? Seriam muitos deles psicopatas?

Ela concordou.

— Com os psicopatas presos, você pode realmente quantificar a destruição que eles causam — disse ela. — Eles representam apenas 25% da população de presidiários, mas respondem por 60% a 70% dos crimes violentos que acontecem dentro das prisões. São poucos em número, mas não queira se meter com eles.

— Qual é o percentual de psicopatas na população que está fora das prisões?

— Um por cento — respondeu Essi.

Ela disse que se eu quisesse entender o que é um psicopata, e como eles às vezes chegam ao topo do mundo dos negócios, deveria procurar os textos de Bob Hare, o pai da moderna pesquisa sobre psicopatias. Tony sem dúvida ficará encarcerado porque teve uma pontuação alta na lista de Bob Hare, disse ela.

E então, depois de sair de seu escritório, encontrei um artigo de Hare que descrevia os psicopatas como "predadores que usam charme, manipulação, intimidação, sexo e violência para controlar os outros e satisfazer suas necessidades egoístas. Como não têm consciência e empatia, eles pegam o que querem e fazem o que lhes agrada, violando normas sociais e expectativas sem culpa ou remorso. O que lhes falta, em outras palavras, são as qualidades que permitem a um ser humano viver em harmonia social".

Tony telefonou. Eu não podia continuar ignorando-o. Respirei fundo e atendi.

— Jon?

Sua voz estava baixa, distante e com eco. Imaginei-o em um telefone público no meio de um corredor comprido.

— Sim, oi, Tony — cumprimentei-o normalmente.

— Não tenho notícias suas há algum tempo — disse Tony.

Ele parecia uma criança cujos pais de repente começaram a agir friamente sem qualquer motivo óbvio.

— O professor Maden disse que você é um psicopata — afirmei.

Tony expirou, impacientemente.

— Eu não sou um psicopata — declarou.

Houve um breve silêncio.

— Como você sabe? — perguntei.

— Dizem que os psicopatas não sentem remorso. Eu sinto muito remorso. Mas quando digo a eles que sinto remorso, eles dizem que os psicopatas fingem ter remorso, mas não têm. — Ele fez uma pausa. — É como uma bruxaria. Eles viram tudo de cabeça para baixo.

— O que os leva a acreditar que você é um psicopata? — continuei.

— Ah — disse Tony. — Em 1998, quando fingi que era doente mental, incluí estupidamente algumas psicopatias falsas. Como Ted Bundy. Lembra que eu imitei o livro de Ted Bundy? Ele era com certeza um psicopata. Acho que esse é o problema.

— Está bem — falei, mas não estava convencido.

— Tentar provar que você não é um psicopata é ainda mais difícil do que tentar provar que você não é um doente mental — disse Tony.

— Como eles diagnosticaram você?

— Eles lhe dão o Teste do Psicopata — afirmou Tony. — A Lista de Robert Hare. Eles avaliam você por meio de vinte características de personalidade. Charme superficial, tendência ao tédio, falta de empatia, falta de remorso, autoestima elevada, esse tipo de coisa. Para cada um eles marcam zero, um ou dois. Se sua pontuação total for entre trinta ou quarenta, você é um psicopata. É isso. Você é amaldiçoado. Fica rotulado como psicopata para o resto da vida. Eles dizem que você não pode mudar. Não pode se tratar. E que é um perigo para a sociedade. E então você fica preso em um lugar como *este...*

A voz de Tony aumentara de raiva e frustração. Eu a ouvi quicando pelas paredes da unidade de TPPS. Ele se controlou e abaixou a voz de novo.

— E então você fica preso em um lugar como este — disse. — Se eu tivesse cumprido meu tempo na prisão, teria sido solto sete anos atrás.

— Conte-me mais sobre o Teste do Psicopata — pedi a Tony.

— Uma das perguntas que eles fazem para avaliar sua irresponsabilidade é: "Você se mistura a criminosos?" É *claro* que me misturo a criminosos. Estou nessa merda que é o Broadmoor.

* * *

Ele claramente tinha alguma razão. Mas ainda assim Brian sabia que ele e Tony corriam o risco de me perder. Ele me telefonou e perguntou se eu queria visitar Tony uma última vez. Disse que tinha uma pergunta que queria fazer a Tony e queria que eu a ouvisse. E então nós três passamos outro horário de almoço de domingo juntos, comendo chocolate e bebendo chá no Centro de Bem-Estar de Broadmoor.

Tony não estava de terno de risca de giz desta vez, mas ainda era sem dúvida a potencial vítima de Transtorno de Personalidade Perigoso e Sério mais bem-vestida da sala. Conversamos durante algum tempo. Eu lhe disse que queria mudar seu nome nesta história. Pedi a ele que escolhesse um. Decidimos que seria Tony. Ele disse que, sabendo de sua sorte, eles leriam isso e diagnosticariam que ele sofria de Transtorno Dissociativo de Identidade.

Então, subitamente, Brian se inclinou para frente.

— Você sente remorso? — perguntou ele.

— Meu remorso — respondeu Tony imediatamente, inclinando-se para frente também — é por ter estragado não apenas a vida da vítima, mas também minha própria vida e a vida da minha família. Este é o meu remorso. Todas as coisas que eu poderia ter feito. Eu me sinto mal por isso todos os dias.

Tony olhou para mim.

Será que esse remorso soou um pouco decorado?, pensei. Olhei para Tony. *Será que eles ensaiaram isso? Seria isso um show para mim? E também, se ele realmente sentia remorso, não teria dito: "Meu remorso é por ter estragado não apenas a minha vida, mas também a vida da vítima...?" Será que ele não faria sua declaração de remorso nessa ordem? Ou talvez estivesse na ordem certa. Não sei. Eu deveria querer que ele fosse solto? Não deveria? Como saber?* Passou por minha cabeça que talvez eu devesse fazer uma campanha impressa por sua libertação de uma maneira que *parecesse* vigorosa, mas que na verdade não seria eficiente o bastante para funcionar. Como plantar na conversa sementes de dúvida que mal fossem notadas. Sutil.

Senti meus olhos se estreitando, como se eu estivesse tentando furar um buraco no crânio de Tony para espiar dentro de seu cérebro. A expressão de curiosidade concentrada em meu rosto era a mesma que eu fizera no Costa Coffee, quando Deborah deslizou para mim seu exemplar de *O ser ou o nada*. Tony e Brian podiam ver o que estava se passando em minha mente. Os dois se inclinaram para trás decepcionados.

— Você está sentado aí como um detetive amador tentando ler nas entrelinhas — disse Brian.

— Estou — admiti.

— É isso que os psiquiatras fazem — disse Brian. — Está vendo? Eles não passam de detetives amadores também! Mas eles têm o poder de influenciar comissões que decidem sobre liberdade condicional. De manter alguém como Tony trancafiado indefinidamente porque ele teve a infelicidade de não passar no Teste do Psicopata de Bob Hare!

E então nossas duas horas haviam passado, um guarda gritou "Tempo!" e, mal se despedindo, Tony saiu obedientemente apressado pelo Centro de Bem-Estar e se foi.

3

PSICOPATAS SONHAM EM PRETO E BRANCO

Foi o psiquiatra francês Philippe Pinel quem primeiro sugeriu, no início do século XIX, que havia uma loucura que não envolvia mania, depressão ou psicose. Ele a chamou de *manie sans delire* — insanidade sem delírio. Disse que as vítimas pareciam normais superficialmente, mas não controlavam seus impulsos e eram passíveis de explosões de violência. Só em 1891, quando o médico alemão J.L.A. Koch publicou o livro *Die Psychopatischen Minderwertigkeiter*, foi que isso recebeu o nome que tem até hoje: psicopatia.

Nos velhos tempos — tempos anteriores a Bob Hare — as definições eram rudimentares. A Lei de Saúde Mental para a Inglaterra e o País de Gales, de 1959, descrevia os psicopatas como tendo "um distúrbio ou uma deficiência persistente na mente (incluindo ou não retardamento de inteligência), que resulta em conduta anormalmente agressiva ou seriamente irresponsável por parte do paciente e que exige ou é suscetível a tratamento médico".

Desde o início, o consenso era de que apenas 1% dos seres humanos possuía tal doença, mas o caos que eles causavam tinha um alcance tão grande que podia remodelar a sociedade, às vezes de maneira totalmente errada, como quando alguém quebra o pé, engessa-o mal e os ossos ficam fixados em direções estranhas. E, portanto, a pergunta urgente passou a ser: como podemos curar os psicopatas?

No fim dos anos 1960, um jovem psiquiatra canadense achou que tinha a resposta. Seu nome era Elliott Barker. Sua estranha história está hoje esquecida, exceto por uma pequena descrição — ele foi uma estrela nos anos 1960, mas hoje é um fracasso — no obituário de um assassino em série canadense incorrigível. No entanto, na época, seu grupo de colegas assistia às experiências dele com muita empolgação. Barker parecia estar no ápice de algo extraordinário.

Encontrei referências a ele em artigos acadêmicos que li durante as semanas que se seguiram a minhas visitas a Tony, em Broadmoor, e a Essi Viding. Eu tentava entender o significado de psicopatia. Havia alusões à forte vivacidade de Barker, ao seu idealismo infantil (se não estranho), e à sua disposição para viajar para os cantos mais longínquos de sua imaginação na tentativa de curar psicopatas. Havia frases que não tinha visto em qualquer outro lugar sobre iniciativas psiquiátricas em asilos para criminosos insanos e, portanto, comecei a enviar e-mails para ele e seus amigos.

"Elliott está muito abatido e não concede entrevistas", disse por e-mail um de seus ex-colegas, que não quis ser identificado. "Ele é um homem amável que até hoje tem muito entusiasmo em ajudar pessoas."

"Não conheço nada comparável ao que Elliott Barker fez", disse por e-mail outro ex-colega, Richard Weisman, professor de ciências sociais da York University, em Toronto, que escreveu um artigo brilhante sobre Barker — "Reflexões sobre a experiência em Oak Ridge com criminosos mentalmente perturbados" — para o *International Journal of Law and Psychiatry*. "Aquilo foi uma síntese sem igual de uma série de tendências culturais diferentes nos anos 1960 no Canadá, e Elliot teve a sorte de ter uma incrível liberdade de ação em suas improvisações."

Fiquei completamente obcecado em juntar os pedaços da história de Oak Ridge. Mandei diversos e-mails em vão: "Sr. Elliott, geralmente nunca insisto tanto e, por favor, aceite minhas desculpas por fazer isso"; e "Há alguma coisa que posso fazer para convencer o senhor a falar comigo?"; e ainda "Prometo que este será meu último e-mail se eu não tiver notícias suas!"

E então tive um golpe de sorte. Enquanto outros possíveis entrevistados talvez tivessem achado estranha — e até mesmo irritante — minha determinação meio fanática, Elliott e seus colegas ex-psiquiatras de Oak Ridge acharam-na interessante, e quanto mais eu os incomodava, mais eles me fustigavam discretamente. Por fim, eles começaram a se abrir e a responder meus e-mails.

Tudo começou em meados dos anos 1960. Elliott Barker era um psiquiatra iniciante na época, que acabara de sair da faculdade. Enquanto tentava decidir que rumo tomar em sua carreira, ele começou a ler em revistas especializadas de psiquiatria sobre o surgimento de comunidades terapêuticas radicais, nas quais as antigas hierarquias do terapeuta sábio e do paciente incapaz haviam sido abolidas e substituídas por algo mais experimental. Intrigado, ele e sua jovem esposa fizeram um empréstimo bancário e partiram para uma viagem de um ano pelo mundo, para visitar tantos lugares quanto conseguissem.

Em Palm Springs, na Califórnia, ele ouviu falar de sessões de Psicoterapia Nudista, sob a tutela de um psicoterapeuta chamado Paul Bindrim. O hotel em que as sessões aconteciam combinava (conforme o material de propaganda da época afirmava) "árvores abundantes e animais silvestres" com todas as comodidades de um "resort de alta classe". Ali, Bindrim pedia a seus pacientes totalmente vestidos — que não conheciam um ao outro e geralmente eram livres pensadores e estrelas de cinema de classe média e alta da Califórnia — para, primeiramente, examinarem seus companheiros e, em seguida, se abraçarem e se atracarem, e depois, no escuro e ao som de música New Age, para retirarem sua "armadura de roupas". Eles se sentavam nus em um círculo, faziam uma meditação em que emitiam o som de *Om* e mergulhavam de cabeça em uma maratona de Psicoterapia Nudista de 24 horas ininterruptas, uma montanha-russa emocional e mística durante a qual os participantes gritavam, choravam e confessavam seus medos e ansiedades mais íntimos.

"A nudez física", explicava Bindrim a jornalistas visitantes, "facilita a nudez emocional e, portanto, acelera o tratamento".

A ideia mais controversa de Bindrim era o que ele chamava de Exame da Virilha. Ele instruía um participante a se sentar no centro do círculo com as pernas para o alto. Em seguida, ordenava aos outros que olhassem para as genitálias e o ânus da pessoa, às vezes durante horas, enquanto gritava esporadicamente: "É exatamente aí! É aí que somos tão negativamente condicionados!"

Às vezes, ele orientava os participantes a falar diretamente para suas próprias genitálias. Uma jornalista que participou de uma sessão — Jane Howard, da revista *Life* — relatou em seu livro de 1970, *Please Touch: A Guided Tour of the Human Potential Movement*, uma conversa entre Bindrim e uma participante chamada Lorna.

"— Diga a Katy as coisas que acontecem em sua virilha — ordenou Bindrim. Katy era a vagina de Lorna. — Diga: Katy, é aí que eu cago, fodo, mijo e me masturbo.

Houve um silêncio constrangido.

— Acho que Katy já *sabe* disso — respondeu Lorna, por fim."

Muitos viajantes do movimento Potencial Humano Californiano consideraram a Psicoterapia Nudista um passo longe demais, mas Elliot, em sua viagem pelo mundo, achou a ideia estimulante.

A odisseia de Elliot o levou adiante, a lugares como Turquia, Grécia, Berlim Ocidental, Berlim Oriental, Japão, Coreia e Hong

Kong. Seu dia mais inspirador foi em Londres, quando (conforme ele me contou por e-mail) se encontrou com os lendários psiquiatras radicais R.D. Laing e D.G. Cooper e visitou Kingsley Hall, a comunidade terapêutica para esquizofrênicos deles.

Descobri que o filho de R.D. Laing, Adrian, tem um escritório de advocacia que fica algumas ruas depois de minha casa, no norte de Londres. E então, em meu objetivo de entender as influências de Elliott, procurei-o para perguntar se ele me diria alguma coisa sobre Kingsley Hall.

Adrian Laing é um homem magro e elegante. Tem o rosto do pai, mas em um corpo menos intimidante.

— A questão de Kingsley Hall — disse ele — é que as pessoas podiam ir para lá e resolver suas loucuras. Meu pai acreditava que se você deixasse a loucura seguir seu curso natural sem intervenções; ou seja, sem lobotomias, drogas, camisa de força e todas as coisas horríveis que faziam na época nos hospitais psiquiátricos; ela desapareceria sozinha, como uma viagem de LSD cumprindo seu caminho através do sistema.

— Que tipo de coisa Elliott Barker pode ter visto em sua visita a Kingsley Hall? — perguntei.

— Bem, sabe, algumas salas eram encantadoramente decoradas com sedas indianas — falou Adrian. — Esquizofrênicos como Ian Spurling, que acabou se tornando o estilista de Freddie Mercury, dançavam, cantavam, pintavam, recitavam poesia e conheciam celebridades do livre pensamento, como Timothy Leary e Sean Connery. — Adrian fez uma pausa. — E havia outras salas menos atraentes, como a sala de merda de Mary Barnes, no porão.

— Sala de merda de Mary Barnes? Você quer dizer a pior sala da casa?

— Eu tinha 7 anos quando visitei Kingsley Hall pela primeira vez — revelou Adrian. — Meu pai me disse: "Há uma pessoa muito especial lá no porão que quer conhecer você." Então fui até lá e a primeira coisa que perguntei foi: "Que cheiro de cocô é esse?"

O cheiro de cocô, contou-me Adrian, vinha de uma esquizofrênica crônica chamada Mary Barnes. Ela representava um conflito em Kingsley Hall. Laing tratava a loucura com grande respeito. Ele acreditava que os loucos possuíam um conhecimento especial — apenas eles compreendiam a verdadeira loucura que permeava a sociedade. No entanto, Mary Barnes, no porão, odiava ser louca. Era uma agonia para ela, e a mulher queria desesperadamente ser normal.

Suas necessidades venceram. Laing e seus colegas psiquiatras a incentivaram a regredir até o estado infantil, na esperança de que ela pudesse crescer novamente, só que sã. O plano não estava indo muito bem. Ela ficava constantemente nua, espalhando seus excrementos nela própria e nas paredes, comunicando-se apenas por meio de gritos e se recusando a comer, a não ser que alguém a alimentasse com uma mamadeira.

— O cheiro da merda de Mary Barnes estava se tornando um verdadeiro problema ideológico — disse Adrian. — Eles costumavam ter longas discussões sobre isso. Mary precisava ser livre para se esfregar na própria merda, mas o cheiro afetava a liberdade das outras pessoas de sentir o ar fresco. Então eles passaram muito tempo tentando formular uma política para a merda.

— E seu pai? — perguntei. — Como ele ficava no meio disso tudo?

Adrian tossiu.

— Bem — disse ele —, o lado ruim de não haver barreiras entre médicos e pacientes era que todo mundo se tornava paciente.

Ficamos em silêncio.

— Quando pensei em Kingsley Hall, imaginei todo mundo se tornando médico — falei, por fim. — Acho que eu estava me sentindo muito otimista em relação à humanidade.

— Não. Todo mundo se tornava paciente. Kingsley Hall era muita doideira. Havia ali um respeito pela loucura que não era saudável. A primeira coisa que meu pai fez foi se perder completamente e enlouquecer, porque havia uma parte dele que *era* totalmente louca. No caso, era uma loucura desvairada.

— É incrivelmente deprimente — concluí — a ideia de que se você está em uma sala e, em uma extremidade, está a loucura e, na outra, a sanidade, é da natureza humana seguir na direção da loucura.

Adrian concordou. Disse que visitantes como Elliott Barker eram mantidos afastados dos lugares mais obscuros, como a sala de merda de Mary Barne e a insanidade desvairada de seu pai e, em vez disso, eram direcionados para as sedas indianas e as agradáveis noites de poesia com a presença de Sean Connery.

— A propósito, eles conseguiram formular uma política bem-sucedida para a merda? — perguntei.

— Sim. Um dos colegas do meu pai disse: "Ela quer pintar com a própria merda. Talvez devêssemos lhe dar tintas." E funcionou.

Mary Barnes acabou se tornando uma artista famosa e fez diversas exposições. Suas pinturas foram muito admiradas nos anos 1960 e 1970 por ilustrarem a vida louca, colorida, dolorosa, exuberante e complicada de uma esquizofrênica.

— E eles se livraram do cheiro de merda — disse Adrian.

Elliott Barker voltou de Londres com um monte de ideias radicais reunidas em sua viagem e candidatou-se para trabalhar em uma unidade de psicopatas do Oak Ridge Hospital dedicada a loucos criminosos, em Ontário. Impressionada com os detalhes de sua grande jornada, a diretoria do hospital lhe ofereceu um emprego.

Os psicopatas que ele conheceu em seus primeiros tempos em Oak Ridge não eram nada parecidos com os esquizofrênicos de R.D. Laing. Embora sem dúvida fossem insanos, você nunca perceberia isso. Eles *pareciam* perfeitamente comuns. Isso, deduziu Elliott, acontecia porque estavam enterrando fundo sua insanidade por trás de uma fachada de normalidade. Se fosse possível, de algum modo, trazer a loucura à tona, talvez esta se resolvesse sozinha e eles poderiam renascer como seres humanos empáticos. A alternativa era clara: se suas personalidades não pudessem ser radicalmente alteradas, aqueles homens estavam destinados a passar a vida encarcerados.

E então ele pediu — e conseguiu — permissão do governo canadense para obter um grande lote de LSD (adquirindo a droga de um laboratório autorizado pelo governo, chamado Connaught Laboratories, da University of Toronto), selecionou um grupo de psicopatas ("Eles foram escolhidos com base na capacidade verbal e em sua maioria são criminosos relativamente jovens e inteligentes, com idades entre 17 e 25 cinco anos" — explicou o próprio Elliott na edição de outubro de 1968 do *Canadian Journal of Corrections*), levou-os para o que chamou de Cápsula do Encontro Total, uma pequena sala pintada de verde-claro, e pediu a eles que tirassem suas roupas. Isso foi de fato um marco radical: a primeira maratona de sessões de Psicoterapia Nudista para criminosos psicopatas ocorrida no mundo.

As sessões nuas, cruas e movidas a LSD realizadas por Elliott duraram épicos 11 dias. Os psicopatas passavam cada momento em que estavam acordados viajando para os cantos mais sombrios da própria mente na tentativa de melhorar. Não havia distração alguma — nenhuma televisão, nenhuma roupa, nenhum relógio, nenhum calendário —, apenas uma discussão permanente (pelo menos cem horas por semana) sobre seus sentimentos. Quando sentiam fome, sugavam comida em canudos que se projetavam nas paredes. Assim como nas sessões de Psicoterapia Nudista de Paul Bindrim, eles eram incentivados a ir a seus estados emocionais mais primitivos gritando, arranhando as paredes e confessando uns aos outros fantasias de desejo sexual proibido, mesmo que estivessem, nas palavras de um relatório interno de Oak Ridge, "em estado de excitação enquanto faziam isso".

Imagino que essa teria sido uma experiência mais agradável se tivesse ocorrido em um hotel de veraneio em Palm Springs do que em uma instituição de segurança para assassinos psicopatas.

O próprio Elliott estava ausente, assistindo a tudo por trás de um espelho unidirecional. Não seria ele quem trataria os psicopatas. Os prisioneiros derrubariam o conceito da psicoterapia tradicional e tratariam uns aos outros.

Houve alguns detalhes inadvertidamente estranhos. Por exemplo, visitantes na unidade eram uma inconveniência inevitável. Havia visitas de grupos de adolescentes locais — uma iniciativa do governo para desmistificar os asilos. Isso causou um problema para Elliott. Como ele poderia garantir que a presença de estranhos não interferisse na atmosfera radical que passara meses criando? Então, teve uma ideia. Conseguiu algumas fotos particularmente pavorosas de pessoas que haviam cometido suicídios horríveis — atirando no próprio rosto, por exemplo — e pendurou-as no pescoço dos visitantes. Agora, para onde quer que os psicopatas olhassem, enfrentariam a realidade assustadora da violência.

Os primeiros relatórios de Elliott foram obscuros. A atmosfera dentro da Cápsula era tensa. Psicopatas olhavam com raiva uns para os outros. Passaram-se dias sem que ninguém dissesse nada. Alguns prisioneiros que não cooperavam se ressentiam especialmente por serem obrigados por seus companheiros psicopatas a participar de um subprograma em que tinham que discutir intensamente os motivos de não quererem discutir intensamente seus sentimentos. Outros fizeram objeções a serem obrigados a vestir roupas de mulher (um castigo por não colaborarem com o programa, inventado por um psicopata). Além disso, ninguém gostava de olhar para cima e ver um adolescente espiando-os curiosamente pela vitrine com uma fotografia gigante da cena de um suicídio pendurada no pescoço. A coisa toda, apesar das boas intenções, parecia condenada ao fracasso.

Consegui encontrar um ex-interno de Oak Ridge convidado por Elliott para participar do programa. Hoje, Steve Smith possui uma loja de produtos de acrílico em Vancouver. Ele tem uma vida bem-sucedida e comum. Porém, no fim dos anos 1960, era um adolescente perdido que passou trinta dias encarcerado em Oak Bridge, no inverno de 1968, depois de ser apanhado roubando um carro enquanto estava viajando no LSD.

— Eu me lembro de Elliott Barker entrando na minha cela — contou-me Steve. — Ele era charmoso, tranquilizador. Pôs o braço no meu ombro. Me chamou de Steve. Era a primeira vez que alguém usava meu primeiro nome ali. Ele me perguntou se eu achava que era doente mental. Eu disse que não. "Bem, eu acho", ele me falou, "que você é um psicopata muito esperto. Quero que saiba que há pessoas como você aqui que estão trancafiadas há mais de vinte anos. Mas temos um programa que pode ajudá-lo a se recuperar da sua doença". Então lá estava eu, com apenas 18 anos e tendo roubado um único carro; portanto, não exatamente o criminoso do século; trancado em uma sala acolchoada durante 11 dias, com um bando de psicopatas, todo mundo drogado de escopolamina [um tipo de alucinógeno] e olhando para mim.

— O que eles disseram a você?

— Que estavam ali para me ajudar.

— Qual é a sua lembrança mais viva de seus dias dentro do programa?

— Eu entrava e saía de um delírio — disse ele. — Uma vez, quando recuperei a consciência, vi que haviam me amarrado a Peter Woodcock.

— Quem é ele?

— Procure-o na Wikipédia — disse Steve.

Peter Woodcock (nascido em 5 de março de 1939) é um assassino em série e estuprador de crianças canadense que matou três crianças pequenas em Toronto, Canadá, durante os anos de 1956 e 1957, quando ainda era adolescente. Foi detido em 1957, declarado legalmente insano e levado para Oak Ridge, uma instituição psiquiátrica em Ontário, localizada em Penetanguishene.
Wikipédia

— Isso parece desagradável — falei. — Ah. Acabei de encontrar uma entrevista com ele em vídeo.

Peter Woodcock: Eu lamento que as crianças tenham morrido, mas eu me sentia como Deus. Era o poder de Deus sobre um ser humano.
Entrevistador: Por que isso era importante para você?
Woodcock: Era o prazer que aquilo me dava. Tive muito pouco prazer com qualquer outra coisa na vida. Mas ao estrangular as crianças, eu encontrei uma sensação de prazer e de realização. Porque era algo tão bom que eu queria repetir. E então eu saía para fazer de novo.
Entrevistador: As pessoas ficariam horrorizadas ao saber que você via isso como uma realização.
Woodcock: Eu sei, mas sinto muito, isso não é para ouvidos sensíveis. É um relato terrível. Estou sendo o mais honesto possível.
Documentário da BBC, *The Mask of Sanity*

— Por que você foi amarrado a Peter Woodcock? — perguntei a Steve.
— Ele era meu "camarada", era para garantir que eu fizesse a viagem de droga em segurança.

— O que ele disse a você?

— Que estava ali para me ajudar.

Isso foi tudo o que Steve me falou sobre seu período com Peter Woodcock. Ele retratou aquilo como um pesadelo alucinatório passageiro. Porém, alguns meses depois, em março de 2010, enviei-lhe um e-mail para perguntar se ele ouvira a notícia de que Woodcock morrera. Ele respondeu: "Isso faz minha pele formigar. Porra! Sabe, tenho uma ligação profunda mas indesejada com esse monstro. Fizemos tatuagens iguais, de uma pequena flor, em nossos antebraços direitos. Fizemos juntos — tatuagens típicas de prisão."

Fazer uma tatuagem igual à de um assassino em série de crianças era o tipo de distorção que acontecia na Cápsula de Oak Ridge, disse Steve, onde nada fazia sentido, onde a realidade era deformada pelo LSD, onde psicopatas à sua volta estavam arranhando as paredes, onde todo mundo estava sofrendo privação de sono, e Elliott Barker estava assistindo a tudo por trás de um espelho unidirecional.

Mas então, enquanto as semanas se transformavam em meses, algo inesperado começou a acontecer. A transformação foi registrada por um documentarista, Norm Perry, convidado por Elliott para ir a Oak Ridge em 1971. É um filme muito comovente. Aqueles jovens prisioneiros estavam mudando diante de nossos olhos. Estavam aprendendo a cuidar uns dos outros dentro da Cápsula.

— Adoro a maneira como você fala — diz um presidiário a outro. Há uma ternura verdadeira em sua voz. — Você fala como se possuísse todas as palavras do mundo. Elas são sua propriedade pessoal e você as faz dançar ao seu comando.

Vemos Elliott em seu escritório, e a expressão de satisfação em seu rosto é emocionante. Ele está tentando escondê-la, tentando adotar um ar de profissionalismo, mas dá para notar. Seus psicopatas se tornaram gentis. Alguns estão até dizendo a suas comissões de liberdade condicional para só considerar a possibilidade de libertá-los depois de concluída a terapia. As autoridades estão impressionadas. Pacientes nunca pedem para *não* serem soltos.

Em meados dos anos 1970, o ambiente em Oak Ridge se tornou, no mínimo, um pouco bonito *demais*. Foi quando Elliott — cansado e querendo uma folga — afastou-se por algum tempo, enquanto outro jovem psiquiatra, um prodígio chamado Gary Maier, assumia o comando. A equipe de Oak Ridge ficou bastante calada em relação ao que ocorreu sob a liderança de Gary Maier. "Ele não era nenhum Elliott, isso é certo — disse por e-mail um membro da equipe que não quer ser identificado. "Enquanto Elliott, ao que parecia, era um pesquisador conservador, apesar de suas ideias estranhas sobre tratamento, Gary era um hippie de cabelo comprido e sandálias."

Hoje, Gary Maier vive em Madison, Wisconsin. Está semiaposentado, mas ainda pratica psiquiatria em duas prisões de segurança máxima locais. Quando o encontrei para um café da manhã no Ambassador Hotel, no centro de Milwaukee, ele me contou como ouviu falar do programa de Elliott. Foi durante um seminário de recrutamento para recém-formados em psiquiatria patrocinado pelo governo. Barry Boyd, que dirigia Oak Ridge, era um dos oradores. Ele elogiou Elliott diante da plateia e contou muitas histórias de sucesso do programa.

— Como Matt Lamb — disse Gary. — Esse rapaz, Matt Lamb, aparentemente havia matado pessoas. [Aos 19 anos, ele estava escondido atrás de uma árvore, perto de um ponto de ônibus em Windsor, Ontário, em janeiro de 1967, quando um grupo de jovens passou. Ele saltou de trás da árvore e, sem dizer uma palavra, atirou em todos eles. Duas pessoas, uma garota de 22 anos e um garoto de 21, morreram.] E quando perguntaram a ele como tinha

sido matar aquelas pessoas, ele disse que foi como esmagar inse-
tos. Ele era uma das... eu não gostaria de dizer *estrelas*... de Elliott,
mas tinha uma personalidade fria como a dos psicopatas, e realmente pareceu melhorar e se beneficiar do programa.

Quando Barry Boyd contou a história de Matt Lamb no
seminário de recrutamento, alguns recém-formados em psiquiatria se assustaram ao saber que agora ele era um homem
livre, declarado curado em 1973, e era uma história de sucesso
na Cápsula. Ele morava com Elliott e sua família na fazenda
deles e passava seus dias pintando cercas sossegadamente e refletindo sobre seu futuro. Permanecia livre de problemas, mas
o consenso era de que psicopatas invariavelmente caíam no
caos. Convidar Matt Lamb para morar com ele era um grande
salto de confiança, como um domador dividindo a casa com
seu leão.

No entanto, Gary não se assustou. Ele bateu palmas, empolgado. No fim da noite, aproximou-se de Barry Boyd.

— Se houver algum emprego disponível em Oak Ridge...
— disse a ele.

Por acaso, Elliott estava procurando um colaborador e, semanas depois, ofereceram o emprego a Gary.

Naquela noite, ele teve uma experiência espontânea de se
sentir fora do corpo. Interpretou isso como um sinal de que fizera a escolha *certa*.

— E como você se sentiu em seu primeiro dia de trabalho?
— perguntei.

— Eu me senti em *casa* — respondeu Gary.

Gary tem um corpo musculoso, forte, de guarda de prisão, mas
o cavanhaque e os olhos dóceis são de um hippie de 67 anos.
Ele disse que na época viu os homens de Oak Ridge como al-
mas de bom coração à procura de alguma coisa, exatamente
como ele. Encarou-os nos olhos e não sentiu medo.

— Quando você olha nos olhos de uma pessoa, só consegue ver até a porta fechada dela — explicou. — Então encare isso como uma oportunidade para bater nessa porta. Se ela não quiser abrir a porta, você se curva diante dela e diz: "Está bem. Quando você estiver pronta."

— O que há atrás das portas fechadas? — perguntei.

— Liberdade — respondeu Gary.

E *havia* liberdade em Oak Ridge, disse Gary, liberdade em toda parte:

— Um cara gostava realmente de outro que vivia em outra ala. Ele o via no pátio. Então ele simplesmente saía do corpo, caminhava através das paredes, fazia amor com ele e depois voltava para sua cela. Todos nós dissemos que ele deveria se sentir livre para continuar a fazer isso, contanto que fosse gentil. Ele me mantinha pessoalmente informado sobre quando fazia amor com o cara. Não tenho a menor ideia sobre o que o outro camarada sentia. — Gary riu com tristeza. — Eu não me lembrava disso há muito tempo.

Aquela foi a melhor época da vida de Gary. Ele sabia como fazer os presidiários se sentirem bem.

— Sinceramente, acredito que eu estava fazendo um trabalho que a maioria dos canadenses não poderia fazer — disse Gary. E os administradores do hospital confiavam nele o bastante para permitir que levasse os psicopatas para viajar em águas inexploradas. Como o Grupo de Sonho: As pessoas sonham, e eu queria captar o que acontecia em seus sonhos. Então, antes de eles irem para a cama, eu os fazia darem as mãos uns aos outros e dizer: "Deixe-me experimentar o sonho da minha vida nesta comunidade." E então eles iam calmamente dormir e sonhar.

Quando acordavam, iam diretamente até o Grupo do Sonho, formado pela mesma quantidade de psicopatas e esquizofrênicos.

— O problema — disse Gary, — era que os esquizofrênicos tinham sonhos incrivelmente claros: sonho após sonho após sonho. Mas os psicopatas teriam sorte se *tivessem* pelo menos um sonho.

— Por que os esquizofrênicos sonham mais do que os psicopatas? — perguntei.

— Não sei — respondeu Gary, rindo. — Eu me lembro que os esquizofrênicos geralmente tinham sonhos coloridos. Quanto mais intenso o sonho, mais provavelmente tinha cores. No entanto, os psicopatas, quando conseguiam ter um sonho, sonhavam em preto e branco.

Tudo isso estava criando um desequilíbrio de poder. Em reuniões de grupo normais, segundo Gary, os esquizofrênicos eram subservientes aos psicopatas, "mas, de repente, os pobres psicopatas tiveram que se sentar e ouvir os esquizofrênicos contando um, dois, três sonhos".

Quando chegou a hora de os pacientes votarem se queriam continuar ou não com o Grupo de Sonho, os esquizofrênicos disseram sim, mas os psicopatas argumentaram ferozmente contra o grupo e saíram vitoriosos.

— Por causa de uma luta de poder? — perguntei.

— Bem, lá foi assim — afirmou Gary. — Além disso, quem quer ouvir os sonhos chatos de um esquizofrênico?

Depois teve o canto coletivo.

— Cantávamos depois do almoço. Entoávamos o *Om* durante talvez 25 minutos. Era muito prazeroso para eles. A enfermaria parecia uma espécie de câmara de eco, e logo os caras começaram a cantar o *Om* em harmonia. — Gary fez uma pausa. — Costumávamos ter psiquiatras visitantes. Certo dia, uma visitante estava sentada ouvindo o canto e, de repente, deu um salto e saiu correndo da sala. Foi bastante constrangedor. Nós a encontramos no corredor. Ela falou: "Estar naquela sala foi como se um trem de carga estivesse vindo para me atropelar. Tive que sair dali."

— Ela entrou em pânico?

— Sim — confirmou Gary. — Achou que perderia o controle e que, de algum modo, seria atacada.

A lembrança mais viva de Gary em Oak Ridge era de psicopatas gentis aprendendo e crescendo, mas também de psiquiatras e guardas de segurança tolos conspirando para estragar tudo. Foi exatamente o que aconteceu, disse ele, quando tudo foi longe demais, quando tudo aconteceu mais ou menos como em *O coração das trevas.*

Foi manifestada preocupação quanto ao rumo de recentes métodos nos tratamentos. O uso de LSD parece estar passando por uma mudança em relação à abordagem inicialmente aprovada, [juntamente com] a introdução de conceitos místicos. Eu pediria ao senhor para reduzir gentilmente a escala de alguns desses aspectos de seu programa.

Memorando do diretor médico de Oak Ridge, Barry Boyd, para Gary Maier, em 11 de agosto de 1975.

— Então, você viu o memorando — disse Gary. — Ah.

— O que aconteceu?

Gary deu um suspiro.

— Bem... — começou ele.

Gary me pediu para pensar no que acontece quando qualquer pessoa — não importa a idade — vai para a casa dos pais no Natal. Não interessa o quanto nossa vida adulta nos tornou sábios e perceptivos, pois "dois dias com seus pais no Natal e você regride de volta ao nível mais profundo da patologia familiar".

Ele teve exatamente o mesmo problema em Oak Ridge.

— Nós dávamos LSD àqueles caras. Eles faziam verdadeiras maratonas no fim de semana e *mudavam*, mas voltavam para a enfermaria geral — que não estava *preparada* para a mudança. Então, regrediam imediatamente.

Dois passos para frente, dois passos para trás. Se toda a enfermaria geral — todos os psicopatas do lugar — pudessem de algum modo alcançar a iluminação metafísica ao mesmo tempo...

E então ele teve uma ideia: uma viagem de LSD em massa! Era algo radical, mas também crucial — e a única maneira de romper a patologia profunda da enfermaria.

— Eu vi isso como o auge de tudo o que havia feito — disse Gary. — Dar o rito de passagem do LSD a todos ao mesmo tempo. Ou ao longo de alguns dias. Bem, isso preocupou muito o pessoal da segurança. Eles chegaram ao trabalho e falei a eles: "Deixem os caras sozinhos."

E então os guardas, cheios de raiva e incerteza, foram obrigados a ficar de fora enquanto 26 assassinos e estupradores corriam para lá e para cá viajando de LSD.

— Acho que não joguei minhas cartas corretamente naquele momento — lembra Gary. — Os guardas perderam sua identidade. Os caras do sindicato provavelmente acharam que eu causaria demissões.

Dias depois, ele recebeu o memorando de advertência. E alguns dias depois, ao chegar ao trabalho, descobriu que suas chaves já não serviam mais. Os guardas haviam trocado as fechaduras de um dia para o outro. Um deles lhe falou — do outro lado das grades — que ele havia sido demitido e nunca mais poderia pôr os pés em Oak Ridge.

— Bem — dizia Gary agora, empurrando no prato o que sobrara de seu café da manhã —, eu estava pronto para ir adiante.

Durante os anos que se seguiram à saída de Gary, Elliott Barker continuou a conquistar fãs em toda a comunidade da psiquiatria dirigida a criminosos. Talvez realmente tenha alcançado algo que ninguém antes havia conseguido: "Nos primeiros trinta anos de Oak Ridge, ninguém que era acusado de crime capital jamais foi libertado ali", disse ele ao documentarista Norm Perry. "Mas agora há uma esperança real de que os pacientes se liberem de sua prisão psicológica de indiferença aos sentimentos dos outros, uma prisão que, em maior ou menor proporção, confina todos nós. Estamos fazendo com que as pessoas fiquem bem novamente — pessoas que mataram ou estupraram quando estavam mentalmente debilitadas. Estamos fazendo com que fiquem bem e possam ser membros seguros e úteis da sociedade."

Os melhores amigos de Elliott eram ex-pacientes de Oak Ridge, dizia ele a seus vizinhos. Seu pai fora um alcoólatra violento que batia na família e cometera suicídio quando ele tinha 10 anos. Eu me perguntei se era por isso que ele dedicara sua vida a ensinar psicopatas a serem gentis. E, de fato, pacientes foram libertados de Oak Ridge. Elliott manteve contato com muitos deles, convidando-os a ficar em sua fazenda em Midland, Ontário, onde eles jogavam raquetebol juntos, construíam cercas e cultivavam terras.

De volta à minha casa em Londres, enquanto começava a juntar os pedaços dessa história, fui tomado de súbito pelas realizações de Elliott. Senti-me muito mal por Tony, preso em Broadmoor. Tantos assassinos psicopatas que tiveram a sorte de ficar sob a tutela radical de Elliott e Gary haviam sido declarados curados e libertados. Por que Broadmoor não podia adotar algumas ideias deles? É claro que elas pareciam sentimentaloides, datadas, ingênuas e talvez dependentes demais de alucinógenos, mas certamente eram preferíveis a trancar uma pessoa para sempre por ela ter tido uma pontuação alta em uma lista de avaliação de personalidade.

Fiquei fascinado ao saber que, no início dos anos 1990, dois pesquisadores haviam realizado um estudo detalhado sobre os índices de reincidência, a longo prazo, de psicopatas que haviam participado do programa de Elliott e tinham sido reintegrados à sociedade. A publicação desse estudo certamente fora um momento extraordinário para Elliott, Gary e a Cápsula. Em circunstâncias normais, 60% dos psicopatas criminosos libertados voltavam a cometer delitos. Qual seria esse percentual no caso dos psicopatas deles?

Como foi revelado, 80%.

A Cápsula tornara os psicopatas *piores*.

Um deles, Cecil Gilles, foi declarado curado e libertado após muitos meses de terapia intensiva. Dias depois, ele agarrou aleatoriamente uma garota de 14 anos, abusou dela sexualmente e a atirou, inconsciente, de uma ponte sobre um riacho. Ela conseguiu se arrastar até uma casa próxima e entrar pela janela, sendo encontrada mais tarde, à noite, deitada no chão da cozinha. Sobreviveu, mas teve escoriações sérias na parte da cabeça que havia batido no fundo do riacho.

Outro deles, Joseph Fredericks, foi libertado de Oak Ridge em 1983 e, semanas depois, atacou uma adolescente com uma faca e abusou de um menino de 10 anos. Foi solto novamente um ano depois e atacou um menino de 11 anos. Quatro anos depois, após ser libertado mais uma vez, foi a um shopping center chamado Shoppers World e raptou e estuprou um menino de 11 anos, Christopher Stephenson. O menino começou a escrever um bilhete para os pais:

"Queridos Mamãe e Papai, estou escrevendo esta carta..."

E o bilhete parou por aí. Quando a polícia apanhou Fredericks, ele mostrou o corpo do menino e disse: "Era um menino tão bom. Por que tinha que morrer?"

Matt Lamb — que Gary havia descrito não como uma das "estrelas de Elliott", mas quase isso — terminou seus dias em circunstâncias menos problemáticas. Enquanto pintava cercas e refletia sobre seu futuro no rancho de Elliott, ele decidiu se tornar um soldado. O exército israelense o rejeitou por ser psicopata. ("Está vendo?", disse Gary. "Eles têm padrões.") Mas o exército da Rodésia o aceitou e ele morreu em uma troca de tiros com os aliados de Robert Mugabe.

Mais constrangedor para o programa foi o que aconteceu com o assassino de crianças Peter Woodcock, o homem ao qual Steve Smith havia se ligado. Ele recebera pela primeira vez uma licença de três horas, em um dia do verão de 1991. Seus psiquiatras não sabiam que havia usado secretamente dez minutos desse tempo (de 15h10 às 15h20) para matar um colega presidiário, Dennis Kerr, que havia zombado de seus avanços sexuais. Ele convidou Kerr para ir a um bosque atrás do hospital e o retalhou cem vezes.

"Fiz isso", explicou ele durante seu julgamento, "para ver o efeito de um machado em um corpo." Kerr morreu de "ferimentos decorrentes dos golpes" na cabeça e no pescoço.

Mais tarde, depois de voltar para Oak Ridge, Woodcock foi entrevistado pela BBC para falar do assassinato:

ENTREVISTADOR: O que estava passando na sua cabeça naquela hora? Era uma pessoa da qual você gostava.

WOODCOCK: Curiosidade, na verdade. E raiva. Porque ele havia rejeitado todos os meus avanços.

ENTREVISTADOR: E por que você achou que alguém devia morrer por causa de sua curiosidade?

WOODCOCK: Eu só queria saber como era a sensação de matar alguém.

ENTREVISTADOR: Mas você já matou três pessoas.

WOODCOCK: Sim, mas isso foi anos e anos e anos e anos atrás.

O momento mais doloroso da entrevista foi quando Woodcock admitiu que o programa de Elliott e Gary era de certa forma culpado, porque o ensinara a ser um psicopata mais dissimulado. Todas aquelas conversas sobre empatia foram como uma escola para aprender a fingir esse sentimento.

"Eu aprendi a manipular melhor", disse ele, "e a manter os sentimentos mais ultrajantes bem encobertos."

O programa de Oak Ridge acabou. Elliott Barker, esmagado pelo peso das provas contra a obra de sua vida, tornou-se diretor da Sociedade Canadense para Prevenção da Crueldade contra Crianças, especializando-se em orientar filhos de psicopatas.

"Sempre senti que as intenções de Elliott eram boas", disse, por e-mail, um ex-colega dele que não quis ser identificado e que hoje trabalha em Oak Ridge. "Ele foi alvo de muitas críticas, é claro, por suas ideias e métodos e, com frequência, enfrentou ações judiciais por má conduta médica. Sim, é exatamente o que você está pensando, foi processado por psicopatas do programa querendo ganhar muito dinheiro. Mas Bob Hare e nós sempre concordamos que os psicopatas nascem assim e que não são criações de mães controladoras e pais fracos."

"Que bom", escrevi de volta, "já que sou um pai fraco e minha mulher é uma mãe controladora."

4

O TESTE DO PSICOPATA

— Eles colocavam os psicopatas *nus* e falando sobre seus *sentimentos*! — Bob Hare ria. — Eles ficavam sentados em *pufes*! E atuavam como *terapeutas* de seus colegas psicopatas!

Ele balançou a cabeça diante do idealismo disso tudo.

— Inacreditável — falou.

Era o início de uma noite de agosto e eu estava bebendo com Bob Hare em um bar de hotel na área rural de Pembrokeshire, no oeste do País de Gales. Ele era um homem de aparência um tanto rude, com cabelo louro-branco e olhos vermelhos, como se tivesse passado a vida em combate, lutando contra psicopatas, as próprias forças do mal. Era animador finalmente conhecê-lo. Enquanto nomes como Elliott Barker e Gary Maier se apagaram, sobrevivendo apenas em relatórios obscuros que detalham seus esforços psiquiátricos idealistas de muito tempo atrás, Hare era influente. Departamentos de justiça e comissões de liberdade condicional do mundo inteiro aceitam seu argumento de que os psicopatas são simplesmente incuráveis e todo mundo deve aprender a identificá-los usando a Lista PCL-R, que Hare criou e passou a vida inteira aprimorando. Sua lista de psicopatia não era a única existente, mas de longe é a mais usada. Foi utilizada para o diagnóstico de Tony, em Broadmoor, e para mantê-lo trancafiado nos últimos 12 anos.

Bob Hare via o programa de Oak Ridge como mais uma prova de que não se pode confiar em psicopatas. Tente ensinar empatia a eles e usarão isso astutamente como um exercício para aprender a fingir o sentimento para seus objetivos malévolos. De fato, todos os observadores que estudaram o programa de Oak Ridge chegaram à mesma conclusão. Quer dizer, todos exceto Gary Maier.

— Sim — afirmou Gary —, acho que inadvertidamente criamos uma escola para eles. Essa preocupação sempre existiu. Mas eles estavam indo tão bem no programa...

Estavam indo tão bem e, de repente, ele foi demitido.

— Quando eles viram seu líder sendo dispensado daquela maneira, acho que isso os fortaleceu — disse Gary. — Houve uma reação do tipo "Que merda!" e tivemos um ato de repúdio.

Alguns psicopatas, acredita Gary, saíram e mataram para dar uma lição às autoridades: "É isso que acontece quando vocês demitem um homem inspirador como Gary Maier."

Ele parecia triste, defensivo e totalmente convencido de si ao dizer isso, e de repente compreendi como a relação entre terapeuta e cliente pode ser uma bolha de paixão recíproca e, às vezes, anômala.

Enviei um e-mail a Bob Hare para perguntar se ele poderia se encontrar comigo e ele me respondeu que estava ensinando sua lista a um grupo de psiquiatras, pesquisadores de imagens cerebrais, profissionais de saúde, psicólogos, oficiais de prisões e profissionais novatos responsáveis por traçar perfis de criminosos, em um curso de três dias. Se me dispusesse a pagar a taxa de matrícula de seiscentas libras, eu seria bem-vindo ao grupo, embora uma cópia da lista de trinta páginas não estivesse incluída nesse preço. Isso me custaria mais 361,31 libras. Negociei com seu escritório um abatimento de quatrocentas libras (desconto para jornalistas) e estávamos todos reunidos.

Era uma noite de segunda-feira, antes do primeiro dia, e os participantes andavam de um lado para o outro. Alguns, claramente impressionados por estarem na mesma sala que Bob Hare, aproximavam-se dele para pedir seu autógrafo. Outros olhavam céticos, à distância. Uma profissional de saúde me falou que fora enviada por seus empregadores e que não estava feliz com isso. Com certeza não era justo condenar uma pessoa pela vida inteira a um diagnóstico de psicopatia que parecia horrível ("É um rótulo *imenso*", disse ela) só porque essa pessoa não se saíra bem na Lista de Hare. Pelo menos nos velhos tempos isso era bem simples. Se alguém fosse um criminoso violento persistente que não controlava seus impulsos, era um psicopata. No entanto, a Lista de Hare era muito mais capciosa. Tinha a ver com ler nas entrelinhas das expressões que a pessoa fazia, como ela construía uma frase. Tratava-se de um território de detetives amadores.

Contei a Bob sobre o ceticismo da profissional de saúde e disse que concordava com ela até certo ponto, mas possivelmente porque nos últimos dias passara bastante tempo com cientologistas.

Ele me lançou um olhar irado.

— Vamos ver como você se vai se sentir no fim da semana — desconversou ele.

— De qualquer modo, como tudo isso começou para você?

Bob olhou para mim. Percebi o que se passava em sua mente: "Estou cansado. Contar essa história vai exigir de mim muita energia. Essa pessoa realmente merece isso?"

Após um suspiro, ele começou.

Em meados dos anos 1960, enquanto Elliott Barker estava concebendo sua Cápsula do Encontro Total em Ontário, Bob Hare estava em Vancouver, trabalhando como psicólogo em uma prisão de segurança máxima, chamada Penitenciária da Colúmbia Britânica. Hoje, o local é um bar e restaurante que tem prisão como tema, onde os garçons usam uniformes listrados e os pratos têm nomes de prisioneiros famosos. Entretanto, na época era uma instituição rígida, com uma reputação brutal. Assim como Elliott, Bob acreditava que os psicopatas sob seus cuidados escondiam a loucura sob uma fachada de normalidade. No entanto, ele era menos idealista. Estava interessado na detenção, e não na cura. Havia sido enganado muitas vezes por psicopatas dissimulados. Logo no primeiro dia de trabalho na cadeia, por exemplo, um carcereiro lhe dissera que Bob precisaria de um uniforme e deveria dar suas medidas a um prisioneiro que era o alfaiate da prisão. Foi o que Bob fez, feliz ao observar o zelo com que o homem tirava suas medidas. Ele passou bastante tempo medindo tudo certinho: os pés, o lado interno da perna, e ficou comovido ao ver isso. Mesmo naquele lugar terrível, havia um homem que se orgulhava de seu trabalho.

Mas então, quando o uniforme chegou, Bob viu que uma perna da calça terminava na panturrilha, enquanto a outra ia até o chão. As mangas do casaco estavam igualmente tortas. Aquilo não podia ser um erro comum. O alfaiate estava obviamente tentando fazer com que Hare parecesse um palhaço.

A cada turno, os psicopatas tornavam sua vida mais desagradável. Um deles chegou a quebrar os cabos do freio do carro dele quando o veículo estava na oficina da prisão. Bob podia ter morrido. E então ele começou a imaginar testes para determinar se os psicopatas podiam ser, de algum modo, identificados.

Ele espalhou pela prisão que estava à procura de voluntários psicopatas e não psicopatas. Não faltou gente. Os prisioneiros estavam sempre querendo aliviar o tédio. Ele os prendeu, um a um, a máquinas de eletroencefalograma, medidores de pressão sanguínea e suor, e também a um gerador de eletricidade. E explicou que contaria de dez a um e, quando chegasse a um, eles receberiam um choque elétrico bastante doloroso.

A diferença nas respostas impressionou Bob. Os voluntários não psicopatas (seus crimes geralmente eram passionais, ou então gerados por uma terrível pobreza ou abusos) se retesavam tristemente, como se o choque elétrico doloroso fosse apenas o castigo que mereciam. E, à medida que a contagem regressiva prosseguia, os monitores revelavam grandes aumentos em seus índices de transpiração. Estavam assustados, observou e documentou Bob.

— E o que acontecia quando você chegava a um? — perguntei.

— Eu lhes dava um choque elétrico — lembra Bob. Ele sorriu. — Usávamos choques elétricos *realmente* dolorosos.

— E os psicopatas?

— Eles não suavam — disse Bob. — Nunca.

Olhei para ele.

— É claro que no exato momento em que a coisa desagradável ocorria...

— O choque elétrico? — indaguei.

— Sim — disse Bob. — Quando a coisa desagradável ocorria, os psicopatas davam uma resposta...

— Como um grito?

— Sim, acho que como um grito — afirmou Bob. Mas os testes pareciam indicar que a amígdala, a parte do cérebro que deveria antecipar a sensação desagradável e enviar os sinais de medo para o sistema nervoso central, não estava funcionando como deveria.

Isso representou um enorme progresso para Bob: foi a primeira pista de que os cérebros dos psicopatas eram diferentes dos cérebros normais. Porém, ele ficou ainda mais impressionado ao repetir o teste. Desta vez, os psicopatas sabiam exatamente a dor que sentiriam quando ele chegasse a um e, ainda assim, nada aconteceu. Nenhum suor. Bob aprendeu algo que Elliott Barker não aprenderia durante anos: os psicopatas tendiam a voltar a cometer crimes.

— Eles não tinham qualquer lembrança da dor do choque elétrico mesmo que ela tivesse ocorrido momentos antes — explicou Bob. — Então, de que adianta ameaçá-los com a prisão se eles descumprem os termos de sua liberdade condicional? Essa ameaça não tem significado algum para eles.

Ele fez outra experiência, o Teste do Reflexo do Susto, no qual psicopatas e não psicopatas foram convidados a olhar para imagens grotescas — como fotografias de vítimas de crimes com rostos destroçados — e, quando eles menos esperavam, Bob disparava um barulho incrivelmente alto no ouvido deles. Os não psicopatas pulavam de espanto. Os psicopatas permaneciam comparativamente serenos.

Bob sabia que tendemos a pular muito mais alto ao levarmos um susto quando estamos tensos. Quando assistimos a um filme de terror e alguém faz um barulho inesperado, pulamos de medo. No entanto, se estamos *entretidos* por alguma coisa, como palavras cruzadas, e alguém nos dá um susto, nosso pulo é menos pronunciado. A partir disso, Bob deduziu que quando os psicopatas veem imagens grotescas de rostos destroçados, não ficam horrorizados. Ficam *absortos*.

Pelas experiências dele, parece que os psicopatas veem rostos destroçados da mesma maneira que nós, jornalistas, vemos pacotes misteriosos enviados pelo correio, ou da mesma maneira que vemos os pacientes de Broadmoor que podem ou não fingir serem loucos — como enigmas fascinantes a serem resolvidos.

Empolgado com suas descobertas, Bob enviou um artigo com suas interpretações à revista *Science*.

— O editor as enviou de volta sem publicá-las — disse ele. — Ele me escreveu uma carta. Jamais esquecerei disso. Escreveu: "Francamente, achamos alguns padrões de ondas cerebrais descritos em seu artigo muito estranhos. Esses eletroencefalogramas não podem ser de pessoas de verdade."

Bob fez uma pausa e deu uma risada.

— *Não podem ser de pessoas de verdade* — repetiu.

Suponho que a revista *Science* tenha reagido com frieza por achar que Bob era mais um pesquisador de psicopatas independente agindo sem fiscalização em uma instituição psiquiátrica canadense no fim dos anos 1960. Esses lugares eram o Velho Oeste dos estudos sobre psicopatias na época, com muitas grandes ideias e praticamente nenhum regulamento. Era inevitável que grupos de direitos civis acabassem forçando um freio nessas experiências. E não deu outra: desastrosamente para Bob, os choques elétricos foram proibidos no início dos anos 1970.

— Até mesmo os choques moderados — falou ele. Bob parecia irritado com essa legislação até hoje. — Ainda podíamos dar sustos neles com barulhos altos, mas não podiam nem de perto ser *tão* altos.

Ele foi obrigado a mudar de tática. Como poderia identificar psicopatas como menos interferências? Haveria padrões de comportamento? Será que eles usavam involuntariamente modos de falar que os denunciavam, imperceptíveis para cidadãos insuspeitos? Ele devorou o influente livro de Hervey Cleckley de 1941, *The Mask of Sanity*. Cleckley era um psiquiatra que vivia na Geórgia e cuja análise sobre o comportamento de psicopatas — como eles escondem a psicose sob um verniz de normalidade atraente — influenciava o campo de estudo. Bob começou a examinar discretamente seus próprios psicopatas, procurando pistas na linguagem.

Em 1975, ele organizou uma conferência sobre o tema.

— Convidei as pessoas mais importantes do mundo que poderiam ter algo a dizer sobre os psicopatas — lembrou. —

Terminamos com 85 pessoas. Ocupamos um hotel em uma estação de esqui próxima a Saint Moritz, chamada Les Arcs.

Segundo Bob, o início foi desastroso, com um psiquiatra de pé, anunciando dramaticamente ao grupo seu argumento de que o próprio Hare era um psicopata. Uma onda de choque atravessou o salão da conferência.

Bob se levantou.

"Por que você acha isso?", perguntou.

"Você é claramente impulsivo, respondeu o homem. — Não consegue planejar com antecedência. Você me convidou para participar dessa conferência como orador há apenas um mês."

"Convidei você há apenas um mês porque a pessoa que eu queria que comparecesse não pôde vir", falou Bob.

"Ah, você tem sangue frio e é insensível", respondeu o psiquiatra.

— Ele estava falando sério? — perguntei a Bob agora.

— Sim, estava falando muito sério — falou Bob. — Era um homem nojento.

O objetivo da conferência de Les Arcs era reunir as observações dos especialistas sobre as minúcias do comportamento de psicopatas, seus tiques verbais e não verbais. Haveria padrões? Será que eles usavam involuntariamente expressões que os denunciavam? As conclusões dos participantes se tornaram a base da famosa Lista PCL-R de Hare, de vinte itens, que são os seguintes:

ITEM 1:   Descontraído/charme superficial
ITEM 2:   Senso de autoestima elevado
ITEM 3:   Necessidade de estímulos/propensão ao tédio

ITEM 4: Mentiroso patológico
ITEM 5: Enganador/manipulador
ITEM 6: Ausência de remorso ou culpa
ITEM 7: Afeto superficial
ITEM 8: Insensível/falta de empatia
ITEM 9: Estilo de vida parasitário
ITEM 10: Controle precário de comportamento
ITEM 11: Comportamento sexual promíscuo
ITEM 12: Problemas de comportamento na infância
ITEM 13: Falta de objetivos realistas de longo prazo
ITEM 14: Impulsividade
ITEM 15: Irresponsabilidade
ITEM 16: Não assume a responsabilidade por suas ações
ITEM 17: Muitas relações conjugais de curto prazo
ITEM 18: Delinquência juvenil
ITEM 19: Revogação de liberdade condicional
ITEM 20: Versatilidade criminal

E a primeira coisa a fazer na manhã seguinte seria aprender a usar a lista.

Manhã de terça-feira. Os participantes andavam de um lado para o outro na grande tenda em que o curso seria ministrado nos três dias seguintes. Algumas pessoas eram fãs de Bob Hare. Quando ele parou em um canto para contar histórias com temáticas como "levar sempre uma arma, porque *muitos* psicopatas me culpam por estarem encarcerados", nós nos juntamos para ouvir. A tenda ficava ao lado de um belo estuário. As cortinas de seda em tom de pêssego esvoaçavam à brisa matinal de verão. Bob lembrou a ocasião — agora famosa nos círculos de análises de psicopatas — em que Peter Woodcock explicou que matara Dennis Kerr no dia em que foi libertado de Oak Ridge porque queria saber como seria matar alguém, e o entrevistador disse: "Mas você já matou três pessoas", e Woodcock respondeu: "Sim, mas isso foi anos e anos e anos e anos atrás."

Bob se virou para mim.

— Está vendo? — provocou. — Memória curta. Exatamente como durante o teste do choque elétrico.

Algumas pessoas que estavam ouvindo riram com ironia. Mas havia céticos ali também. Psiquiatras, psicólogos, neurologistas, profissionais de saúde e pessoas que traçam perfis de criminosos tendem a não gostar que os chamados gurus do movimento lhes digam o que fazer. Eu podia perceber na sala um sentimento de "me impressione".

Sentamos em nossos lugares. Bob apagou a luz. Na tela apareceu um vídeo de uma sala vazia. Era uma sala banal, que parecia ser parte de um prédio municipal, pintada de um azul tão sem graça que mal chegava a ser uma cor. Havia uma escrivaninha de compensado e uma cadeira. O único toque alegre era um botão vermelho reluzente na parede. Um homem entrou na sala. Era bonito, estava bem-vestido. Tinha um certo brilho de prazer nos olhos. Ele moveu a cadeira até deixá-la sob o botão vermelho. O objeto fez um leve ruído de arranhado quando ele o arrastou pelo chão.

— Vocês viram o que ele fez? — disse Bob. — Ele pôs a cadeira bem em frente ao botão de pânico. Fez isso para intimidar meu pesquisador, que está em pé atrás da câmera. Esta é apenas uma pequena demonstração de controle. Esse sentimento de *controle* é importante para eles.

E o homem começou a falar.

Nunca soubemos seu nome nem em que prisão ficava a sala. Durante toda a manhã, nós nos referimos a ele apenas como Caso de Estudo H. Seu sotaque era canadense.

* * *

Tudo começava, inocentemente, com o pesquisador perguntando ao Caso de Estudo H sobre seus tempos de escola.

"Eu gostava da atmosfera social da escola", respondeu ele. "Gostava de aprender e ver coisas novas."

"Alguma vez você feriu alguém em uma briga no pátio?", perguntou o pesquisador.

"Não", respondeu ele. "Fiz apenas travessuras no pátio da escola."

(Estas perguntas são cruciais, explicou Bob depois, porque as respostas podem informar sobre o Item 12 da lista: Problemas de comportamento na infância. Quando crianças, quase todos os psicopatas tiveram problemas sérios de comportamento, que começam em torno dos 10 ou 12 anos, como bullying persistente, vandalismo, uso de drogas e incêndios.)

— Tive algumas brigas — lembra o Caso de Estudo H. — Bem, certa vez, quebrei o braço de um garoto. Foi realmente desagradável. Eu o estava segurando no chão, pressionei demais seu braço e ele simplesmente quebrou. Não era algo que eu queria que acontecesse.

Havia alguma coisa estranhamente desconexa em sua descrição do acontecimento, observamos em nossas folhas de avaliação: "Pressionei demais seu braço e ele simplesmente quebrou." Era como se o Caso de Estudo H não conseguisse se situar direito ali.

Item 7: Afeto superficial — um indivíduo que parece incapaz de ter um nível normal e profundo de emoções.

Item 8: Insensível/falta de empatia.

Item 10: Controle precário de comportamento.

Lembrei-me que, certa vez, perfurei meu tímpano em um avião e, durante dias, tudo à minha volta parecia distante, indistinto e impossível de conectar. Seria essa sensação nebulosa o estado emocional permanente de um psicopata?

— Um de meus antigos colegas do FBI estava investigando uma mulher, Karla Homolka — Bob me informou mais cedo. — Ela e seu marido haviam gravado um vídeo deles próprios torturando e estuprando uma jovem. A polícia a estava conduzindo pela casa em que eles haviam retalhado os corpos e Karla disse: "Minha irmã iria gostar desse tapete..." Eles a levaram até o banheiro e ela disse: "Posso pedir uma coisa a vocês? Eu tinha um frasco de perfume aqui..." Totalmente desconectada. Era impressionante.

Para Bob, é sempre uma surpresa agradável quando um psicopata fala abertamente sobre sua incapacidade de sentir emoções. A maioria deles finge sentir. Quando eles veem pessoas como nós, não psicopatas, chorando, assustadas ou comovidas com o sofrimento humano, acham fascinante. Eles nos estudam e aprendem a nos imitar, como criaturas do espaço tentando se camuflar. Mas se você estiver atento, consegue identificar o fingimento.

— O que aconteceu com Karla Homolka no fim? — perguntei a ele.

— Ela está livre — disse ele. — Eles acreditaram em sua encenação de garotinha. Com tranças no cabelo. Toda doce e amável. Muito convincente. Ela pôs toda a culpa no marido. Fez um acordo em troca de colaboração. Deram-lhe 12 anos.

Item 5: Enganador/manipulador.

Item 4: Mentiroso patológico — um indivíduo para o qual mentir é uma característica que faz parte das interações com os outros.

No vídeo, o testemunho do Caso de Estudo H continuou. Mais ou menos na época em que quebrou o braço do garoto, ele trancou sua madrasta no armário — uma vingança por ela tentar disciplinar seu irmão.

Item 14: Impulsividade.

"Ela ficou quase 12 horas no armário. E então meu pai chegou em casa. Ele a deixou sair. Foi patético. Ela só chorava."

Certa vez, lembra Bob, um de seus pesquisadores entrevistou um assaltante de banco que lhe contou que uma funcionária se borrou de medo quando ele apontou a arma para ela.

"Foi patético", falou o assaltante ao pesquisador de Bob, "vê-la se borrar daquele jeito."

Olhei para um ou dois de meus colegas céticos no meio do grupo. Estávamos parecendo um pouco menos céticos agora. Fazíamos anotações.

Item 6: Ausência de remorso ou culpa.

"Como você se sentiu trancando sua madrasta no armário?", perguntou o entrevistador ao Caso de Estudo H.

"Eu me senti revigorado", respondeu ele. "Me senti bem. Eu tinha algum poder. Eu estava no controle."

Item 2: Senso de autoestima elevado.

"Eu me tornei atendente noturno em um estabelecimento local", prosseguiu ele. "Quando as pessoas entravam bebendo, se balançando ou quando não respondiam com educação, bem, eu partia para a violência. Bati feio em duas pessoas."

"Como você se sentia em relação a isso?", indagou o entrevistador.

"Eu não tinha realmente sentimento algum em relação a isso", respondeu ele.

Nós, espectadores, olhávamos excitadamente uns para os outros e tomávamos notas. Comecei a pensar em pessoas que eu conhecia que não tinham tantos sentimentos quanto deveriam ter.

"Alguma vez você feriu alguém o suficiente a ponto de ser preciso levar a pessoa para o hospital?", perguntou o entrevistador.

"Não sei", respondeu ele. "Eu não me importava. Isso não era problema meu. Eu vencia a luta. Não havia espaço para um segundo lugar."

Eu era muito bom nisso, sabia ler nas entrelinhas, identificar as pistas, as agulhas no palheiro. Era o que eu vinha fazendo há vinte anos como jornalista.

O Caso de Estudo H me lembrou um homem cego cujos outros sentidos se tornaram exacerbados para compensar. Suas qualidades exacerbadas — para compensar a falta de culpa, medo e remorso — incluíam a capacidade de manipular com habilidade — "Eu conseguia manipular as pessoas que eram próximas a mim, para drogas, para dinheiro, usando meus amigos. Quanto mais eu os conheço, mais eu sei onde cutucar", disse ele ao pesquisador de Bob (*Item 9: Estilo de vida parasitário*) — e também a atitude de não se sentir mal pelos crimes depois.

"Era um negócio." Ele deu de ombros ao lembrar de um assalto que fizera. "Eles tinham seguro."

Os psicopatas, explicou Bob, invariavelmente argumentam que suas vítimas não têm direito algum de reclamar. Ou então aprendiam uma lição de vida valiosa ao serem espancados daquele jeito. Ou era culpa deles, de qualquer modo. Certa vez, Bob entrevistou um homem que, por impulso, matara outro por causa de uma conta de bar.

"A culpa foi dele mesmo", disse o assassino a Bob. "Todo mundo tinha visto que eu estava de mau humor naquela noite."

Item 16: Não assume a responsabilidade por suas ações.

Tudo aquilo estava se encaminhando para o momento em que o Caso de Estudo H contaria em detalhes seu crime mais terrível. Sua lembrança sobre isso começou de maneira bastante vaga. De início, não entendi muito bem sobre o que ele estava falando. Havia um adolescente que ele conhecia. Esse garoto odiava os pais. Era a verdadeira fraqueza dele. O Caso de Estudo H achou que podia conseguir alguma coisa com aquele ódio. Talvez pudesse instigá-lo a roubar os pais e depois dividir o dinheiro. Então ele começou a provocar o garoto. Todos os seus problemas eram culpa dos pais. O Caso de Estudo H realmente sabia onde cutucar para irritar um adolescente que já estava no limite.

"Quanto mais ele me falava sobre si mesmo, mais poder eu tinha para manipular", contou ele ao pesquisador de Bob. "Eu só ficava alimentando o fogo; quando mais lenha pusesse, maior seria minha recompensa. Eu era o ventríloquo puxando as cordas."

Por fim, o garoto ficou tão nervoso que pegou seu taco de beisebol, pulou para dentro de seu carro e, dominado pelo Caso de Estudo H, seguiu para a casa de seus pais. Quando eles chegaram, o Caso de Estudo H disse:

"Eu meio que dei um olhar de escárnio. Falei: 'Mostre-me' e ele me mostrou. Ele foi até o quarto principal munido de um taco de beisebol e eu dei de ombros. E então os espancamentos começaram. Aquilo não acabava. Pareceu durar a vida inteira. Ele voltou para o saguão brandindo o taco de beisebol coberto de sangue. Fiquei cara a cara com uma das vítimas. Ela não parecia real. Simplesmente não parecia real. Estava olhando diretamente para mim. Era uma expressão vazia. Havia três pessoas na casa. Uma delas morreu. As outras duas ficaram seriamente feridas."

Foi isso o que aconteceu quando um psicopata assumiu o controle das emoções de um garoto problemático.

O pesquisador de Bob lhe perguntou o que ele mudaria se pudesse voltar no tempo e fazer as coisas de um jeito diferente.

"Eu refleti sobre o assunto muitas vezes", respondeu o Caso de Estudo H. "Mas se eu fizesse isso, tudo o que aprendi estaria perdido." Ele fez uma pausa. "Quanto mais quente o fogo ao se forjar uma espada, mais firme é a liga da lâmina", disse ele.

"Há alguma outra coisa que você gostaria de dizer?" perguntou o pesquisador de Bob.

"Não" respondeu ele. "Só isso."

"Está bem, obrigado" disse o pesquisador.

O vídeo acabou. Fizemos um intervalo para o almoço.

E assim se passaram os três dias. E, enquanto isso, meu ceticismo foi se exaurindo completamente e me tornei um devoto de Bob Hare, impressionado com suas descobertas. Acho que os outros céticos sentiram o mesmo. Ele era muito convincente. Eu estava adquirindo um novo poder, mais ou menos como uma arma secreta. O tipo de poder que os heróis dos filmes de TV sobre profissionais brilhantes que traçam o perfil de criminosos têm — o poder de identificar um psicopata simplesmente percebendo certas expressões, certas construções de frases, certas maneiras de ser. Sentia-me uma pessoa diferente, um linha-dura, não mais confuso ou desinformado como era quando me encontrara com Tony e os cientologistas em Broadmoor. Em vez disso, eu desprezava aquelas pessoas ingênuas que se permitiam ser levadas por psicopatas de fala mansa. Desprezava, por exemplo, Norman Mailer.

Em 1977, Mailer — que acabara de publicar *A canção do carrasco* — começou a defender um prisioneiro durão em Utah, um assaltante de banco e assassino chamado Jack Henry Abbott, cujos textos ele admirava.

"Eu amo Jack Abbott por sobreviver e por ter aprendido a escrever tão bem", escreveu ele, que começou a defender sua libertação junto à Comissão de Correções de Utah.

"O Sr. Abbott tem as qualidades essenciais de um escritor americano poderoso e importante", continuou Mailer, prometendo que se a comissão lhe desse a liberdade condicional, ele próprio lhe daria um emprego de pesquisador com salário de 150 dólares por semana. Surpresa, e de certa forma encantada, a Comissão de Correções concordou. Jack Abbott estava livre. E foi diretamente para a cena literária de Nova York.

Isso não foi surpresa alguma. Era em Nova York que estavam seus defensores. Porém, mesmo assim, segundo Bob, psicopatas tendem a gravitar em torno das luzes brilhantes. Você encontrará muitos deles em Nova York, Londres e Los Angeles. Certa vez, perguntaram no Parlamento ao psicólogo David Cooke, do Centro para Estudos de Violência de Glasgow, se os psicopatas causavam problemas específicos nas prisões escocesas.

"Não exatamente", respondeu ele. "Todos estão em prisões de Londres."

Aquela não era, disse ele, uma afirmação inconsequente. Ele passara meses avaliando prisioneiros nascidos na Escócia em termos de psicopatia, e a maioria daqueles que haviam tido uma pontuação alta estava em Londres, onde cometeram seus crimes. Os psicopatas ficam entediados facilmente. Precisam de animação. Migram para as grandes cidades.

Item 3: Necessidade de estímulos/propensão ao tédio.

Eles também tendem a sofrer desilusões com suas perspectivas de longo prazo. Pensam que se forem para Londres, ou Nova York, ou Los Angeles, farão sucesso como astros de cinema, grandes atletas, ou o que quer que seja. Certa vez, um dos pesquisadores de Bob perguntou a um psicopata preso, demasiadamente gordo, o que ele esperava fazer quando saísse, e ele respondeu que planejava ser um ginasta profissional.

Item 13: Falta de objetivos realistas de longo prazo.

(A não ser que ele estivesse brincando, é claro.)

Jack Abbott achou que seria a sensação da Nova York literária. E, como se viu, ele foi. Abbott e Mailer apareceram juntos no programa *Good Morning America*. Ele foi fotografado por

Jill Krementz, grande retratista de Nova York e esposa de Kurt Vonnegut. O *New York Times* manifestou gratidão a Mailer por ajudar Abbott a obter a liberdade condicional. O ex-presidiário assinou contrato com o poderoso agente Scott Meredith e foi convidado de honra em um jantar comemorativo de um restaurante localizado no Greenwich Village, em que Mailer, os diretores editoriais da Random House, Scott Meredith e outros brindaram em sua homenagem com champanhe.

E então, seis semanas depois de sair da prisão, às 5h30 de 19 de julho de 1981, Abbott parou em um restaurante 24 horas em Manhattan chamado Bini-Bon. Estavam com ele (de acordo com relatos no dia seguinte) duas "mulheres jovens, atraentes e bem-educadas que ele conhecera em uma festa".

Item 11: Comportamento sexual promíscuo.

Embora, verdade seja dita, o Item 11 possa não se aplicar a esse programa a três, é impossível saber se todos eles pretendiam fazer sexo. Porque tudo estava prestes a mudar. Tudo estava prestes a ficar pior.

Atrás do balcão do Bini-Bon estava um aspirante a ator de 22 anos chamado Richard Adan. Abbott pediu para usar o banheiro. Adan avisou que o banheiro era apenas para funcionários. E Abbott disse: "Vamos lá fora resolver isso como homens." E foi o que fizeram. Abbott sacou uma faca e esfaqueou Richard Adan até matá-lo. Em seguida, saiu andando e desapareceu na noite.

"O que aconteceu?", disse Scott Meredith ao *New York Times*. "Em todas as conversas que tive com Jack falamos sobre o futuro. Ele tinha tanto pela frente."

O que aconteceu, explicava-nos agora Bob, embora não precisássemos que ele nos dissesse, foi que Jack Abbott era um psicopata. Não conseguia suportar ser desrespeitado. Sua autoestima era elevada demais para isso. Ele não conseguiu controlar seus impulsos.

— Quando a polícia finalmente o encontrou, sabe o que ele disse sobre o cara que havia esfaqueado? — perguntou Bob. — Ele disse: "Ah, mas ele nunca conseguiria ser ator."

"Esses psicólogos e psiquiatras filhos da puta vão dizer ao governo e à polícia o que você vai fazer em seguida? Nem Jesus Cristo pôde prever que tipo de merda seus apóstolos fariam."

Essas foram as palavras de outro caso de estudo em vídeo de Bob — o Caso de Estudo J.

Rimos com sagacidade quando o ouvimos dizer isso, porque agora sabíamos. Esse conhecimento enigmático e poderoso sobre como decifrar e identificar psicopatas e prever o próximo movimento deles — mesmo quando eles estão fingindo ser normais — era nosso agora. O que sabíamos era que eles são monstros sem remorso e farão tudo de novo em um piscar de olhos.

Enquanto estava sentado na tenda, minha mente viajou para o que eu poderia fazer com meus novos poderes. Para ser sincero, não cheguei ao ponto de pensar que poderia me tornar algum tipo de combatente de crimes, ou profissional que traça perfis de infratores, ou psicólogo criminal, filantropicamente dedicado a tornar a sociedade mais segura. Em vez disso, fiz uma lista mental de todas as pessoas com as quais eu havia cruzado ao longo dos anos e me perguntei quais delas eu poderia ser capaz de denunciar como tendo traços de caráter psicótico. No topo da lista de possibilidades estava A.A. Gill, crítico do *Sunday Times* e da *Vanity Fair* que sempre havia sido muito grosseiro em relação aos meus documentários para a televisão e que recentemente escrevera uma coluna sobre restaurantes no *Sunday Times* na qual admitira ter matado um babuíno em um safári.

Eu o acertei bem embaixo da axila. Uma bala ponta macia calibre 357 explodiu seus pulmões. Eu queria ter a sensação de como seria matar alguém, um estranho. Você vê isso em todos esses filmes. Como é realmente atirar em alguém ou em um parente próximo de alguém?

A.A. Gill, *Sunday Times*, 25 de outubro de 2009

Item 8: Insensível/falta de empatia, pensei.

Sorri para mim mesmo e voltei a prestar atenção em Bob. Ele estava dizendo que se fosse pontuar a si mesmo em sua lista, provavelmente ficaria com quatro ou cinco pontos, de um total possível de quarenta. Tony, de Broadmoor, contou-me que nas três vezes que marcaram seus pontos, recebeu aproximadamente 29 ou trinta.

Nossos três dias no País de Gales chegaram ao fim. No último dia, Bob nos surpreendeu exibindo inesperadamente na tela uma fotografia ampliada e em *close* de um homem que recebera um tiro no rosto disparado de muito perto. Isso aconteceu depois de ele nos acalmar, passando-nos uma falsa sensação de segurança ao mostrar fotografias de patos em lagos bonitos e dias de verão no parque. Nesta foto, porém, havia sangue coagulado e cartilagem saindo para todos os lados. Os olhos do homem estavam completamente fora das órbitas. Seu nariz desaparecera.

Ai, MEU DEUS, pensei.

Um instante depois, meu corpo respondeu ao choque sentindo alfinetadas e arrepios, ficando fraco e debilitado. Tal sensação, disse Bob, era resultado do fato de a amígdala e o sistema nervoso central dispararem sinais de perigo um para o outro, para cima e para baixo. É o que sentimos quando levamos um susto — como quando uma figura salta diante de nós no escuro — ou quando percebemos que fizemos algo terrível, o sentimento de medo, culpa e remorso, a manifestação física de nossa consciência.

— Esse é um sentimento — disse Bob — que os psicopatas são incapazes de ter.

Bob disse que ficava cada vez mais claro que esta anomalia do cérebro está no cerne da psicopatia.

— Existem todos os tipos de estudo de laboratório e os resultados são muito consistentes — afirmou. — O que eles descobrem é que há anomalias na maneira como esses indivíduos processam materiais que têm implicações nos sentimentos, que há uma dissociação entre o significado linguístico das palavras e as conotações emocionais. De algum modo, eles não juntam essas coisas. Diversas partes do sistema límbico simplesmente não se manifestam.

E com isso o curso de identificação de psicopatas terminou. Quando estávamos recolhendo nossos pertences e seguindo para o estacionamento, eu disse a um participante:

— Temos que sentir pena dos psicopatas, não é? É tudo por causa da amígdala! Não é culpa deles!

— Por que tenho que sentir pena? — reagiu o participante.

— Eles não estão nem aí para nós.

Bob Hare me chamou. Ele estava com pressa e precisava pegar o trem de Cardiff para Heathrow para voar de volta a Vancouver. Será que eu podia lhe dar uma carona?

Ele viu antes de mim. Um carro estava de cabeça para baixo. O motorista ainda estava no banco, sentado ali, como se estivesse esperando a boa vontade de alguém que viesse e o virasse de volta, para que ele pudesse continuar sua viagem. Pensei: *Ele parece tão calmo*. Mas então percebi que o motorista não estava consciente.

A outra passageira estava sentada na grama, a uma distância curta. Estava de pernas cruzadas, como que perdida em pensamentos. Devia ter sido lançada pela janela momentos antes.

Vi a cena só por um instante. Outras pessoas já haviam parado seus carros e estavam correndo em direção a eles, portanto continuei em frente, aliviado por não precisar lidar com aquilo. Então me perguntei se deveria me preocupar que meu alívio por não ter que lidar com uma responsabilidade desagradável fosse uma manifestação do *Item 8: Insensível/falta de empatia — Só se preocupa consigo mesmo.*

Olhei pelo espelho retrovisor os bons samaritanos correndo e cercando o carro capotado e continuei meu caminho.

— Jon? — disse Bob, instantes depois.

— Humm?

— A direção.

— O que tem? — perguntei.

— Você está virando a direção o tempo todo — falou Bob.

— Não, não estou — afirmei. Continuamos em silêncio por um momento. — É o choque de ver o acidente.

Era bom saber que eu havia sido afetado por aquilo, afinal de contas.

Bob falou que o que estava acontecendo era que minha amígdala e meu sistema nervoso central estavam disparando sinais de medo e perigo para cima e para baixo, um para o outro.

— Com certeza estão — concordei. — Posso sentir isso acontecendo. É muita alfinetada e arrepio.

— Você entende que um psicopata veria esse acidente e sua amígdala mal registraria alguma coisa?

— Bem, sou o oposto de um psicopata — falei. — Pelo menos minha amígdala e meu sistema nervoso central disparam muitos sinais para cima e para baixo, um para o outro.

— Você poderia se concentrar na estrada, por favor? — pediu Bob.

— Eu procurei você — continuei — por causa de um cara chamado Tony. Ele está em Broadmoor. Ele diz que o acusam falsamente de ser psicopata e espera que eu faça alguma campanha

112

jornalística apoiando sua libertação. E tenho simpatia por Tony, realmente tenho. Mas como vou saber se ele é um psicopata...?

Bob parecia não estar ouvindo. Era como se o acidente o tivesse deixado introspectivo. Ele disse, quase para si mesmo:

— Eu nunca deveria ter feito toda a minha pesquisa apenas em prisões. Deveria ter passado algum tempo na Bolsa de Valores também.

Olhei para ele.

— É mesmo? — perguntei.

Ele afirmou com a cabeça.

— Mas certamente os psicopatas do mercado de ações não podem ser tão maus quanto os assassinos em série — concluí.

— Assassinos em série arruínam famílias — Bob encolheu os ombros. — Psicopatas corporativos, políticos e religiosos arruínam economias. Arruínam sociedades.

Isso — Bob estava me dizendo — era a solução óbvia para o maior mistério de todos: por que o mundo é tão injusto? Por que toda essa economia selvagem, essas guerras brutais, essa crueldade corporativa diária? A resposta: os psicopatas. A parte do cérebro que não funciona direito. Você está em uma escada rolante e vê as pessoas passando na escada rolante oposta. Se pudesse entrar nos cérebros delas, veria que não somos todos iguais. Não somos todos bonzinhos que só estão tentando fazer o bem. Alguns de nós são *psicopatas*. E os psicopatas são os culpados por essa sociedade brutal, disforme. São as pedras irregulares jogadas no lago tranquilo.

Não era apenas Bob que achava que um número desproporcional de psicopatas podia ser encontrado em cargos altos. Depois que Essi Viding mencionou a teoria, falei com diversos profissionais da psiquiatria que disseram exatamente a mesma coisa. Um deles foi Martha Stout, da Harvard Medical School, autora de *The Sociopath Next Door*. (Você pode estar se perguntando qual é a diferença entre um psicopata e um sociopata, e a resposta é: não há diferença. Psicólogos e psiquiatras do mundo inteiro tendem a usar os termos alternadamente.) Eles estão em toda parte, segundo ela. Estão no restaurante em que você almoça. Estão em seu escritório sem divisórias.

— Como grupo, eles tendem a ser mais charmosos do que a maioria das pessoas — disse ela. — Eles não têm emoções afetuosas, mas estudam o resto de nós. Eles são o chefe ou o colega de trabalho que gosta de fazer os outros saltarem só pelo prazer de vê-los saltando. São a esposa que se casou para ser socialmente normal, mas que no casamento não demonstra amor algum depois que o charme inicial desaparece.

— Não sei quantas pessoas lerão esse livro — falei a ela. — Talvez 100 mil? Então isso significa que mais ou menos mil delas serão psicopatas. Possivelmente ainda mais, se os psicopatas gostarem de ler livros sobre psicopatas. Qual deveria ser minha mensagem para eles? "Entreguem-se?"

— Isso seria bom — disse Martha. — Mas a arrogância deles os impediria de fazer isso. Eles pensariam: "Ele está mentindo sobre ter consciência." Ou: "Esse pobre coitado é limitado pela consciência. Ele deveria ser como eu."

— E se a esposa de um psicopata ler isso? — perguntei. — O que ela deveria fazer? Ir embora?

— Sim. Eu gostaria de dizer isso, vá embora. Você não vai ferir os sentimentos de ninguém, porque não há sentimentos para ferir. — Ela fez uma pausa. — Os sociopatas adoram o poder. Adoram vencer. Se você tira a bondade afetuosa do cérebro humano, não resta muita coisa a não ser o desejo de vencer.

— O que significa que você encontrará um predomínio deles no topo da árvore?

— Exato. Quanto mais alto você subir na escada, mais sociopatas encontrará.

— Então as guerras, as injustiças, a exploração, todas essas coisas ocorrem por causa desse pequeno percentual da população lá em cima que é louca dessa determinada maneira? — Eu parecia o efeito em ondas do livro de Petter Nordlund, mas em escala gigante.

— Acho que muitas dessas coisas são iniciadas por eles — concluiu ela.

— É um pensamento assustador e enorme o de que os 99% de nós que estão por baixo têm suas vidas empurradas e puxadas por essa fração psicopata lá em cima.

— É um pensamento importante — falou ela. — E raramente pensamos nisso, pois somos criados para acreditar que, no fundo, todos têm consciência.

No final da nossa conversa, ela se virou para se dirigir a você, leitor. Disse que se você está começando a ficar preocupado de que pode ser um psicopata, se você reconhece algumas dessas características em si mesmo, se está se sentindo cada vez mais ansioso por causa disso, isso significa que você não é um psicopata.

Todo mundo desse campo de estudo parecia considerar os psicopatas da mesma maneira: forças desumanas, implacavelmente perversas, turbilhões de malevolência, eternamente prejudicando a sociedade, mas impossíveis de serem identificados, a não ser que você aprenda a arte sutil de distingui-los, como eu agora aprendia. A única outra maneira seria tendo acesso a um equipamento caro de ressonância magnética, como faz Adam Perkins.

Adam é um pesquisador de neurociência clínica do Instituto de Psiquiatria, no sul de Londres. Fiz uma visita rápida a ele depois de me encontrar com Essi, porque Adam é especialista em ansiedade e eu queria conversar com ele sobre minha teoria de que sofrer de ansiedade é o oposto neurológico de ser um psicopata em se tratando da função da amígdala. Imaginei minha amígdala como uma daquelas fotografias de tempestade solar feitas pelo Hubble, e imaginei a dos psicopatas como as fotografias de planetas mortos, como Plutão. Adam analisou minha teoria e depois, para demonstrá-la, amarrou-me a alguns fios, me colocou em um aparelho de ressonância magnética e, sem qualquer aviso, me deu um choque elétrico bastante doloroso.

— Ai! — gritei. — Isso dói de verdade. Você poderia, por favor, diminuir o nível do choque elétrico? Quer dizer, eu achava que isso havia sido proibido. Que nível foi esse?

— Três — disse Adam.

— Até que nível essa coisa vai?

— Oito.

Adam fez vários testes comigo para monitorar meu nível de ansiedade, e em muitos deles eu olhava com suspeita para o botão que regulava o choque elétrico, às vezes tendo pequenos espasmos involuntários. Quando terminou, ele confirmou pela leitura do eletroencefalograma que, de fato, eu estava acima da média na escala de ansiedade.

— Aah — falei, inesperadamente satisfeito por ouvir que realmente havia algo de errado comigo, mas que podia ser identificado. — Suponho que provavelmente não seja uma boa ideia um homem como eu, que sofre de excesso de ansiedade, perseguir pessoas que têm um déficit de ansiedade patológico.

Adam concordou. Disse que eu realmente tinha que tomar cuidado. Os psicopatas são realmente perigosos, falou ele. E muitas vezes são as pessoas que você menos imagina que sejam.

— Quando estava fazendo meu doutorado — disse ele — inventei um teste de personalidade e procurei voluntários entre os estudantes. Pus anúncios no quadro de avisos e uma garota apareceu. Jovem. Era estudante do segundo ano. Tinha uns 19 anos. Ela falou: "É um teste de personalidade, não é?" Respondi que sim. E ela: "Tenho uma personalidade *má*. Gosto de ferir pessoas." Achei que a garota estava me provocando. Eu disse: "Está bem", e começamos os testes. Quando ela olhava as fotografias de corpos mutilados, os sensores mostravam que ela sentia prazer. Seu centro de recompensa sexual — pois é uma coisa sexual — foi acionado pelo sangue e pela morte. Isso é subconsciente. Acontece em milésimos de segundos. Ela achou aquelas coisas *agradáveis*.

Observei Adam. Descrever aquele momento obviamente o deixou desconfortável. Ele disse que era um homem ansioso como eu, daí sua decisão de dedicar a vida ao estudo da relação entre a ansiedade e o cérebro.

— Ela me falou que tentara ingressar na RAF — disse Adam — porque é a única parte do Ministério da Defesa que permite que mulheres operem sistemas de armas. Mas eles a examinaram e a rejeitaram. E então ela acabou entrando na faculdade para cursar história. Sua psicopatia não era como a de um trapaceiro manipulador. Ela me contou sobre seu desejo homicida no momento em que me conheceu, o que sugere que não teria uma pontuação alta na característica de enganador afável. Porém, no cerne da psicopatia, há uma ausência de contenção moral. Se uma pessoa não tem contenção moral e fica excitada com violência, você acaba tendo um tipo de assassino em série muito perigoso, que tem desejo sexual depois de matar e não tem qualquer inibição moral em fazer isso. Deve haver pessoas na população que ficam excitadas ao matar, mas que têm contenção moral para impedi-las de realizar suas fantasias, a não ser que estejam bêbadas, cansadas ou o que quer que seja. Acho que ela está nessa categoria, e é por isso que tentou ingressar na RAF, porque assim conseguiria ter uma oportunidade respeitável de satisfazer suas necessidades homicidas.

— Então o que você *fez* com ela? — perguntei. — Chamou a polícia?

— Fiquei em uma situação difícil — disse ele. — Ela não cometera crime algum. Minhas mãos estavam atadas. Não há mecanismos disponíveis para impedi-la.

Adam, Bob e Martha pareciam certos de que, com psicopatas, o caos era uma conclusão previamente determinada. Essa garota, proibida de matar de um modo socialmente aceito, provavelmente acabaria se tornando "uma dessas enfermeiras que são anjos da morte ou algo assim", segundo Adam. Alguém que simplesmente *tem* que matar.

Perguntei-me se já havia passado pelas cabeças de Adam e Bob que a solução lógica para o problema dos psicopatas seria trancafiá-los antes de eles fazerem alguma coisa errada — mesmo que a proposta de tomar uma medida dessas os tornasse os vilões de um romance de Orwell, o que não é o que alguém imagina que será quando está começando uma carreira.

— Onde essa mulher está agora? — perguntei a Adam. — Talvez eu pudesse encontrá-la, para meu livro. Em um café movimentado ou algo assim.

— Não tenho como localizá-la — disse Adam. — Os participantes de meus estudos são registrados somente por números, não pelo nome. — Ele ficou em silêncio por um instante. — Então, não acho que seja possível.

O argumento de Adam era: agora que eu estava no negócio de identificar psicopatas, deveria ficar muito atento. Esse era um jogo perigoso. Eu não podia confiar em ninguém. É inseguro ficar no meio dessas pessoas. E, às vezes, os psicopatas eram mulheres de 19 anos estudando história em uma universidade de Londres.

— Eles existem em todas as formas e tamanhos — disse Adam.

* * *

Agora, enquanto eu e Bob nos aproximávamos de Cardiff, eu pensava em sua teoria sobre os CEOs e políticos psicopatas e me lembrava dos itens 18 e 12 de sua lista: *Delinquência juvenil* e *Problemas de comportamento na infância — Um indivíduo que tem uma história de sério comportamento antissocial.*

— Se algum líder político ou empresarial teve uma infância de brigão psicopata, isso não sairia na imprensa e os arruinaria? — perguntei.

— Eles encontram maneiras de esconder isso — respondeu Bob. — De qualquer modo, problemas de comportamento cedo não significam necessariamente acabar em um centro de detenção de jovens. Pode significar, digamos, torturar animais em segredo. — Ele fez uma pausa. — Mas ter acesso a pessoas assim é um pouco difícil. Com prisioneiros é fácil. Eles gostam de se encontrar com pesquisadores. Isso quebra a monotonia do dia deles. Mas CEOs, políticos... — Bob olhou para mim. — Isso é realmente uma grande história. É uma história que pode mudar para sempre a maneira como as pessoas veem o mundo...

De repente, Tony, de Broadmoor, pareceu-me muito distante. Bob estava certo: isso realmente poderia ser uma grande história. E meu desejo de desenterrá-la superava qualquer ansiedade que estivesse borbulhando dentro de mim. Eu tinha que caminhar — armado de minhas novas habilidades para identificar psicopatas — pelos corredores do poder.

5

TOTO

Em algum lugar no meio de uma área longa, plana e sem nada, entre Woodstock e Albany, no norte do estado de Nova York, fica um prédio assustador, de aparência vitoriana, com tentáculos de concreto e arame farpado serpenteando por campos vazios. Chama-se Penitenciária Coxsackie. Embora fossem meados de maio, uma chuva de gelo me bombardeou quando eu vagava em torno de seu perímetro, sem saber o que fazer. Quando visitei Broadmoor, haviam chegado cartas de confirmação semanas antes, listas de horários de visita e regulamentos detalhados. Aqui não havia nada. Nenhuma placa, nenhum guarda. No telefone, uma voz distante, crepitante, dissera-me "sim-venha-quando-quiser". O lugar parecia um verdadeiro Velho Oeste, procedimento-padrão-para-visitantes. Era confuso, desordenado e irritante.

Só havia uma pessoa na paisagem: uma jovem tremendo de frio em um abrigo de vidro. Então fui até lá e fiquei perto dela.

— Está frio — falei.

— Aqui está sempre frio — disse ela.

Por fim, ouvi um estalido. Um portão se abriu automaticamente e atravessamos um corredor de metal ao ar livre, sob uma trama de arame farpado, e entramos em um saguão escuro cheio de guardas de prisão.

— Olá — disse eu alegremente.

— Ora, vejam só quem é! — gritou um deles. — Harry Potter.

Os guardas me cercaram.

— Olá, senhor alegre, velho senhor maravilha — disse outro.

— Ah, provocação! — exclamei.

— Excelente, excelente — disseram eles. — Quem você veio ver aqui?

— Emmanuel Constant — falei.

Diante disso, eles pararam de rir.

— Ele é um assassino em massa — disse um guarda, parecendo bastante impressionado.

— E certa vez jantou com Bill Clinton — disse outro. — Você já o viu antes?

Ano de 1997. Emmanuel "Toto" Constant parou na calçada de uma rua residencial comprida e plana, no Queens, em Nova York, olhando para cima e para baixo, tentando me localizar. Bem longe, à distância, em meio à neblina quente e à fumaça do trânsito, você só conseguia identificar a silhueta de Manhattan, um lampejo do Chrysler e das Torres Gêmeas. Mas ali não havia nenhum arranha-céu magnífico, nenhum bar central cheio de gente sofisticada, apenas locadoras de DVD que eram caixotes de um só pavimento e restaurantes de fast-food. Diferentemente de seus vizinhos, que usavam camiseta, short e boné de beisebol naquele dia quente, Toto Constant usava um terno claro imaculado, com um lenço de seda no bolso de cima. Tinha as unhas tratadas por manicure e estava bastante arrumado (em retrospecto, de modo muito semelhante a Tony na primeira vez que o vi, anos depois, em Broadmoor).

Encostei o carro e estacionei.

— Bem-vindo ao Queens — disse ele, soando apologético.

* * *

Houve um tempo, no início dos anos 1990, em que Toto Constant era dono de uma ampla mansão art déco com piscina e fontes em Porto Príncipe, Haiti. Ele era magrelo, bonitão e carismático, e era constantemente visto pela cidade carregando uma Uzi ou um Magnum calibre 357. De sua mansão, ele formou um grupo paramilitar de extrema direita, o FRAPH, criado para aterrorizar os aliados do presidente democrata de esquerda exilado pouco tempo antes, Jean-Bertrand Aristide. Na época, não estava claro quem apoiava Constant, que desembolsava o dinheiro.

De acordo com grupos de direitos humanos como o Center for Constitutional Rights e o Human Rights Watch, quando o FRAPH capturava um aliado de Aristide, às vezes cortava fora seu rosto. Quando um grupo de aliados de Aristide se escondeu em uma favela chamada Cité Soleil, os homens de Constant chegaram com gasolina — isso foi em dezembro de 1993 — e incendiaram completamente o lugar. Em determinado momento, algumas crianças tentaram fugir do fogo. Os homens do FRAPH as apanharam e as obrigaram a voltar para dentro de suas casas em chamas. Houve cinquenta assassinatos naquele dia, e muitos outros banhos de sangue durante o reinado de Constant. Em abril de 1994, por exemplo, os homens do FRAPH invadiram uma cidade portuária, Raboteau — outro centro de apoio a Aristide. Eles prenderam, espancaram, mataram e jogaram em esgotos a céu aberto todos os moradores que conseguiram capturar. Apropriaram-se de barcos pesqueiros para poder matar a tiros pessoas que fugiam pelo mar.

O modus operandi do FRAPH era juntar-se a membros das Forças Armadas do Haiti em ataques à meia-noite aos bairros mais pobres de Porto Príncipe, Gonaives e outras cidades. Em uma ação típica, os atacantes invadiam uma casa em busca de provas de atividades pró-democracia, como fotos de Aristide. Com frequência, os homens da casa eram sequestrados e submetidos a torturas — muitos deles eram executados sumariamente. As mulheres geralmente eram estupradas por grupos, muitas vezes em frente aos membros restantes de suas famílias. A idade das vítimas documentadas variava de 10 a 80 anos. De acordo com relatos de testemunhas, filhos eram obrigados a estuprar suas próprias mães sob a mira de uma arma.

Centre For Justice and Accountability

Aristide teve seu poder restituído em outubro de 1994 e Toto Constant fugiu para os Estados Unidos, deixando fotos de corpos mutilados de vítimas do FRAPH coladas nas paredes de seu quartel-general em Porto Príncipe. Ele foi preso em Nova York. Autoridades americanas anunciaram sua intenção de deportá-lo para Porto Príncipe, para que pudesse ser julgado por crimes contra a humanidade. Houve muitas comemorações no Haiti. Pondo-se à disposição para o julgamento iminente, três mulheres se apresentaram e disseram aos promotores que haviam sido estupradas por homens de Constant e abandonadas para morrer. O destino de Toto parecia certo.

No entanto, ele ainda tinha uma carta na manga. De sua cela na prisão, ele anunciou no *60 Minutes*, programa televisivo da CBS, que estava disposto a revelar os nomes daqueles que o apoiavam, os misteriosos homens que haviam incentivado a criação do FRAPH e o incluído em sua folha de pagamento. Eram nomes da CIA e da Agência de Inteligência da Defesa.

"Se sou culpado dos crimes que dizem que cometi", disse ele ao entrevistador, Ed Bradley, "a CIA também é."

Não foi fácil entender por que a CIA iria querer apoiar um grupo de extermínio sanguinário e antidemocrático. Aristide era um homem carismático, um esquerdista, ex-padre. Talvez temessem que ele fosse um Fidel em formação, um homem que poderia ameaçar as relações de negócios entre o Haiti e os EUA.

Porém, se alguém duvidou da palavra de Constant, não foi por muito tempo. Ele deu a entender que, se o extraditassem, revelaria segredos devastadores sobre a política externa americana no Haiti. Quase imediatamente — em 14 de junho de 1996 — as autoridades americanas o libertaram e lhe deram uma licença para trabalhar nos EUA. Havia, porém, condições, apresentadas em um acordo de cinco páginas enviado por fax pelo Departamento de Justiça dos Estados Unidos ao setor de registros da prisão e entregue a Constant quando ele saiu. Foto estava proibido de falar com a mídia. Tinha que se mudar para o Queens para morar com sua mãe e jamais poderia deixar o distrito, exceto durante uma hora a cada semana, quando deveria se apresentar ao Serviço de Imigração e Naturalização, em Manhattan. Mas assim que se apresentasse tinha que voltar diretamente para o Queens.

Essa seria sua prisão.

Quando soube dessa história, nos fim dos anos 1990, resolvi procurar Toto Constant para uma entrevista. Queria saber como um homem acostumado a exercer um poder tão tremendo e malévolo estava se adaptando à vida na casa de sua mãe, nos subúrbios. Agora que fizera uma aterrissagem forçada no mundo comum, será que a lembrança de seus crimes o consumiria, como acontecera com Raskolnikov, de Dostoiévski? Além disso, o Queens tinha uma próspera comunidade haitiana, o que significava que ele com certeza estava vivendo no meio de algumas de suas vítimas. Escrevi para ele, esperando uma recusa. Afinal de contas, falar comigo violaria os termos de sua libertação. Quando as autoridades descobrissem, ele poderia ser preso, deportado para o Haiti e executado. Possíveis entrevistados tendem a me rejeitar por muito menos que isso. Muitos não aceitam meus pedidos de entrevista simplesmente porque acham que eu poderia retratá-los como sendo um pouco loucos. Entretanto, ele concordou alegremente em se encontrar comigo. Não perguntei o motivo, porque estava feliz por conseguir a entrevista e, para ser franco, realmente não me preocupava com o que aconteceria com ele por causa disso — o que, suponho, é um pouco *Item 6: Ausência de remorso ou culpa, Item 7: Afeto superficial* e *Item 8: Insensível/falta de empatia.* Mas ele era líder de um grupo de extermínio, então quem se importaria?

Aquele dia no Queens foi estranho e memorável. Homens bem-vestidos iam e vinham. Às vezes, juntavam-se nas esquinas e conversavam sobre coisas que eu não conseguia ouvir, embora esticasse o ouvido. Talvez estivessem planejando um golpe militar ou algo assim.

Perguntei a ele como estava se adaptando à rotina. O que fazia para passar o tempo? Tinha hobbies? Ele sorriu.

— Vou lhe mostrar — disse.

Saindo da casa de sua mãe, ele me conduziu por um beco e depois para outro beco, chegando a um conjunto de prédios de apartamentos.

— Estamos quase lá — falou. — Não se preocupe.

Subimos a escada. Por trás, eu estava apreensivo. Chegamos a uma porta. Ele a abriu. Entrei em uma sala.

Em cada mesa, cada superfície, havia pequenos bonecos de plástico que vinham de brinde em promoções do McDonald's e do Burger King — pequenos Dumbos, Patetas, Muppets do Espaço, os Anjinhos, Batmans, Meninas Superpoderosas, Homens de Preto, Jackie Chans, astronautas Buzz e por aí em diante.

Olhamos um para o outro.

— O que mais me impressiona neles é o trabalho artístico — disse ele.

— Você os arruma em formação de batalhões? — perguntei.

— Não.

Ficamos em silêncio.

— Vamos? — murmurou ele. Acho que ele se arrependeu de sua decisão de me mostrar seu exército de bonequinhos de plástico de desenhos animados.

Minutos depois, estávamos de volta à casa de sua mãe, ambos sentados à mesa da cozinha. A mãe dele entrava e saía. Ele me dizia que um dia o povo do Haiti o chamaria de volta para liderá-lo — "Eles me adoram no Haiti", ele disse — e, sim, quando esse dia chegasse, ele cumpriria seu dever com o povo.

Perguntei sobre Cité Soleil, Raboteau e as outras acusações contra ele.

— Não há *um pingo* de verdade nessas acusações. Nem *um pingo!*

Será que é só isso?, pensei. *Isso é tudo o que ele vai dizer sobre o assunto?*

— As mentiras que contam sobre mim partem meu coração — disse ele.

E então ouvi um barulho estranho vindo de Constant. Seu corpo estava tremendo. O barulho que eu conseguia ouvir parecia um choro. Mas não era exatamente isso. Era apenas próximo a um choro. Seu rosto se contorceu como um rosto que está chorando, mas era estranho, como uma encenação ruim. Um homem adulto com um terno elegante estava fingindo chorar diante de mim. Já seria estranho o bastante se ele estivesse *realmente* chorando — acho demonstrações de emoção exageradas muito desagradáveis — mas era um homem claramente fingindo chorar, o que tornava aquele momento ao mesmo tempo estranho, surreal e bastante incômodo.

Nosso tempo terminou logo depois. Ele me conduziu à porta, um modelo de boas maneiras, rindo, apertando minha mão com força, dizendo que nos encontraríamos de novo em breve.

Quando cheguei a meu carro, virei-me para acenar e, quando o vi, senti um calafrio passando por mim — como se minha amígdala tivesse acabado de disparar um sinal de medo para meu sistema nervoso central. Seu rosto estava muito diferente, mais frio, suspeito. Ele estava me analisando. No instante em que captou meu olhar, voltou àquela aparência cordial. Sorriu e acenou. Acenei de volta, entrei no carro e fui embora.

Nunca escrevi minha entrevista com Toto Constant. Havia algo sinistramente vago nele. Não consegui encontrar uma maneira. No entanto, durante todo o meu tempo no País de Gales, imagens do dia que passamos juntos ficaram voltando à minha cabeça. Aquele choro falso me pareceu muito um *Item 7: Afeto superficial — As demonstrações de emoção são dramáticas, rasas, de pouca duração, deixando a impressão de que a pessoa está encenando* — e também extremamente *Item 16: Não assume a responsabilidade por suas ações*. A afirmação sobre o povo do Haiti adorá-lo me pareceu um tanto *Item 2: Senso de autoestima elevado — Ele pode alegar que os outros o respeitam, o temem, o invejam, não gostam dele e por aí em diante*. Sua crença de que um dia voltaria ao Haiti como líder parecia bem *Item 13: Falta de objetivos realistas de longo prazo*. Talvez a lista de Bob até solucionasse o mistério do motivo pelo qual ele concordara em me encontrar. Talvez fossem o *Item 3: Necessidade de estímulos/propensão ao tédio*, o *Item 14: Impulsividade — É improvável que ele passe muito tempo considerando as possíveis consequências de suas ações* — e o *Item 2: Senso de autoestima elevado*.

Talvez os *Itens 3, 14* e *2* sejam os motivos pelos quais muitos entrevistados concordam em me encontrar.

Eu não conseguia ver onde a coleção de bonequinhos do Burger King se encaixava, mas supus que não havia motivo algum para psicopatas não terem hobbies comuns.

Onde Toto estaria agora? Depois de voltar do País de Gales, fiz uma pesquisa. Inesperadamente, ele estava internado na Penitenciária, tendo cumprido dois anos de uma sentença de 12 a 37 anos por fraude hipotecária.

Item 20: Versatilidade criminal.

Escrevi para ele. Lembrei-o de nosso encontro anterior, fiz um relato resumido sobre a disfunção da amígdala, perguntei se achava que isso se aplicava a ele. Ele me respondeu que eu seria bem-vindo se quisesse visitá-lo. Comprei uma passagem aérea. O vulcão islandês entrou em erupção. Transferi a data da passagem para uma semana depois e agora estava ali, sentado na Fila 2, Mesa 6, em uma sala de visitas quase vazia.

Coxsackie abrigava mil prisioneiros. Somente quatro deles tinham companhia hoje. Havia um jovem casal jogando cartas; um presidiário idoso cercado de filhos e netos; a mulher que eu encontrara no abrigo segurando a mão de um presidiário sobre a mesa, deslizando casualmente seus dedos sobre os dele, puxando cada dedo, tocando seu rosto; e Toto Constant, sentado à minha frente.

Ele havia sido trazido para a sala cinco minutos antes, e eu já estava impressionado com a companhia tão fácil que ele mostrava ser. Toto estava fazendo o que eu esperava que fizesse, manifestando sua inocência na fraude hipotecária, dizendo que sua única culpa era ter "confiado nas pessoas erradas", expressando seu choque com a sentença gigante, já que um crime desse tipo geralmente resultava em apenas cinco anos de prisão.

— Cinco anos — disse ele. — Está bem. Não tem problema. Mas *37 anos?*

Era verdade que o tamanho da sentença não parecia justo. Eu simpatizava um pouco com ele em relação a isso.

Falei, um pouco nervoso, que a anomalia cerebral que mencionei em minha carta iria classificá-lo, se ele a tivesse, como psicopata.

— Bem, eu não sou psicopata — disse ele.

— De qualquer modo, você gostaria de explorar as questões comigo? — perguntei.

— Claro — concordou ele. — Diga lá.

Imaginei que ambos tínhamos algo a ganhar com o encontro. Para mim, ele era um pouco como uma cobaia. Eu podia praticar minhas habilidades de identificar psicopatas e ele teria um dia fora da cela, longe da monotonia, comendo hambúrgueres trazidos por mim da máquina que havia no canto da sala de visitas.

O que eu esperava conseguir? Perguntei-me se captaria alguma coisa de Tony em Toto — talvez identificasse alguns traços de personalidade em comum, como o curso de Bob havia me ensinado. E eu tinha um objetivo maior também. Coisas terríveis haviam sido feitas no Haiti em seu nome. Ele havia alterado profundamente a sociedade haitiana durante três anos, levando-a freneticamente na direção errada, destruindo a vida de milhares de pessoas, corrompendo a de outras centenas de milhares. Estaria certa a teoria de Bob Hare e Martha Stout? Seria tudo isso causado por um mau funcionamento na relação entre sua amígdala e seu sistema nervoso central? Em caso positivo, era de fato uma anomalia cerebral poderosa.

— Por que você não veio me ver terça-feira passada? — perguntou ele.

— Aquele vulcão entrou em erupção na Islândia e tudo foi adiado.

— Ah! — disse ele, mexendo a cabeça. — Está bem. Entendo. Quando recebi sua carta fiquei tão animado!

— É mesmo?

— Todos os prisioneiros ficaram dizendo: "O cara que escreveu *Os homens que encaravam cabras* vem visitar VOCÊ? Uau!" Ha, ha! Todo mundo aqui ouviu falar do filme!

— É mesmo?

— Sim, assistimos a um filme todo sábado à noite. No sábado passado foi *Avatar*. Esse filme me deixou comovido. *Realmente* comovido. A invasão de um país pequeno por uma nação grande. Achei aquele povo azul bonito. Eu vi uma beleza neles.

— Você se considera um homem sensível?

— Sim. — Ele balançou a cabeça. — Mas há uns dois meses escolheram o filme *Os homens que encaravam cabras*. A maioria dos presidiários não sabia que diabo estava acontecendo. Diziam: "O que é *isso*?" Mas eu falei: "Não, não, eu conheci o cara que escreveu o livro! Vocês não entendem a mente dele!" E então você me escreveu e disse que queria me ver novamente. Todo mundo ficou morrendo de *inveja*.

— Ah, isso é bom!

— Quando soube que você viria semana passada, meu cabelo estava uma verdadeira bagunça, mas eu não havia me programado para cortá-lo, então outro prisioneiro falou: "Vá no meu lugar." Nós trocamos de dia na barbearia! E uma outra pessoa me deu uma camisa verde novinha em folha para eu usar!

— Ah, meu Deus! — exclamei.

Ele abanou a mão para dizer:

— Eu sei que isso é bobo. Mas a única coisa que temos aqui é uma visita — explicou. — É a única coisa que nos resta. — Houve um silêncio. — Já comi nos restaurantes mais bonitos do mundo. Agora estou em uma cela. Me visto de verde o tempo todo.

Quem é o insensível nessa conversa?, pensei. *Eu vim aqui apenas para aprimorar minha habilidade de identificar psicopatas e esse pobre coitado pegou emprestada uma camisa especial.*

— Alguns caras aqui não aceitam visitantes por causa do que temos que enfrentar depois — falou Toto.

— O que vocês têm que enfrentar depois? — perguntei.

— Uma revista pelados — disse ele.

— Ah, meu Deus.

Ele encolheu os ombros.

— A indignidade disso é terrível — disse ele.

Foi quando olhei para cima. Algo havia mudado na sala. Os prisioneiros e seus entes queridos pareciam indignados, reparando ansiosos em algo que eu não havia notado.

— É foda — sussurrou Toto.

— O quê?

— Aquele cara.

Sem tirar os olhos de mim, Toto indicou um guarda da prisão — um homem que usava uma camisa branca — que andava pela sala.

— Ele é um sádico — afirmou. — Quando entra na sala, todo mundo fica assustado. Ninguém aqui quer problema. Todos nós só queremos ir para casa.

— Ele fez alguma coisa agora?

— Não exatamente. Disse a uma mulher que a camiseta dela é indecente demais. Só isso.

Olhei por cima. Era a mulher que eu encontrara no abrigo. Ela parecia incomodada.

— É só que... ele assusta as pessoas.

— Anos atrás, no dia em que nos conhecemos, aconteceu uma coisa — falei. — Foi bem no fim do dia. Eu estava indo para o meu carro, me virei e vi você me olhando. Me observando, na verdade. E vi você fazendo a mesma coisa quando entrou nesta sala, examinando o lugar, observando tudo.

— Sim, observar as pessoas é uma de minhas maiores qualidades — disse ele. — Sempre observo.

— Por quê? O que está procurando?

Houve um breve silêncio. E então Toto disse, suavemente:

— Quero ver se as pessoas gostam de mim.

— Se as pessoas *gostam* de você?

— Quero que as pessoas pensem que sou um cavalheiro — disse ele. — Quero que elas gostem de mim. Se as pessoas não gostam de mim, fico triste. Esse assunto é importante. Sou sensível às reações das pessoas. Observo-as para ver se elas realmente gostam de mim.

— Uau. Nunca pensei que você se importasse tanto em saber se as pessoas *gostam* de você.

— Sim, eu me importo.

— Isso é realmente surpreendente — falei.

Por dentro, fiz uma careta. Eu viera de tão longe e não havia nada de psicopata nele. Ele era discreto, humilde, sensível, autodepreciativo, estranhamente diminuto para um homem tão grande. É verdade que houvera ocorrências — momentos antes — do *Item 11: Comportamento sexual promíscuo*. Mas isso me soou como um acréscimo bastante puritano à lista.

— Sou um mulherengo — dissera ele. — Sempre tive muitas mulheres. Aparentemente, sou boa companhia. — Ele encolheu os ombros, com modéstia.

— Quantos filhos você tem?

— Sete.

— Com quantas mães?

— Quase tantas quanto — disse ele, rindo.

— Por que tantas mulheres?

— Eu não sei. — Ele parecia verdadeiramente perplexo. — Sempre quis ter muitas mulheres. Não sei por quê.

— Por que não se junta a uma mulher só?

— Não sei. Talvez porque eu realmente queira que todo mundo goste de mim. Então aprendo a agradar às pessoas. Nunca discordo de ninguém. Faço-as se sentirem bem, então elas gostam de mim.

— Mas isso não seria uma fraqueza? — falei, por fim. — Esse desejo desesperado de que a pessoas gostem de você. Não é uma fraqueza?

— Ah, não! — Toto riu. Animado, ele balançou seu dedo para mim. — Não é uma fraqueza!

— Por quê? — perguntei.

— Vou lhe *dizer* por quê! — Ele sorriu, deu uma piscadela, como se estivesse conspirando, e falou: — Se as pessoas gostam de você, é possível manipulá-las para fazerem o que quiser!

Pisquei os olhos.

— Então você não quer *realmente* que as pessoas gostem de você?

— Não. — Ele encolheu os ombros. — Sabe, estou lhe contando meus segredos mais íntimos aqui, Jon!

— Quando você diz: "Se as pessoas não gostam de mim, isso me magoa", você não quer dizer que isso fere seus sentimentos. Quer dizer que isso fere seu status?

— Exatamente.

— Como isso funciona? Como você faz com que as pessoas gostem de você?

— Está bem — disse ele. — Veja só...

Ele se virou para o presidiário idoso cujos filhos e netos haviam acabado de sair.

— Você tem uma família encantadora! — gritou para ele.

O rosto do homem se abriu em um sorriso largo e agradecido.

— Obrigado! — gritou ele em resposta.

Toto sorriu disfarçadamente para mim.

— E empatia? — perguntei. — Você sente empatia? Acho que de vez em quando a empatia pode ser considerada uma fraqueza.

— Não sinto empatia. — disse Toto sacudindo a cabeça como um cavalo que tem uma mosca no focinho. — Este não é um sentimento que eu tenha. Não é uma emoção que eu tenha. Sentir pena das pessoas?

— Sim.

— Não sinto pena das pessoas. Não.

— E emoções? — complementei. — Você disse antes que era uma pessoa sensível. Mas sentir emoções pode ser considerado, bem, como uma fraqueza.

— Ah, mas você escolhe o tipo de emoção que quer ter — respondeu ele. — Está vendo? Estou realmente lhe contando meus segredos mais íntimos, Jon.

— E aquelas três mulheres que testemunharam contra você no tribunal? Você sente alguma emoção por elas?

Toto expirou com raiva.

— Três moças disseram que homens mascarados e não identificados as torturaram e as estupraram e as abandonaram para morrer e blá-blá-blá. — Ele fez um careta. — Elas acharam que eram membros do FRAPH porque os homens usavam uniformes do FRAPH. Elas dizem que eu estuprei pelo poder.

— O que elas disseram que aconteceu?

— Ah — respondeu ele, sem dar muita importância. — Uma delas disse que a espancaram, a violentaram e a abandonaram. Um "médico" (quando Toto disse "médico" fez aquelas aspas de desprezo com os dedos) disse que um dos agressores a engravidou.

Ele disse que nenhuma das acusações era verdadeira — nem uma sequer — e que se eu quisesse saber mais sobre essas mentiras, deveria esperar para ler a sua até então inacabada biografia *Echoes of my Silence*.

Perguntei a Toto se ele gostava dos outros presidiários e ele respondeu: "Não exatamente." Com certeza não daqueles que ficam "se lamentando ou reclamando. E os ladrões. Me chame de assassino, mas não me chame de ladrão. Também não gosto de gente preguiçosa. Ou fraca. Ou mentirosa. Detesto mentirosos".

Ele falou que, no entanto, controlava seu comportamento de modo irrepreensível. Muitas vezes tinha vontade de esmurrar um companheiro da prisão até não poder mais, mas nunca fizera isso. Como ontem na cantina. Um prisioneiro estava fazendo barulho com os lábios ao tomar sopa

— Fric, fric, fric, ah, meu Deus, Jon, aquilo estava me dando nos nervos. Fric, fric, fric. Eu tive vontade de lhe dar um murro, mas pensei: "Não, Emmanuel. Espere. Logo isso vai passar." E passou. — Toto olhou para mim. — Estou desperdiçando meu tempo aqui, Jon. Este é o pior pensamento de todos. Estou desperdiçando meu tempo.

Nossas três horas haviam chegado ao fim. Quando saí, os guardas me perguntaram por que eu viera visitar Toto Constant e eu disse:

— Quero descobrir se ele é um psicopata.

— Não, ele não é um psicopata — responderam dois deles, em uníssono.

— Ei — disse outro. — Você sabia que ele já jantou com Bill Clinton?

— Acho que ele nunca jantou com Bill Clinton — respondi. — Se ele lhe disse isso, não tenho certeza se é verdade.

O guarda não falou mais nada.

Enquanto voltava de carro para Nova York, parabenizei a mim mesmo por ser um gênio, por fazê-lo se abrir. A chave havia sido a palavra "fraqueza". Sempre que eu a dizia, ele sentia necessidade de revelar seu poder.

Fiquei surpreso com a facilidade com que eu me rendera a ele até então. Toto mostrara um charme discreto, e eu imediatamente o rotulara de não psicopata. No começo, havia algo familiar nele que me tranquilizava. Ele parecia modesto, autodepreciativo, um tanto apatetado — tudo o que eu sou. Será que ele estava se espelhando em mim, refletindo a minha pes-

135

soa? Será que é por isso que os parceiros de psicopatas, às vezes, permanecem em relacionamentos perturbadores?

Bob Hare disse que os psicopatas são hábeis imitadores. Certa vez, ele contou ao jornalista Robert Hercz uma história sobre quando lhe pediram para ser consultor de Nicole Kidman em um filme chamado *Malícia*. Ela queria se preparar para o papel de uma psicopata. Bob disse a ela: "Eis uma cena que pode usar. Você está andando em uma rua e acontece um acidente. Um carro atinge uma criança. Uma multidão se junta em torno dela. Você se aproxima, a criança está estendida no chão e há sangue por toda parte. Seus sapatos ficam um pouco sujos de sangue e você olha para baixo e diz: 'Ah, merda.' Você olha para a criança, meio interessada, mas não sente repulsa nem está horrorizada. Está apenas interessada. Então, você olha para a mãe dela e fica fascinada com a mulher, que está abalada, chorando, fazendo um monte de coisas diferentes. Minutos depois, você se vira e volta para sua casa. Vai até o banheiro e tenta imitar as expressões faciais da mãe. Este é o psicopata: alguém que não entende o que está acontecendo emocionalmente, mas entende que algo importante aconteceu."

No entanto, Toto Constant também era enigmático de uma maneira envolvente, uma qualidade que floresce na ausência. Ficamos fascinados com pessoas que escondem alguma coisa, e os psicopatas sempre fazem isso, porque não estão inteiramente ali. Com certeza são os mais enigmáticos entre todos aqueles que têm distúrbios mentais.

O percurso de Coxsackie para Nova York, passando por Saugerties e New Paltzand Poughkeepsie, era plano e sombrio — como um planeta estranho de um episódio antigo de *Jornadas nas estrelas* — e de repente me senti incrivelmente paranoico de que Toto pudesse se voltar contra mim e pedir a um de seus irmãos ou tios que viesse atrás de mim. Senti-me açoitado por uma ansiedade, como a chuva de granizo que estava atacando o carro, e então virei o veículo, saí da estrada e entrei em um drive-in do Starbucks que havia à direita.

Peguei minhas anotações — eu as fizera em um bloco de papel do hotel, com um lápis da prisão — e li a parte em que ele me dizia que estava totalmente sozinho no mundo, que sua família e todos que algum dia o amaram o haviam abandonado.

Ah, bem, então tudo bem, pensei. A compreensão de que seus irmãos e tios o haviam abandonado e de que, portanto, era improvável que me seguissem e retaliassem fez com que eu me sentisse bem menos ansioso.

Acho que isso é um pouco Item 8: Insensível/falta de empatia, pensei. *Mas nessas circunstâncias, não me importo.*

Comprei um sanduíche, joguei-o na parte de trás do carro e continuei a viagem.

Acho que não seria surpresa descobrir que o chefe de um grupo de extermínio tinha uma pontuação alta na lista de Bob Hare para psicopatas. Contudo, eu estava mais interessado na teoria dele sobre psicopatas corporativos. Bob os culpava pelos excessos brutais do capitalismo. Dizia que o sistema, em sua forma mais cruel, era uma manifestação das amígdalas anômalas de algumas pessoas. Ele até escrevera um livro sobre isso — *Snakes in Suits: When Psychopaths Go to Work* — que tinha como co-autor um psicólogo chamado Paul Babiak. Quando foi publicado, revistas de recursos humanos do mundo inteiro fizeram críticas entusiasmadas.

"Todos os gerentes e funcionários de RH deveriam ler este livro", dizia uma crítica típica na *Health Service Journal*, a revista interna do Serviço Nacional de Saúde. "Você trabalha com uma cascavel ambiciosa? Essas pessoas podem ser encontradas entre aqueles tipos que impressionam, mas são implacáveis, que passam por cima de tudo e de todos para ter um cargo alto na empresa."

Toda essa história de cascavéis assumindo forma humana me fez lembrar de uma reportagem que escrevi, certa vez, sobre o teórico da conspiração David Icke, que acreditava que os governantes secretos do mundo eram lagartos gigantes que bebiam sangue, sacrificavam crianças e assumiam a forma humana para poderem praticar seu mal contra uma população insuspeita. De repente, percebi como as duas histórias eram semelhantes, exceto que nesta as pessoas que falavam sobre cobras de terno eram psicólogos eminentes e absolutamente sãos, respeitados no mundo inteiro. Seria esta uma teoria da conspiração verdadeira?

Enquanto me aproximava de Nova York, com os arranha-céus do centro financeiro ficando cada vez maiores, pensei: *Haverá alguma maneira de provar isso?*

6

A NOITE DOS MORTOS-VIVOS

Shubuta, no Mississippi, é uma cidade em agonia. O Sarah's House of Glamour (um salão de beleza), a Jones Brothers Market Basket Meats and Groceries Store, o Bank of Shubuta, tudo está fechado, assim como outras fachadas de lojas tão apagadas que nem é possível decifrar o que foram um dia. O estranho urso de pelúcia ou o Papai Noel inflável espiando por uma vitrine empoeirada dá alguma pista sobre a loja abandonada. Até mesmo a loja maçônica de Shubuta está apodrecendo e cheia de mato. É demais para o poder que eles achavam que tinham! Mesmo isso não os salvou.

A prisão também já não existe mais. Suas gaiolas de ferro estão se desintegrando e corroendo dentro do prédio de pedra próximo à Main Street, perto de uma quadra de basquete velha e decadente.

— Você sabe que está em um lugar depressivo quando até mesmo a prisão foi fechada — falei.

— Depressivo é a palavra certa — disse Brad, o morador que estava me mostrando a cidade.

Madeiras em decomposição se projetavam violentamente de casas abandonadas, parecendo aquela fotografia do rosto destroçado que Bob Hare nos mostrara na tenda no País de Gales, com sangue coagulado e cartilagem saindo pelo que restava da pele.

Shubuta não estava vazia. Os moradores restantes ainda vagavam para cima e pra baixo. Alguns estavam bêbados. Outros eram muito velhos.

Mas aquela já fora uma cidade próspera.

— Agitada! — disse Brad. — Todo dia! Inacreditável! Estava sempre movimentada. Foi maravilhoso crescer aqui. A criminalidade era baixa.

— Íamos de bicicleta aonde quiséssemos — acrescentou Libby, amiga de Brad. — Andávamos de patins. Nossas mães nunca ficavam preocupadas conosco.

Sunbeam, a fábrica local, fazia torradeiras. Eram bonitas, uma coisa meio art déco.

Eu e Brad passamos por cima de escombros e entramos em um prédio comprido no meio da Main Street. A porta estava pendurada nas dobradiças. A placa de saída estava no chão, no meio da poeira. Tiras rasgadas do que um dia parecia ter sido uma cortina de veludo vermelha pendiam frouxas de pregos da construção, como um cenário de abatedouro.

— O que esse lugar era? — perguntei a Brad.

— O antigo cinema — respondeu ele. — Eu me lembro quando abriu. Estávamos tão animados. Teríamos um cinema! Teríamos alguma coisa para fazer! Passaram um filme e foi só isso. Fecharam.

— Qual foi o filme?

— *A noite dos mortos-vivos*.

Ficamos em silêncio.

— Apropriado — falei.

Brad observou o que restava da Main Street.

— Al Dunlap não entende quantas pessoas prejudicou ao fechar a fábrica. Em uma cidade pequena como essa? Foi horrível. — Seu rosto ficou vermelho de raiva. — Quero dizer, *olhe* só para esse lugar.

A velha fábrica da Sunbeam ficava a menos de dois quilômetros da cidade. Era grande — do tamanho de cinco campos de futebol. Em uma sala, trezentas pessoas faziam as torradeiras. Em outra sala, mais trezentas pessoas as empacotavam. Achei que o lugar estava abandonado agora, mas na verdade uma nova empresa se mudara para lá. Não tinha seiscentos funcionários. Tinha cinco: cinco pessoas amontoadas em um grande vazio, fabricando abajures.

O chefe delas se chamava Stewart. Ele trabalhara na fábrica até Al Dunlap se tornar o CEO da Sunbeam e fechar o lugar.

— É bom ver que ainda há produtividade nessa sala — falei.

— Hum — disse Stewart, que parecia levemente preocupado de que não continuasse havendo produtividade por muito tempo ali.

Stewart, seu amigo Bill e a amiga de Brad, Libby, me levaram para visitar o vazio da fábrica. Queriam mostrar a uma pessoa de fora o que acontece quando "loucos assumem o comando de uma empresa que já foi enorme".

— Vocês estão falando de Al Dunlap? — perguntei.

— Na Sunbeam, era um maluco atrás do outro — disse Stewart. (Como este é um livro sobre loucura de verdade, acho que provavelmente é uma boa ideia eu ressaltar que Stewart e Bill são leigos e estão usando o termo "maluco" de maneira casual.) — Não foi apenas Dunlap. Quem foi o primeiro maluco? Buckley?

— Sim, Buckley — respondeu Bill.

— Buckley tinha um pequeno segurança com uma metralhadora que o acompanhava — disse Stewart. — Tinha uma frota de jatos e Rolls-Royces e esculturas de gelo de 10 mil dólares. Eles gastavam livremente e a empresa não estava ganhando muito dinheiro.

(Mais tarde, li que Robert J. Buckley foi demitido do cargo de CEO da Sunbeam em 1986, depois de acionistas reclamarem que, embora a empresa estivesse naufragando, ele mantinha uma frota de cinco jatos para ele e sua família, instalou seu filho em um apartamento de 1 milhão de dólares à custa da empresa e pôs 100 mil dólares em vinhos na conta da empresa.)

— Quem veio depois de Buckley? — perguntei.

— Paul Kazarian — disse Bill. — Acho que ele era um homem brilhante. Inteligente. Muito trabalhador. Mas... — Ele ficou em silêncio. — Tenho uma história sobre ele que poderia lhe contar, mas não é para ouvidos de mulheres.

Todos nós olhamos para Libby.

— Ah, entendo — disse ela.

Libby fez uma longa caminhada para se afastar de nós, cruzando o chão improdutivo da fábrica, passando por teias de aranha e grandes latas de lixo vazias, exceto pela poeira. Quando ficou longe o bastante para não nos ouvir, Bill disse:

— Certa vez, eu não estava conseguindo fazer uma venda e ele gritou comigo: "Você deveria chupar o PAU desse canalha para conseguir a venda!" Bem no meio de uma sala cheia de gente. Por que ele agiu assim? Era um desbocado...

O rosto de Bill estava vermelho. Aquela lembrança o fez tremer.

De acordo com o livro de John Byrne, *Chainsaw*, que conta em detalhes a história da Sunbeam Corporation, Paul Kazarian, durante seu período como CEO, virava copos de suco de laranja sobre o supervisor da empresa e disparava uma pistola com balas de chumbinho contra cadeiras vazias de executivos durante reuniões da diretoria. Mas também era conhecido por se preocupar com a segurança no emprego e os direitos dos trabalhadores. Ele queria que a empresa tivesse sucesso sem precisar fechar as fábricas. Trouxe de volta empregos da produção que estavam na Ásia e abriu uma universidade para os funcionários. Fizemos sinal para que Libby pudesse voltar.

— E depois de Paul Kazarian? — perguntei.

— *Aí* foi Al Dunlap — respondeu Stewart.

— Vou me encontrar com ele amanhã — falei. — Vou de carro até Ocala, na Flórida, para encontrá-lo.

— O quê? — disse Stewart, assustado, seu rosto se fechando. — Ele não está preso?

— Ele está no *oposto* de uma prisão — respondi. — Está em uma mansão enorme.

Por um segundo, vi as veias do pescoço de Stewart crescendo.

Voltamos para o escritório de Stewart.

— Ah — falei. — Recentemente, estive com um psicólogo chamado Bob Hare. Ele disse que dá para saber um bocado sobre um líder de empresa se lhe fizer uma pergunta específica.

— Está bem — disse ele.

— Se você visse uma fotografia de uma cena de um crime — perguntei —, algo realmente horrível, como uma foto em close de um rosto destruído, qual seria sua reação?

— Eu recuaria — respondeu Stewart. — Isso me deixaria assustado. Eu não iria gostar. Sentiria pena dessa pessoa e ficaria com medo. — Ele fez uma pausa. — Então, o que isso quer dizer sobre mim?

Através da janela de Stewart, olhei para o chão da fábrica. Era uma visão estranha — um pequeno grupo de cinco fabricantes de abajures naquele espaço grande, vazio. Eu dissera a ele como ficara satisfeito por ver uma empresa crescendo ali, mas a verdade era óbvia: as coisas não estavam indo bem.

— Então, o que isso quer dizer sobre mim? — perguntou Stewart mais uma vez.

— Coisas boas! — tranquilizei-o.

143

* * *

Em meados dos anos 1990, a Sunbeam estava uma bagunça. CEOs perdulários como Robert Buckley haviam deixado a empresa desgovernada. A comissão de diretores precisava de alguém que cortasse os custos sem piedade e, portanto, ofereceu o cargo a uma pessoa singular — um homem que, ao contrário da maioria dos seres humanos, *gosta* de demitir pessoas. Seu nome era Al Dunlap, e ele ganhara fama fechando fábricas no interesse da Scott, a mais antiga fabricante de papel higiênico dos Estados Unidos. Havia inúmeras histórias sobre suas idas a fábricas da empresa para demitir pessoas de maneiras divertidas e, às vezes, sinistras. Em uma fábrica em Mobile, Alabama, por exemplo, ele perguntou a um homem há quanto tempo ele trabalhava ali.

"Trinta anos!", respondeu o homem, orgulhoso.

"Por que você iria querer ficar trinta anos na mesma empresa?", disse Dunlap, que parecia realmente perplexo. Semanas depois, ele fechou a fábrica de Mobile, demitindo todo mundo.

A autobiografia de Dunlap, *Mean Business*, estava repleta de histórias sobre demissões, como esta:

> A responsável por manter a motivação dos funcionários da Scott era uma pessoa bastante agradável, que recebia uma quantidade obscena de dinheiro. Seu principal trabalho era assegurar a harmonia no grupo executivo. Eu quero que a harmonia vá à merda. Aquelas pessoas deveriam estar arrancando os cabelos umas das outras. Eu disse a [Basil] Anderson [diretor financeiro da Scott] para se livrar dela... Mais tarde, naquela semana, um dos advogados internos adormeceu durante uma reunião executiva. Aquele foi seu último cochilo em nossa folha de pagamento. Dias depois, ele era uma lembrança.

E assim por diante. Ele demitia pessoas com uma alegria tão visível, que a revista especializada em negócios *Fast Company* o incluiu em um artigo sobre CEOs potencialmente psicopatas. Todos os outros CEOs citados estavam mortos ou presos e, portanto, era improvável que processassem a revista. Mas eles resolveram correr o risco com Dunlap, referindo-se a seu comportamento pouco controlado (sua primeira esposa afirmou nos documentos de divórcio que, certa vez, ele a ameaçou com uma faca e murmurou que sempre imaginara qual seria o gosto da carne humana) e a sua falta de empatia (embora contasse a jornalistas que seus pais eram inteligentes e o que apoiavam, ele não foi ao funeral de nenhum dos dois).

Em julho de 1996, no dia em que a comissão de diretores da Sunbeam revelou o nome do novo CEO, o preço das ações disparou de 12,50 dólares para 18,63 dólares. Foi — de acordo com John Byrne, biógrafo não oficial de Dunlap — o maior salto da história da Bolsa de Valores de Nova York. Alguns meses depois, no dia em que Dunlap anunciou que metade dos 12 mil empregados da Sunbeam seria demitida (de acordo com o *New York Times*, em termos percentuais esta foi a maior redução de força de trabalho desse tipo já ocorrida), o preço das ações disparou de novo, para 28 dólares. Na verdade, a única vez em que o preço oscilou durante aqueles meses agitados foi em 2 de dezembro de 1996, quando a *Business Week* revelou que Dunlap não fora aos funerais de seus pais e ameaçara sua primeira esposa — segundo ela — com a faca. Naquele dia, o preço das ações caiu 1,5%.

Isso me lembrou uma cena do filme *Terra de ninguém* em que Holly, de 15 anos, vivida por Sissy Spacek, percebe de repente, com um sacolejo, que seu namorado forte e bonitão, Kit, havia cruzado o limite entre a rudeza e a loucura. Ela dá um passo para trás, ansiosa, mas em seguida diz em seu tom de voz monótono e sem graça de narradora de filme: "Eu poderia ter saído de fininho ou me escondido, eu acho, mas senti que meu destino agora estava com Kit, para o bem ou para o mal."

Assim como no filme *Terra de ninguém*, a relação de Al Dunlap com seus acionistas se recuperou rapidamente após o dia 2 de dezembro, e juntos eles prosseguiram em um rompante de um ano pelo interior dos Estados Unidos, fechando fábricas em Shubuta e Bay Springs; em Laurel, Mississippi; Cookeville, Tennessee; em Paragould, Arkansas; Coushatta, Louisiana; e mais e mais, transformando comunidades do sul dos Estados Unidos em cidades fantasmas. A cada fechamento de fábrica, o preço das ações da Sunbeam disparava, chegando a incríveis 51 dólares na primavera de 1998.

Coincidentemente, Bob Hare escreve sobre *Terra de ninguém* em seu influente livro sobre psicopatia *Without Conscience*:

> Se Kit é a concepção de um psicopata pelo diretor do filme, Holly é uma máscara falante que simplesmente passa pelos movimentos de um sentimento profundo. Sua narrativa é feita em um tom monótono e embelezada por frases extraídas diretamente de revistas que dizem às garotas o que elas deveriam sentir. Se existe um exemplo de "saber a letra, mas não a música", este é a personagem de Spacek.

Para Dunlap, tudo terminou na primavera de 1998, quando a Comissão de Títulos e Câmbios (SEC, na sigla em inglês) dos Estados Unidos começou a investigar alegações de que ele arquitetara uma enorme fraude na contabilidade da Sunbeam. Sessenta milhões de dólares dos ganhos aparentemente recordes de 189 milhões da empresa em 1997 foram, disse a SEC, resultado de uma contabilidade fraudulenta. Dunlap negou as acusações. Exigiu — e recebeu — da Sunbeam uma enorme indenização para se somar aos 100 milhões de dólares que ganhou em seus vinte meses na Scott.

Na época, nos tempos pré-Enron, não havia bem um apetite pela busca de acusações criminais quando os casos eram tão complicados quanto aquele, e em 2002 os problemas legais de Dunlap terminaram quando ele concordou em pagar 18,5 milhões de dólares para resolver vários processos. Parte de seu acordo com a SEC foi de que nunca mais ele seria funcionário ou diretor de uma empresa pública.

— E a infância dele? — perguntei a seu biógrafo John Byrne antes de partir para Shubuta. — Há histórias incomuns sobre comportamento estranho? Arrumar confusão com a polícia? Torturar animais?

— Pesquisei até sua escola secundária, mas acho que não entrevistei nenhum de seus antigos colegas de sala — respondeu ele. — Não que eu me lembre.

— Ah — falei.

— Sei que ele era um bom boxeador quando criança.

— É mesmo?

— Sim, ele fez alguns comentários sobre o quanto gostava de bater nas pessoas.

— Ah, SÉRIO?

— E a irmã dele disse uma vez que ele jogava dardos em suas bonecas.

— Ah, *SÉRIO*?

Escrevi em meu bloco de anotações: "Joga dardos nas bonecas da irmã, gosta de bater em pessoas."

— Como ele era quando você o conheceu? — perguntei.

— Não cheguei a conhecê-lo — disse ele. — Ele não queria me ver.

Houve um breve silêncio.

— Eu *vou* encontrá-lo — falei.

— Vai? — disse ele, perplexo e, acho, com um pouco de inveja na voz.

— Sim. Sim, *vou*.

* * *

A primeira coisa obviamente estranha na grandiosa mansão de Al Dunlap na Flórida e em seus luxuosos e bem-cuidados gramados — ele mora a dez horas de Shubuta, de carro — era o número estranhamente grande de esculturas ferozes de animais predadores. Elas estavam em toda parte: leões de pedra, panteras com dentes expostos, águias voando baixo, falcões com peixes em suas garras. E estavam também nos gramados, em volta do lago, no complexo de piscina/academia de ginástica, nas muitas salas. Havia leões de cristal, leões de ônix, leões de ferro, panteras de ferro, pinturas de leões e esculturas de crânios humanos.

"Assim como o exército de bonequinhos de plástico do Burger King de Toto Constant, porém enorme, malévolo e caro", escrevi em meu bloco de anotações de repórter.

— Leões — disse Al Dunlap, mostrando-me a área. Ele usava um paletó casual, calça folgada, e parecia bronzeado, saudável. Seus dentes eram muito brancos. — Leões. Jaguares. Leões. Sempre predadores. Predadores. Predadores. Predadores. Tenho uma grande fé nos predadores e muito respeito por eles. Tudo o que fiz tive que lutar para conseguir.

"*Item 5: Enganador/manipulador*", escrevi em meu bloco de anotações de repórter. "Suas afirmações podem revelar uma crença de que o mundo é feito de 'predadores e presas', ou de que seria tolo não explorar as fraquezas dos outros."

— Ouro também — comentei. — Há bastante ouro por aqui.

Eu estava preparado para o ouro. Pouco tempo antes, havia visto um retrato dele sentado em uma cadeira de ouro, com uma gravata de ouro, uma armadura de ouro junto à porta e um crucifixo de ouro no console da lareira.

— Bem — disse Al. — O ouro é brilhante. Tubarões.

Ele apontou para uma escultura de quatro tubarões circundando o planeta.

— Acredito em predadores — disse ele. — O espírito deles permite que você tenha sucesso. Lá adiante temos falcões. Jacarés. Jacarés. Mais jacarés. Tigres.

— É como se tanto Midas quanto a Rainha de Nárnia estivessem aqui — falei —, e a Rainha tivesse voado sobre um zoológico particularmente feroz, transformado tudo em pedra e depois transportado tudo para cá.

— O quê?

— Nada.

— Não — disse ele —, o que você acabou de falar?

Ele me lançou um olhar frio com seus olhos azuis, que achei um tanto debilitante.

— Foi apenas um amontoado de palavras. Eu estava tentando fazer um comentário divertido, mas tudo ficou confuso na minha boca.

— Ah. Vou lhe mostrar o lado de fora. Você gostaria de andar ou prefere pegar um carrinho de golfe?

— Acho que prefiro caminhar.

Passamos por várias pinturas a óleo extravagantes de seus pastores alemães. Houve um famoso período de sete semanas em meados dos anos 1990 — quando ele estava demitindo os 11.200 funcionários da Scott — em que Al exigiu que a empresa lhe pagasse duas suítes no Four Seasons Hotel, na Califórnia — uma para ele e sua esposa, Judy, e a outra para seus dois pastores alemães. Ele tem um filho, Troy, do primeiro casamento, mas notei que não havia qualquer fotografia dele em parte alguma, apenas muitos retratos dos cachorros e grandes pinturas a óleo, com molduras de ouro, de Al e Judy em tamanho natural, ambos com uma expressão séria, mas magnânimos.

Fizemos um passeio pelos gramados. Vi Judy parada perto de uma escultura de pedra de uma criança meiga, de cabelo desgrenhado, encarando o lago de cima. Judy era loura como Al e usava um conjunto moletom cor de pêssego. Ela também encarava o lago, e mal se mexia.

— Você visitou uma fábrica certa vez — eu disse a Al. — Perguntou a um homem há quanto tempo ele trabalhava ali. Ele disse: "Trinta anos!" E você respondeu: "Por que você iria querer ficar trinta anos na mesma empresa?" Ele via isso como um símbolo de honra, mas você viu como algo ruim.

— Para mim era ruim — reagiu ele. — E eis o porquê. Se você só fica em um lugar, torna-se um zelador, um guardião. A vida deveria ser uma montanha-russa, e não um carrossel.

Escrevi *"Falta de empatia"* em meu bloco de anotações. Em seguida, virei para uma página em branco.

— Vamos tomar um chá gelado? — disse ele.

A caminho da cozinha, notei um poema emoldurado sobre sua escrivaninha, escrito em caligrafia enfeitada. Alguns versos diziam:

Não foi fácil fazer
O que tivemos de fazer
Mas se você quer que gostem de você
Arrume um cachorro ou dois

— Sean mandou fazer isso para o meu aniversário.

Sean era Sean Thornton, guarda-costas de Al há muito tempo.

— Se você quer ter um amigo, arrume um cachorro — disse Al. — Sempre tivemos dois. Eu me garanto!

Dei uma risada, mas sabia que não era a primeira vez que ele usava essa frase. Estava na página 9 do prefácio de sua autobiografia, *Mean Business*: "Se você quer um amigo, arrume um cachorro. Não gosto de correr riscos e, por isso, tenho dois cães."

E na biografia não oficial, *Chainsaw*, John Byrne escreve sobre uma ocasião ocorrida em 1997 em que Al convidou um analista financeiro hostil, Andrew Shore, para ir à sua casa:

— Adoro cachorros — disse Dunlap, mostrando a Shore fotografias [de seus pastores alemães]. — Você sabe, se quiser um amigo, arrume um cachorro. Tenho dois, para garantir.

Shore ouvira exatamente a mesma frase antes, em um dos muitos artigos que lera sobre Dunlap. Mas riu.

Escrevi em meu bloco de anotações, "*Descontraído/charme superficial*".

"Ele tem sempre pronta uma resposta rápida e inteligente, [mas] na verdade só oferece pouca informação útil."

(Michael Douglas diz algo parecido no filme *Wall Street*, de 1987: "Se você precisa de um amigo, arrume um cachorro. É uma guerra feia lá fora." Perguntei-me se os roteiristas haviam usado a frase de Al Dunlap, porém mais tarde descobri que ele não era a única pessoa poderosa a dizer isso.

"Quer um amigo em Washington? Compre um cachorro", disse, aparentemente, Harry Truman durante seu governo, de acordo com a peça de teatro biográfica *Give 'em Hell, Harry!*, de 1975.

"Você aprende neste negócio: se quer um amigo, arrume um cachorro", disse o especialista em aquisições de controle acionário e chefe farmacêutico Carl Icahn em algum momento em meados dos anos 1980.

"Se você quer que gostem de você, arranje um cachorro", disse Deborah Norville, apresentadora do *Inside Edition*, da

CBS, no início dos anos 1990. "As pessoas com as quais você trabalha não são suas amigas."

Voltamos todos para a cozinha — Al, Judy e Sean, o guarda-costas.

Pigarreei.

— Lembra que eu mencionei em meu e-mail que sua amígdala pode não enviar os sinais de medo necessários ao seu sistema nervoso central? Talvez seja por isso que você é tão bem-sucedido e tão interessado no espírito predador.

— Sim — disse ele. — É uma teoria fascinante. É como *Jornada nas estrelas*. Você está indo aonde nenhum homem esteve antes. Por que algumas pessoas têm um sucesso enorme e outras não? As crianças da minha escola tinham muito mais privilégios do que eu, mas não são bem-sucedidas. Por quê? O que elas tinham de diferente? Alguma coisa tem que ser. Esta é uma pergunta que está na cabeça das pessoas há gerações! E foi por isso que, quando você falou dessa coisa da amígdala, pensei: "Hum. Isso é muito interessante. Vou conversar com esse camarada."

— Tenho que lhe contar que alguns psicólogos dizem que se essa parte do cérebro não funciona direito, isso pode torná-lo...

— Sim? — disse ele.

— Uma pessoa perigosa — murmurei, inaudível.

De repente, fiquei incrivelmente nervoso. É verdade que já perguntara a duas pessoas — Tony e Toto — se elas eram psicopatas, e portanto já devia estar acostumado a fazer isso. Mas agora era diferente. Eu estava dentro da mansão de um homem, e não em uma prisão de segurança máxima ou em um hospital psiquiátrico.

— Desculpe. Não consegui ouvir.

— Uma pessoa perigosa — repeti.

Houve um breve silêncio.

— Em que sentido? — perguntou ele, em tom suave.

— Isso pode torná-lo... — falei, arfando — um psicopata.

Al, Judy e Sean, o guarda-costas, olharam para mim. Durante um bom tempo. Eu não sabia como reagir. O que eu pensava que estava fazendo? Não sou médico licenciado nem cientista. Não era nem mesmo um detetive, para ser honesto comigo mesmo. Culpei Bob Hare. Ele não me *dissera* para fazer isso, mas eu nunca o faria se não o tivesse conhecido. Sua lista me dera uma falsa confiança de que eu podia avançar na terra dos psicopatas. Eu devia ter ouvido os conselhos de Adam Perkin. Não sou detetive nem psicólogo e sequer tive uma boa pontuação quando me autodiagnostiquei com o DSM-IV.

Eles pareciam ao mesmo tempo profundamente zangados, perplexos e decepcionados. Al me deixara entrar em sua casa e eu estava sendo compelido pelas circunstâncias a lhe perguntar se era um psicopata. Não é ilegal ser psicopata, mas, ainda assim, provavelmente é um insulto muito grande perguntar se alguém é um.

— Tenho uma lista de traços de personalidade escrita aqui que definem a psicopatia — falei, apontando para o meu bolso.

— Quem diabos são as pessoas que fizeram a lista? — perguntou Al. — Quais são os *nomes delas*? Aposto que nunca *ouvi* falar de nenhuma!

Diante disso, percebi que podia contornar a situação para fazer com que Bob assumisse a culpa, *in absentia*, pela situação desagradável.

— Bob Hare. — Pronunciei seu nome bem claramente: — Bob Hare.

— Nunca *ouvi falar* dele! — disse Al, com um brilho triunfante em seus olhos.

— Eu também não! — afirmou Judy.

— Ele é um *psicólogo* — falei. Expirei para indicar que me sentia da mesma maneira que ele presumivelmente se sentia em relação aos psicólogos.

Al apontou para um armário de ouro em seu escritório, dentro do qual havia fotografias dele com Henry Kissinger, Donald Trump, o príncipe Charles, Ronald Reagan, Kerry Packer, lorde Rothschild, Rush Limbaugh e Jeb Bush, como se dissesse: "*Esses* são homens dos quais ouvi falar!"

— Então, essa lista...? — disse Al. Ele parecia subitamente intrigado. — Vá em frente. Vamos fazer isso.

— Está bem. — Tirei a lista do bolso. — Tem certeza?

— Sim, vamos fazer isso.

— Está bem. Item 1: Charme superficial.

— Sou absolutamente charmoso — reagiu ele. — *Absolutamente* charmoso!

Ele, Judy e Sean riram, relaxando a tensão.

— Senso de autoestima elevado? — perguntei.

Essa seria difícil de negar, estando onde estávamos, sob uma gigantesca pintura a óleo dele próprio.

— "*Item 2: Senso de autoestima elevado*" — eu escrevera antes em meu bloco de anotações. "Seu ego inflado e sua estima exagerada por suas próprias habilidades são notáveis, considerando os fatos de sua vida."

Na verdade, no caminho para lá, eu fizera um desvio até a Florida State University, em Tallahassee, para conhecer o Dunlap Student Success Center. Este fora construído com uma doação de 10 milhões de dólares vinda de Al e Judy e, sem dúvida, era um monumento ostentoso a eles e seus pastores alemães. Na parede do saguão, havia uma enorme pintura deles e seus cães, na qual Judy estava com uma blusa com estampa de leopardo e Al com uma gravata de ouro. Havia uma placa de bronze na qual os rostos de Al e Judy haviam sido esculpidos, acima de um botão que, quando pressionado, tocava uma gravação de Al fazendo um sermão sobre liderança. (Não restavam bons líderes, dizia basicamente sua oração, e se os Estados Unidos quisessem sobreviver, teriam que desenvolver rapidamente alguns líderes dinâmicos.)

Eu pedira a Kelly, uma das gerentes do prédio, para me mostrar o centro.

— Estamos entusiasmados porque os Dunlap escolheram dar seu dinheiro a uma oportunidade de desenvolver a cidadania, a liderança e a história da carreira dos estudantes do estado da Flórida — disse-me ela.

— Al não é exatamente conhecido como uma pessoa caridosa — respondi. — Você já refletiu sobre o motivo da mudança?

— Só posso falar da oportunidade de fazer um bom trabalho neste espaço físico que o presente dele tornou possível.

— Ouvi falar que ele coleciona esculturas de animais predadores. Águias, jacarés, tubarões e ursos. Qualquer animal que diz "ARGH". Isso me parece um hobby estranho. Ele já lhe mencionou esse hobby alguma vez?

— Não tivemos a oportunidade de conversar sobre isso — disse ela, com cara de quem queria me matar. — Falamos sobre a oportunidade de estarmos juntos neste espaço e sobre a oportunidade de os estudantes do estado da Flórida aprenderem.

— Al diz que tudo na vida é vencer. O que você acha disso?

— Acho que estou entusiasmada por ele escolher fazer suas doações à Florida State University, e este prédio é um lugar onde podemos fazer um trabalho incrível simplesmente porque ele optou por nos dar essa oportunidade, e somos muito gratos por isso.

— Muito obrigado — agradeci.

— Obrigada a *você*! — disse ela, afastando-se.

* * *

— Senso de autoestima elevado? — dizia a Al agora em sua cozinha.

— Sem dúvida — respondeu. — Se você não acredita em si mesmo, ninguém mais vai acreditar. Você tem que acreditar em si mesmo.

— Há uma outra lista de coisas *boas*? — perguntou Judy, um tanto ríspida.

— Bem... — falei. Mergulhamos todos em um breve silêncio. — Necessidade de estimulação ou propensão ao tédio?

— Sim — disse Al. — Tenho uma grande tendência ao tédio. Tenho que estar fazendo alguma coisa. Sim. Esta é uma afirmação justa. Não sou a pessoa mais relaxada do mundo. Minha mente não para de trabalhar a noite inteira.

— Manipulador?

— Acho que você pode descrever isso como *liderança* — disse ele. — Inspiração! Acho que isso se chama *liderança*.

— Você concorda com essa lista? — perguntei.

— Sim, claro, por que não?

E assim a manhã continuou, com Al redefinindo muitas características dos psicopatas como Liderança Positiva. A impulsividade era "apenas outra maneira de dizer Análise Rápida. Algumas pessoas passam uma semana pesando os prós e os contras. Eu? Eu analiso durante dez minutos. Se os prós superarem os contras, então vá". O afeto superficial impede você de sentir "algumas emoções sem sentido". A falta de remorso o liberta para seguir em frente e alcançar coisas maiores. Qual é o sentido de se afogar em tristeza?

— Você tem que avaliar a si mesmo no fim do dia — disse ele. — Eu me respeito? E você, se respeita? Bom! Você se saiu muito bem.

— Você se sente bem consigo mesmo?

— Sim! Ah, sim! Olhar para meu passado é como ir a um filme sobre uma pessoa que fez todas aquelas *coisas*. Meu Deus! Eu fiz *isso*? E através disso tudo, cursei o meu caminho.

— E o modo como você tratava sua primeira esposa? — perguntei.

— Eu... — Al franziu as sobrancelhas. Olhou para mim. — Eu estava em West Point — disse ele. — Você sai de um estilo de vida glamouroso para ser um — ele contorceu o rosto — jovem tenente casado em uma base distante em algum lugar. Naquela idade, esta é uma transição extremamente difícil... — Ele se conteve.

— Então você via sua esposa como algo que o estava atrapalhando?

Al encolheu os ombros e olhou para o chão por um instante.

— Meu posto era de uma área que envolvia mísseis nucleares — disse ele. — Você está lidando com *armas nucleares*. Eu estava lá durante a Crise dos Mísseis em Cuba. O trabalho é muito sério. Você tem uma missão. Se falhar nessa missão, muita gente pode se ferir seriamente. E esse compromisso entra em conflito com sua vida em família? É claro que sim...

Al estava se referindo ao tempo — durante a Crise dos Mísseis em Cuba — em que ele deixou sua esposa grávida de cinco meses sozinha em casa, sem qualquer comida ou acesso a dinheiro. Desesperada, a mulher teve que telefonar para a mãe e a irmã pedindo ajuda.

— Ah — falei. — Mais uma coisa. Quando você vê uma fotografia da cena de um crime, algo realmente grotesco, o rosto de alguém destruído ou algo assim, você reage com horror?

Ele balançou a cabeça.

— Não — disse. — Acho que eu intelectualizo a coisa.

— É mesmo? Você fica curioso? É algo que te absorve? Como um enigma a ser resolvido?

— Fico curioso — concordou Al. — E não "Oh, meu Deus, isso me assustou!". Não vou me sentar no canto da sala. O que entra em minha mente é: "O que aconteceu ali? Por que isso aconteceu?"

— Seu corpo não se sente debilitado em resposta ao choque de ver a foto? — perguntei.

Al balançou a cabeça.

Eu estava me inclinando para frente, olhando-o por cima de meus óculos, examinando-o cuidadosamente. Ele esclareceu rapidamente:

— Sim, o que passa pela minha cabeça é: o que aconteceu ali e como impedir que aconteça de novo.

— Como impedir que aconteça de novo? — indaguei.

— Você não pode ser um líder e se encolher de medo do mal e da maldade. Você tem que *enfrentá-los*. — Ele fez uma pausa. — A definição básica de liderança é a pessoa que se ergue acima da multidão e faz alguma coisa. Certo?

Almoçamos antes de eu ir embora. Surpreendentemente, Al parecia bem-humorado para um homem que acabara de ser questionado sobre quais eram as características de psicopatas que mais se aplicavam a ele. Ele tinha um machadinho de ouro na lapela. Enquanto comíamos, ele me contou histórias engraçadas sobre demissões de pessoas. Todas eram basicamente as mesmas: alguém era preguiçoso e ele o demitia com um sarcasmo divertido. Por exemplo, um executivo da Sunbeam comentou com ele que acabara de comprar um carro esportivo fabuloso.

— Você pode ter um carro esporte bacana — reagiu Al —, mas vou lhe dizer o que você não tem: um *emprego*!

Judy ria de cada história, embora com certeza já as tivesse ouvido muitas vezes. Naquele momento, percebi como um homem que gosta de demitir pessoas deve ser um presente de Deus para uma empresa.

Eles me levaram para a sala de TV e me mostraram um discurso sobre liderança que Al havia feito na Florida State University. Ao fim da gravação, Judy aplaudiu a TV. Ela claramente idolatrava o marido, adorava sua ideologia de que nada era absurdo, sua habilidade praticamente darwinista para sobreviver em um ambiente urbano hostil. Perguntei a mim mesmo que tipo de mulher amaria um homem como aquele.

Falei:

— Vamos conversar sobre os tempos da Sunbeam...

Ele me interrompeu.

— A Sunbeam não funcionava. É uma nota de rodapé na minha carreira. Não era a maior das corporações. Tinha produtos instáveis. Eletrodomésticos. Não fico muito incomodado com isso. Na situação da época, era irrelevante.

E isso foi tudo o que ele disse sobre a Sunbeam. Conversamos sobre Falta de Empatia. Al disse que tinha empatia "por pessoas que querem ser alguma coisa" na vida, mas infelizmente isso não incluía seu filho Troy ou sua irmã Denise.

Para Denise, o relacionamento acabou para sempre em janeiro de 1994, quando ela telefonou para o irmão para informá-lo que Carolyn, uma caloura na faculdade, filha dela, recebera um diagnóstico de leucemia.

— Se eu precisar, posso contar com você? — perguntou ela.

— Não — respondeu ele, lacônico, recorda ela.

John A. Byrne, *Business Week*, 2 de dezembro de 1996

— Não falo com minha irmã há anos — disse ele. — Na escola secundária, eu era quase o melhor da sala. Era um atleta. E então fui para West Point. E ela se *ressentiu* com isso! Para mim, isso não faz sentido algum. Se eu tivesse um irmão ou uma irmã mais velha, ficaria muito orgulhoso. Diria: "Uau!

Quero ser como meu irmão!" A atitude dela foi exatamente oposta. "*Veja só o que ele fez.*" Foi isso o que recebi!

A relação de Al com Troy era tão fria quanto.

— Tentei ajudá-lo em várias ocasiões. — Ele deu de ombros. — Tentei. Sinceramente, tentei bastante. Simplesmente não funcionou. E então ele fez algumas declarações na imprensa...

Ao saber sobre a demissão de seu pai [na Sunbeam], Troy Dunlap deu uma gargalhada.

— Eu ri muito — diz ele. — Estou feliz por ele ter caído de cara no chão.

A única irmã de Dunlap, Denise, soube por um amigo de Nova Jersey. Seu único pronunciamento: "Ele teve exatamente o que merecia."

Business Week, 1998

Anotei em meu bloco e virei para uma página em branco para eles não lerem meus pensamentos: "Não sentir remorso algum deve ser uma bênção quando tudo o que lhe resta são lembranças."

— É aquela coisa do sucesso — Al Dunlap estava gritando do outro lado da sala. — Todo mundo quer acabar com o seu sucesso. Como você mesmo alcançou um nível de sucesso, as pessoas devem dizer coisas desagradáveis sobre você. E você está pensando: "Espere aí. Ninguém dava a mínima antes de eu chegar aqui." Não é verdade?

— Sim, é verdade — falei.

— Que se danem — disse Al. — Eles estão com inveja. Você faz o que tem que fazer. Então, você entende?

Olhei para a pintura a óleo acima.

"Escreva algo sobre Narciso", acrescentei em uma página em branco. "Escreva algo sobre o vazio moral de andar por uma mansão grande demais para apenas duas pessoas, uma mansão cheia de reflexos gigantes de si mesmo."

Sorri diante da engenhosidade de minha fraseologia.

— *Você* entende, certo? — disse Dunlap. — Você tem algum sucesso. Você é como eu. Quando alcança um certo nível, pessoas invejosas o atacam. Não é? Elas mentem sobre você. Tentam te derrubar. Você fez o que tinha que fazer para chegar onde chegou. Somos iguais.

"Escrever também sobre a Rainha de Nárnia", anotei.

E foi assim que acionistas e comissões de diretores do mundo dos fabricantes de torradeiras dos anos 1990 vieram a apreciar os benefícios de curto prazo para os negócios decorrentes da contratação de um CEO que demonstrava muitas características que lhe davam, conforme transpareceu, uma pontuação alta no Teste do Psicopata.

Bob Hare estava passando a noite no Heathrow Airport Hilton. Enviou-me um e-mail perguntando como haviam sido as coisas com Al Dunlap. Respondi que lhe contaria pessoalmente.

Encontrei-o no bar do hotel. Ele estava mais requisitado do que nunca, disse, agora que acabara de ser publicado um grande estudo do qual era coautor, "Corporate Psychopathy". No estudo, 203 "profissionais de diversas corporações" eram avaliados nos termos de sua lista — "incluindo CEOs, diretores, supervisores", disse Bob — e os resultados mostravam que, embora a maioria não fosse de modo algum psicopata, "3,9% haviam marcado pelo menos trinta pontos, o que é uma pontuação extremamente alta, pelo menos quatro ou cinco vezes maior do que aquela que prevalece na população em geral".

Bob esclareceu que não temos muitos dados empíricos sobre quantos psicopatas estão circulando no meio da população em geral, mas a suposição é de que eles são menos de 1%. Seu estudo mostrava, portanto, que a probabilidade de alguém poderoso do mundo corporativo ser um psicopata com uma pontuaçãó muito alta é quatro ou cinco vezes maior do que a de alguém que está apenas tentando oferecer uma vida razoável à sua família.

Diante de uma taça de vinho tinto, conversei com Hare sobre minha visita a Al Dunlap. Contei que Al praticamente confessara ter muitas características de psicopatas, considerando-as aspectos positivos para os negócios. Bob concordou, sem se surpreender.

— Os psicopatas dizem que há predadores e presas — disse Bob. — Quando dizem isso, tome como factual.

— É engraçado você mencionar predadores — falei. — Adivinhe do quê a casa dele é cheia.

— Águias — disse Bob. — Ursos...

— Isso! — exclamei. — Panteras. Tigres. Um zoológico inteiro. Não empalhados. Estátuas. Como você *sabia* disso?

— Tenho alguns insights aqui — falou ele, apontando para o crânio. — Sou um pesquisador, mas tenho insights clínicos.

Então franzi a testa.

— Mas ele falou que chorou quando seu cachorro morreu.

— É mesmo? — surpreendeu-se Bob.

— Sim. Tínhamos acabado de conversar sobre afeto superficial. Ele disse que não se deixava ser abatido por emoções sem sentido. Mas depois, eu estava admirando uma pintura a óleo de seu cachorro Brit, e ele disse que chorou à beça quando o animal morreu. Disse que chorou, chorou e chorou, e isso significa que ele não pode ser um psicopata.

Percebi que estava admitindo isso a Bob quase como se estivesse me desculpando, como se fosse culpa minha, como se eu fosse um agente de casting que tivesse indicado um ator imperfeito para um papel.

— Ah, mas isso é muito comum — disse Bob.

— Sério? — falei, animando-me.

— Os cachorros são encarados como posse — explicou ele. — Os cachorros, se você tem o cachorro certo, são extremamente leais. São como escravos. Fazem tudo o que você quer que façam. Então, sim, Al chorou à beça quando o cachorro morreu. Ele choraria à beça se o *gato* tivesse morrido?

Estreitei meus olhos.

— Acho que ele não tem gato — mencionei assentindo lentamente.

— Ele provavelmente choraria à beça se amassassem um pouco seu carro — disse Bob. — Se tivesse uma Ferrari ou um Porsche, e provavelmente ele tem, e alguém arranhasse e chutasse o carro, provavelmente ele perderia a *cabeça* e iria querer matar o cara. Então, sim, o psicopata pode chorar quando o cachorro dele morre. Mas você vai achar que isso é inapropriado, porque ele não chora quando a *filha* morre.

Eu ia dizer que Al Dunlap não tem uma filha, mas Bob continuou.

— Quando minha filha ficou doente, aquilo me matou por dentro. Ela tinha esclerose múltipla. Eu me pus na pele dela muitas vezes e tentei passar pelo que ela estava passando. E cheguei a comentar com minha esposa: "Sabe, que vantagem é ser um psicopata." Um psicopata olharia para a filha, diria: "Isso é muita falta de sorte", e em seguida iria sair para jogar e...

Bob se calou. Pedimos um café.

— No caso do psicopata corporativo, é um erro olhar para ele como neurologicamente deficiente — disse ele. — É muito mais fácil vê-lo de um ponto de vista darwinista. Tudo faz sentido da perspectiva evolutiva. A estratégia é se transmitir no conjunto de genes da próxima geração. No entanto, eles não pensam assim conscientemente. Eles não pensam: "Vou sair e engravidar tantas mulheres quanto puder", mas este é o imperativo genético. Então o que eles fazem? Eles têm que atrair mulheres. Gostam muito delas. E precisam dar uma impressão falsa de sua riqueza. Eles têm que manipular, trapacear, enganar e estar prontos para avançar assim que as coisas esquentarem.

— Ah — comentei, franzindo a testa novamente. — Com Al Dunlap isso realmente não se sustenta. Ele está casado há 41 anos. Não há provas de romances. Não mesmo. Ele tem sido um marido leal. E muitos jornalistas têm cavucado...

— Não importa — interrompeu Bob. — Estamos falando de generalidades. Há muitas exceções. O que acontece fora do casamento? Você sabe? Tem alguma ideia?

— Hum...

— A mulher dele tem alguma ideia do que acontece fora do casamento? — disse Bob. — Muitos dos assassinos em série são casados com a mesma pessoa há trinta anos. Elas não têm a menor ideia do que acontece fora do casamento.

Em Nova York, no escritório clean e minimalista de um investidor riquíssimo — um homem que só concordou em falar comigo pois eu prometera preservar seu anonimato —, sentei-me sobre as mãos, como uma criança, e o observei rolando a página de meu site na internet, lendo descrições de minhas várias entrevistas anteriores. No livro *Os homens que encaravam cabras*, há soldados das Forças Especiais que acreditam que podem atravessar paredes e matar cabras apenas com o olhar. No livro *Them: Adventures with Extremists*, há teóricos de conspiração que acreditam que os governantes secretos do mundo são répteis pedófilos gigantes e bebedores de sangue vindos de outra dimensão e que assumiram a forma humana.

— Uau — disse ele, balançando a cabeça, incrédulo. — Eu me sinto inadequado só em falar com você. Uau. Sou a pessoa mais entediante com a qual você poderia conversar.

Ele apontou para seu escritório, que, de fato, não tinha nada de louco. Na verdade, não tinha nada. As mesas e cadeiras tinham curvas que sugeriam um preço alto.

Este homem, que chamarei de Jack, acompanhou o caso Al Dunlap de perto. Estava por perto quando um dos donos da empresa, o investidor e filantropo bilionário Michael Price — com 1,4 bilhão de dólares, o 562º homem mais rico do mundo —, fez lobby para que Dunlap fosse nomeado CEO e, considerando a fama anterior de Al, todo mundo sabia o que isso significaria.

— Eu discordei dos cortes nas empresas — falou Jack. — Eu disse: "Não culpem as pessoas e o número de funcionários." Você já viu o que acontece com uma comunidade quando você fecha uma fábrica?

— Fui a Shubuta — respondi.

— Estive nesses lugares também. Fiquei em hotéis pequenos. Estive em escolas, em centros de treinamento e em áreas de tecnologia. Era uma alegria. Era realmente uma alegria ir a esses lugares. E depois ver Wall Street aplaudindo enquanto eles são destruídos... — Jack interrompeu. — Se você olhar qualquer relatório de pesquisa da época, é muito transparente para qualquer pessoa compreender o que está acontecendo.

— O que você quer dizer com "relatório de pesquisa"? — perguntei.

— Os "relatórios de pesquisa", explicou-me Jack, são escritos por fundos de hedge, fundos de pensão e bancos de investimentos, aconselhando seus clientes sobre em quais empresas investir.

— Wall Street, ou o lado mais obscuro que escreve esses relatórios de pesquisa, *festejou* os cortes de empregos em lugares como Shubuta — disse Jack. — Se você olhar a comunidade de apoio, se conseguir os relatórios de pesquisa da época, vai ficar impressionado com os comentários.

— Como o quê, por exemplo?

— O nível de alegria insensível com o trabalho que ele estava fazendo. Você provavelmente se perguntaria se a sociedade enlouqueceu.

— Suponho que esses relatórios de pesquisa estão agora perdidos nas areias do tempo.

— Pode ser que seja possível conseguir alguns deles. Era como no Coliseu. Você tinha uma multidão inteira instigando-o. Então quem é realmente o vilão? É aquele que está fazendo os cortes? São os analistas que estão promovendo isso? São os fundos de pensão e os fundos mútuos que estão comprando?

— É claro que tudo isso aconteceu há 12 anos — falei. — Alguma coisa mudou?

— Nada — disse Jack. — Zero. E não é apenas nos Estados Unidos. É em todo lugar. No mundo inteiro.

Algumas semanas se passaram e então, conforme prometido, Jack desencavou e me enviou um dos relatórios de pesquisa. Disse que esperava que eu concordasse que aquilo era uma leitura extraordinariamente otimista e de sangue frio. Era do Goldman Sachs, datado de 19 de setembro de 1996. Dizia:

> Reafirmamos nossa avaliação para negociação de compra de ações da SOC (Sunbeam) baseados na recuperação/reestruturação pendente da empresa, com o CEO Al Dunlap no comando.

Jack grifara uma palavra na frase seguinte para indicar o quanto era chocante:

> Nossos EPS não refletem a reestruturação pendente da SOC e estão *inalterados* em 25c para 1996 e 90c para 1997.

E então, finalmente, grifado, dentro de um círculo e com um ponto de exclamação:

P/L em Nxt FY: 27.5X

"P/L em Nxt FY: 27.5X" era a linha mais cruel do documento, segundo Jack. Eu a achei incompreensível. Quando vejo frases assim, meu cérebro entra em colapso. Mas, como esta era a fórmula secreta da brutalidade, a equação que levava à morte de Shubuta, pedi a alguns especialistas em finanças que a traduzissem.

"Portanto", escreveu Paul J. Zak, do Centro de Estudos de Neuroeconomia, em Claremont, Califórnia, "P/L é o preço médio da ação dividido pelo lucro previsto para o próximo ano. O aumento do P/L significa que se esperava que o preço das ações subisse mais rápido do que o aumento do lucro. Isso significa que a empresa de investimentos esperava que os cortes drásticos produzissem um lucro maior nos anos seguintes e que o preço das ações no ano seguinte refletiria o lucro maior nos anos futuros".

"Para uma empresa que faz aplicações quando o preço está baixo", escreveu em um e-mail John A. Byrne, da *Business Week*, "esse é um P/L muito alto. O analista está supondo que se Dunlap conseguir espremer as despesas e os custos, os lucros vão disparar e os investidores que entrarem cedo vão ganhar uma bolada".

"Resumindo", escreveu Paul J. Zak em outro e-mail: "uma empresa de investimentos achou que a maioria dos investidores aplaudiria demissões em massa na Sunbeam. Esta é uma opinião sem remorsos sobre pessoas que estão perdendo empregos. O único lado positivo disso é que quem quer que tenha seguido este conselho ficou seriamente furioso com a empresa de investimentos um ano depois, quando as ações despencaram".

Enquanto eu olhava a fraseologia no relatório de pesquisa, chata e insondável para pessoas de fora como eu, pensei: *Se você* tem a ambição de se tornar um vilão, a primeira coisa que deve fazer é aprender a ser impenetrável. Não aja como Blofeld — ostentoso e com um monóculo. Nós, jornalistas, adoramos escrever sobre excêntricos. Odiamos escrever sobre pessoas impenetráveis, chatas. Isso no faz parecer maus: quanto mais chato o entrevistado, mais chata é a prosa. Se você quiser escapar exercendo um poder de verdade, malevolente, seja chato.

7

O TIPO CERTO
DE LOUCURA

Uma semana depois de minha viagem de volta, eu estava sentado em um bar no norte de Londres com um amigo — o documentarista Adam Curtis — e lhe contei, animado, sobre a coleção louca de animais predadores de Al Dunlap, sobre seus quadros a óleo gigantes de si mesmo e tudo mais.

— Como Elaine está lidando com esse seu novo hobby? — perguntou Adam.

Elaine é a minha esposa.

— Ah, ela está gostando. Geralmente, Elaine acha minhas várias obsessões muito irritantes, mas dessa vez, não. Na verdade, eu lhe ensinei a administrar a Lista de Hare e ela já identificou como psicopata um monte de gente que conhece. Ah, acho que aquele artigo de A.A. Gill matando babuínos demonstra — fiz uma pausa e disse, de maneira sombria — características psicopáticas.

Citei um ou dois de nossos amigos em comum como pessoas que agora achávamos serem psicopatas. Adam parecia perplexo.

— Quanto tempo você demorou para chegar à casa de Al Dunlap? — indagou ele.

Mexi os ombros.

— Dez horas de avião. Mais uma viagem de carro de ida e volta a Shubuta, no Mississippi, que levou aproximadamente mais 15 ou 16 horas.

— Então você viajou milhares de quilômetros só para narrar os aspectos de loucura da personalidade de Al Dunlap — disse Adam.

Houve um breve silêncio.

— Sim.

Olhei para Adam.

— Sim, claro — falei, desafiante.

— Você é como um monge medieval — respondeu Adam — costurando um tapete de loucuras das pessoas. Você pega um pouco de loucura aqui, um pouco de loucura ali e depois costura tudo junto.

Houve outro breve silêncio.

— Não, eu não faço isso.

Por que Adam estava criticando meu estilo jornalístico e questionando todo o meu projeto?

Adam é tão contestador, pensei. *Tão polemista. Se ele começar a criticar minha tese agora, depois de eu ter trabalhado durante tanto tempo nesta história, não quero nem saber, porque ele é famoso por ser contestador. Sim. Se Adam criticar minha tese, não vou dar ouvidos a ele.*

(*Item 16: Não assume a responsabilidade por suas ações. — Geralmente tem alguma desculpa para seu comportamento, incluindo racionalização e pôr a culpa em outros.*)

— Todos nós fazemos isso — prosseguiu Adam. — Todos os jornalistas. Criamos histórias a partir de fragmentos. Viajamos o mundo inteiro, impulsionados por *alguma coisa*. Sentamos nas casas das pessoas, com nossos blocos de anotação em mãos, e esperamos pelas *pedras preciosas*. E as pedras preciosas invariavelmente acabam sendo loucuras: os aspectos extremos, mais distantes, da personalidade daquela pessoa, como a raiva irracional, a ansiedade, a paranoia, o narcisismo, as coisas que seriam definidas no DSM como distúrbios mentais. Dedicamos nossa vida a isso. Sabemos que o que fazemos é estranho, mas ninguém comenta. Esqueça os CEOs psicopatas. Minha pergunta é: o que tudo isso diz sobre a *nossa* sanidade?

Encarei Adam e fiz uma careta. No fundo, embora relutasse muito em admitir, eu sabia que ele estava certo. Durante mais ou menos um ano, eu viajara para Gotemburgo, Broadmoor, Nova York, Flórida e Mississippi, movido por minha compulsão para descobrir loucuras. Pensei no tempo que passei com Al Dunlap, na vaga decepção que sentia cada vez que ele me dizia coisas que para mim eram *razoáveis*. Houve um momento antes de nosso almoço, por exemplo, em que lhe perguntei sobre os itens 12 e 18 — *Problemas de comportamento na infância* e *Delinquência juvenil.*

— Muita gente bem-sucedida se rebelou contra seus professores ou pais — falei, tentando induzi-lo. — Não há nada de errado *nisso!*

Mas ele respondeu:

— Não. Eu era um garoto concentrado, sério. Era muito determinado. Fui um bom menino. Na escola, eu estava sempre tentando ter êxito. Estava sempre trabalhando duro. Isso consome sua energia. Você não tem tempo para causar encrenca.

— Você nunca teve problemas com as autoridades?

— Não — disse ele. — E, lembre-se, fui aceito em West Point. Ouça, essa coisa de psicopata é besteira. Você não consegue ter sucesso se não tiver certos — ele apontou para sua cabeça — *controles.* Não vai dar certo. Como você passa pela escola? Como você passa pelo primeiro e segundo empregos quando está sabotando a si mesmo?

Aquele era um argumento terrivelmente persuasivo, e me senti decepcionado quando ele disse isso. Al também negou ser um mentiroso ("Se acho que você é um babaca, vou dizer isso na sua cara."), negou que tivesse um estilo de vida parasita ("Eu mesmo vou pegar minha comida.") e, embora fosse contra "emoções sem sentido", sentia as "emoções certas". Além disso, sua doação de 10 milhões de dólares à Florida State University pode ter sido narcisista, mas também foi um belo gesto. E ele realmente tinha uma esposa leal há 41 anos. Não havia realmente qualquer rumor sobre romances. Isso lhe daria um zero nas pontuações dos itens 17 e 11, *Muitas relações conjugais de curto prazo* e *Comportamento sexual promíscuo*.

É claro que mesmo o psicopata com pontuação mais alta não receberia pontos em alguns itens da lista de Bob. O que me perturbava era minha própria ânsia como jornalista — e agora também como um identificador de psicopatas qualificado — de ver Al Dunlap em termos *absolutos*.

Remoí sobre o que Adam me dissera: "Todos nós fazemos isso. Esperamos pelas pedras preciosas. E as pedras preciosas invariavelmente acabam sendo loucuras." Ambos havíamos admitido que jornalistas fazem isso instintivamente. Temos uma compreensão inerente sobre o que torna uma entrevista boa, e a última coisa que passa por nossas cabeças é se isso é uma manifestação de um distúrbio mental catalogado.

No entanto, de repente me perguntei: e se alguns de nós, jornalistas, lidam com isso da maneira oposta? E se alguns de nós entendem que as vítimas de certos distúrbios mentais são os entrevistados mais eletrizantes e, para identificá-los, criamos métodos inteligentes e secretos, como Bob Hare?

E então, nos dias que se seguiram, saí por aí perguntando. Perguntei a editores, produtores de TV e profissionais responsáveis por agendar pessoas para participar de programas de TV.

E foi assim que ouvi falar de uma mulher chamada Charlotte Scott.

Charlotte mora em um chalé encantador, quase idílico, antigo, com vigas baixas, em Kent. Seu bebê de 10 semanas cochilava em um canto da sala. Ela estava de licença-maternidade, mas, além disso, seus tempos de produção de TV haviam acabado. Ela estava fora e nunca mais voltaria.

Houve um tempo em que Charlotte era uma idealista. Queria fazer jornalismo investigativo, mas, de algum modo, acabou trabalhando como produtora-assistente em um canal de compras britânico, Bid-Up TV — "Minha carreira brilhante", ela suspirou — e acabou saltando para a televisão popular, como responsável por agendar convidados para programas de TV em que pessoas de uma mesma família envolvidas em dramas e tragédias gritam umas com as outras diante de uma plateia em um estúdio. Ela achava que seus velhos amigos — que zombavam do rumo que a carreira dela tomou — eram esnobes. Aquilo era jornalismo para o povo. E, de qualquer modo, questões sociais importantes eram levantadas todos os dias nesses programas: drogas, incesto, adultério, travestismo. Esse tipo de coisa. Ela começou a sair mais com os colegas que tinham o mesmo trabalho que ela do que com seus velhos amigos da universidade.

— Como era seu emprego? — perguntei a ela.

— Tínhamos uma linha direta — explicou Charlotte. — Famílias em crise que queriam aparecer na TV telefonavam para a linha direta. Meu trabalho era telefonar de volta, repetidamente, durante semanas, mesmo se elas mudassem de ideia e resolvessem não participar mais. O programa tinha que acontecer. Você tinha que continuar.

É claro que muitos trabalhos exigem ficar telefonando sem parar para as pessoas. Isso é muito desgastante, mas não incomum.

— Honestamente, era horrível — disse Charlotte. — Quer dizer, eu tenho um diploma.

De início, todas as tragédias que ela tinha que ouvir ao telefone lhe deixavam arrasada. Mas é preciso ser firme e se concentrar para ser um bom pesquisador. Portanto, ela criou maneiras de se afastar do sofrimento de seus potenciais entrevistados.

— Começamos a rir daquelas pessoas. O dia inteiro. Era a única maneira de lidar com aquilo. Depois, à noite, íamos para o bar e gargalhávamos um pouco mais.

— Que tipo de piada vocês faziam sobre elas? — perguntei.

— Se elas tinham um defeito na fala era maravilhoso — disse ela. — Nós as colocávamos no aparelho de viva-voz, nos reuníamos e ficávamos rindo.

E, como era de se esperar, Charlotte começou a se "sentir distante da pessoa do outro lado da linha".

É claro que muitas pessoas desumanizam outras — encontram maneiras de erradicar a empatia e o remorso de seu trabalho diário — para poder trabalhar melhor. Presumivelmente, é por isso que estudantes de medicina tendem a jogar cadáveres humanos uns nos outros, de brincadeira, e coisas assim.

O que tornava Charlotte realmente incomum era o estalo que ela tivera certo dia. Ela notara, desde o início de sua carreira, que, sim, os melhores convidados do programa eram aqueles que eram loucos de determinadas maneiras. E um dia percebeu que havia uma maneira maravilhosamente direta de encontrá-los. Seu método era bem mais rudimentar do que a Lista de Hare, mas, para suas necessidades, era tão eficiente quanto. Consistia no seguinte:

— Eu perguntava a eles que remédios tomavam. Eles me davam uma lista. Então eu acessava um site de medicina para ver para que [os remédios] serviam. E avaliava se eles eram loucos demais para participar do programa ou apenas loucos o bastante.

— Apenas loucos o bastante? — perguntei.

— Apenas loucos o bastante — Charlotte respondeu.

— O que vinha a ser louco *demais*?

— Esquizofrenia. Esquizofrenia era proibida. Assim como episódios psicóticos. Se eles tomavam lítio para psicose, provavelmente não os chamávamos. Não queríamos que viessem, tivessem um ataque e se *matassem* — Charlotte fez uma pausa. — Apesar de que, se a história fosse *impressionante*; e por impressionante quero dizer uma enorme briga familiar de grandes consequências; eles teriam que ser bem loucos para serem barrados.

— Então o que vinha a ser "apenas louco o bastante"? — questionei.

— Prozac — respondeu Charlotte. — Prozac é o remédio perfeito. Eles ficam perturbados. Eu dizia: "Por que você está assim?" "Estou assim porque meu marido está me traindo, então fui ao médico e ele me deu Prozac." Perfeito! Eu sei que ela não está TÃO deprimida, mas está deprimida o bastante para ir a um médico e, portanto, provavelmente está zangada e perturbada.

— Você ficava decepcionada quando descobria que eles não tomavam remédio algum? Se não tomavam remédios, isso significa que provavelmente não eram loucos o bastante para entreter o público?

— Exatamente — disse Charlotte. — Era melhor quando tomavam alguma coisa como Prozac. Se não tomavam remédios, isso provavelmente significava que não eram loucos o bastante.

E esse era o truque secreto de Charlotte. Ela disse que não parou para pensar *por que* alguns tipos de loucura eram melhores do que outros:

— Eu só sabia em um nível instintivo o que seria bom para a TV. Todos nós sabíamos. *Big Brother. The X Factor. American Idol. Troca de esposas*... *Troca de esposas* é particularmente perverso, porque você está brincando com as famílias das pessoas, com os *filhos* delas. Você tem uma pessoa completamente estranha gritando com os *filhos* de alguém. Os produtores passam três semanas com eles, pegam as partes que são loucas o suficiente, ignoram as partes que não são loucas o bastante, e depois vão embora.

É claro que os reality shows da TV estão cheios de pessoas que por acaso eram o tipo errado de louco. Tome como exemplo o caso especialmente triste de uma mulher do Texas chamada Kellie McGee. Sua irmã Deleese participaria do *Extreme Makeover*, da ABC. Deleese não era uma mulher atraente: tinha dentes tortos o queixo ligeiramente deformado. Ainda assim, ela era de uma família sensível e atenciosa, com pessoas como Kellie, que sempre lhe dizia que ela era bonita. No entanto, Deleese sabia que não era e, portanto, inscreveu-se para o *Extreme Makeover*, sonhando com o que o programa prometia: uma remodelação do tipo "Cinderela" para "transformar a vida e o destino" de um "patinho feio" diferente a cada semana. Para sua alegria, Deleese foi escolhida, e a família voou para Los Angeles a fim de acompanhar os procedimentos cirúrgicos e a aplicação de ataduras.

Uma parte do programa sempre mostra membros da família do participante falando para a câmera o quanto ele é feio, antes de sua transformação. O objetivo disso é que, quando finalmente a Cinderela surgir da remodelação, sua viagem será mais épica e comovente. Veremos as expressões de espanto e a alegria nos olhos dos membros da família que ficavam constrangidos com a feiura, mas agora estão admirados com a beleza. Todos voltam para casa realizados.

Com os familiares de Deleese, porém, houve um problema. Eles estavam tão acostumados a proteger diplomaticamente os sentimentos dela, que os insultos não vieram com facilidade.

Eles tiveram que ser instruídos pelos produtores do programa. Por fim, admitiram: sim, Deleese *era* feia. A sogra de Deleese concordou em dizer: "Nunca pensei que meu filho se casaria com uma mulher tão feia." Kellie também foi instruída a revelar como se sentia constrangida por ser criada com uma irmã assim. Todos os meninos riam dela e a ridicularizavam. E por aí em diante.

Deleese estava na sala ao lado, ouvindo tudo por um monitor, e parecia cada vez mais chocada. Mas, tudo ficaria bem: ela passaria por sua remodelação. Ela seria bonita.

Algumas horas depois — pouco antes de Deleese estar pronta para entrar na sala do cirurgião — um produtor veio lhe dizer que ela havia sido retirada do programa. O gerente de produção fizera as contas e constatara que seu tempo de recuperação não se encaixaria no orçamento.

Deleese irrompeu em lágrimas. "Como posso ir para casa tão feia quanto era quando saí?", chorava. "Eu deveria voltar *bonita* para casa!"

O produtor se retraiu, como que se desculpando.

A família voou de volta ao Texas, e tudo desandou. Muitas coisas que deveriam ter continuado guardadas haviam sido ditas. Deleese mergulhou na depressão.

"Minha família, que nunca havia dito nada sobre o assunto, disse coisas que me fizeram perceber: 'Sim, eu estava certa e todo mundo realmente achava que eu parecia esquisita'", explicou ela mais tarde em seu processo judicial contra a ABC. Por fim, Kellie, que sofria de distúrbio bipolar, sentiu-se tão culpada por sua participação naquela confusão que tomou uma overdose de comprimidos e álcool e morreu.

Você poderia pensar que Charlotte, na Inglaterra, com seu truque secreto e aparentemente infalível da lista de remédios, estaria imune a convidar inadvertidamente pessoas que eram do tipo errado de louco. Mas se enganou.

— Certa vez, tínhamos um programa chamado *Meu namorado é vaidoso demais* — disse ela. — Eu pressionei o namorado para conseguir detalhes sobre sua vaidade. Pressionei, pressionei e pressionei. Ele bebia shakes o tempo todo para ficar forte. Fazia toda a série de exercícios de Charles Atlas. Nós o colocamos no ar. Todos riram dele. Dias depois, ele me telefonou e, enquanto estava no telefone comigo, cortou os pulsos. Ele sofria de Transtorno Dismórfico Corporal, é claro. Tive que ficar no telefone com ele enquanto esperávamos a ambulância chegar. — Ela estremeceu. — Foi horrível.

Quando saí da casa de Charlotte naquela tarde e dirigia para Londres, pensei: *Bem, pelo menos não fiz nada tão ruim quanto as coisas que Charlotte fez.*

8

A LOUCURA DE
DAVID SHAYLER

Em uma manhã do início de julho de 2005, Rachel North (que trabalha com publicidade) tomou o metrô da linha Picadilly em Finsbury Park, ao norte de Londres. Era o vagão mais lotado em que já havia estado, contou-me ela mais tarde.

— Cada vez mais as pessoas empurravam — disse ela —, e eu estava em pé ali pensando o quanto aquilo era ridículo. E então o trem foi desacelerando. Passaram-se mais ou menos 45 segundos e então aconteceu. — Rachel fez uma pausa — A explosão. Eu estava a mais ou menos dois metros do local. Senti uma força enorme me esmagando contra o chão. E tudo ficou escuro. Você podia ouvir os freios gritando e rangendo. Foi como estar em um brinquedo de parque de diversões descontrolado, mas no escuro. E estava quente. Não dava para respirar. Tinha muita fumaça. E de repente eu estava muito molhada. Eu estava no chão e havia pessoas deitadas em cima de mim. E então começou a gritaria.

Três anos antes, em 2002, Rachel havia sido violentamente atacada por um estranho em sua casa. Ela escreveu um artigo sobre isso para a *Marie Claire*. Exatamente no momento em que a bomba explodiu, ela estava lendo o artigo sobre o ataque, que acabara de ser publicado na revista. Enquanto estava deitada no chão, pensou: *De novo, não.*

Evacuaram o trem. Rachel foi uma das últimas pessoas a sair.

— Quando saltei para fora, no túnel, dei uma olhada rápida para trás e vi um pouco do que havia acontecido e, sim, aquilo permaneceu na minha cabeça, porque ainda me preocupo se devia ter ficado e ajudado, mas estava muito escuro. Vi metais retorcidos. Havia pessoas no chão. Havia... Não vou dizer o que vi.

— Quantas pessoas morreram no seu vagão? — perguntei a Rachel.

— Vinte e seis pessoas.

Rachel estava caminhando ferida. Tinha um pedaço de metal enfiado em seu pulso, fundo o bastante para ela ver o osso. O vagão estava tão cheio que as pessoas mais próximas do homem-bomba haviam recebido a maior parte da explosão.

Quando chegou em casa, vinda do hospital, ela começou a postar textos na internet. Escreveu e escreveu, uma enxurrada de postagens no blog dela. É claro que milhares de blogs sobre os ataques de 7 de julho surgiram naquele dia — foram quatro bombas ao todo, três delas em vagões do metrô e uma em um ônibus. Cinquenta e seis pessoas morreram, incluindo os quatro homens-bombas suicidas. Mas o relato de Rachel era único. Nenhum outro blogueiro estivera tão envolvido nos acontecimentos, tão perto das bombas — na verdade, nenhum tinha estado no mesmo vagão de uma delas. Além disso, seus textos foram imediatos, fortes e evocativos e, assim, seu site começou a atrair fãs.

QUINTA-FEIRA, 7 DE JULHO DE 2005.

Tudo ficou totalmente preto e nuvens de fumaça sufocantes encheram o vagão do metrô. Pensei que havia ficado cega. Estava tão escuro que ninguém conseguia ver nada. Achei que ia morrer, ou que já estava morta.

Eu estava sufocando com a fumaça e me senti como se estivesse me afogando.

SÁBADO, 9 DE JULHO DE 2005.

Não consegui parar de ver as notícias. Quando soube que a bomba estava no meu vagão, pirei. Eu alternava entre a raiva e a adrenalina e tinha miniflashbacks, e depois desabava de cansaço. Bebi várias doses de uísque.

— Digitar aquilo foi como limpar uma ferida — disse Rachel. —Eu estava tirando toda a areia e a fumaça da minha mente.

Outros sobreviventes descobriram seu blog. Eles começaram a deixar mensagens de apoio uns para os outros ali. Até que alguém observou que eles podiam estar conversando ao vivo, e não em seus respectivos quartos. A internet lhes dava a ilusão de que estavam sendo sociáveis, mas, na verdade, eles apenas viviam uma cópia vazia e insatisfatória disso. Estavam isolados e irados. Por que não faziam isso à moda antiga e se encontravam na vida real, em carne e osso? Então começaram a se reunir, uma vez por mês, em um pub em King's Cross.

— Alguns achavam que não conseguiriam sentir qualquer alegria por estarem vivos — disse Rachel. — Toda vez que nós dormíamos, tínhamos pesadelos de que estávamos batendo as mãos contra a janela do vagão, batendo sem parar, tentando quebrar o vidro para sair daquele lugar cheio de fumaça. Nós achamos que íamos morrer, sepultados na fumaça. E ninguém esperava por aquilo. — Rachel fez uma pausa por um segundo e disse: — Estávamos apenas indo para o trabalho.

Depois de algum tempo, eles decidiram que queriam mais do que apenas se encontrar para beber uma vez por mês. Queriam se tornar um grupo organizado. Queriam saber se os ataques podiam ter sido impedidos, se o serviço secreto havia falhado. Deram a si mesmos um nome: Kings Cross United. Ela continuava a escrever em seu blog.

E então as coisas começaram a ficar estranhas. Pessoas que ela não conhecia começaram a postar em seu site comentários enigmáticos que ela não entendia.

— Você pode instalar uma coisa que diz de onde estão vindo seus visitantes — falou ela —, e notei, algumas semanas depois da instalação, que estava recebendo uma quantidade enorme de acessos de um site específico. Então fui dar uma olhada nele.

Rachel demorou um bom tempo para entender o que estava lendo. Alguém pegara algumas frases que ela havia escrito — "Totalmente preto" e "Estava tão escuro que ninguém conseguia ver nada" — para sugerir que ela não estava descrevendo uma bomba (uma bomba teria causado fogo, que teria iluminado o vagão), mas algum tipo de "surto de energia". O escritor elogiava Rachel por sua "coragem" por denunciar a verdadeira história desse surto.

Ela continuou lendo. Aquelas pessoas evidentemente acreditavam que um surto de energia acidental havia ocorrido no metrô de Londres naquela manhã e que o governo britânico queria encobrir esse massacre corporativo pondo a culpa em homens-bombas islâmicos. Esses teóricos da conspiração faziam parte de um grupo muito maior — o movimento pela verdade sobre o 11 de Setembro — que crescia cada vez mais. As teorias da conspiração já não estavam (como ocorria antes do 11 de Setembro) à margem da sociedade. Agora, todo mundo conhecia alguém que estava convencido de que o ataque às Torres Gêmeas havia sido um trabalho do próprio governo dos Estados Unidos. Eram como detetives de Agatha Christie sentados em suas poltronas, reunindo-se em fóruns, enviando uns aos outros links do YouTube, dizendo a si mesmos que estavam certos. Somente os pensadores-mágicos mais radicais entre eles eram teóricos da conspiração do 7 de Julho também; se o 11 de Setembro não era um trabalho interno óbvio, o 7 de Julho *obviamente* também não. E agora aquelas pessoas haviam levado o blog de Rachel para dentro disso.

Enquanto lia tudo aquilo, Rachel se perguntou como eles explicavam o atentado à bomba no ônibus, na Tavistock Square. Quando Hasib Hussain explodiu a si mesmo no ônibus número 30, que seguia de Marble Arch para Hackney Wick, às 9h47, a explosão rasgou o teto do andar de cima do veículo. Os 13 passageiros que estavam na parte de trás do ônibus morreram com ele. Havia fotografias de sangue e carne nas paredes da sede da Associação Médica Britânica, que fica próxima ao local. Como os teóricos da conspiração explicariam *isso*?

E então Rachel viu a explicação deles: o ônibus não havia realmente explodido. Na verdade, havia sido um truque, com uso de pirotecnia sofisticada, dublês, atores e sangue de efeitos especiais.

Obviamente, Rachel não deveria ter feito nada. Não deveria ser uma surpresa o fato de que pessoas estavam erradas na internet. Mas ela sobrevivera a um ataque terrorista, e talvez estivesse passando tempo demais sozinha em seu quarto olhando para o computador. O que quer que fosse, ela não estava pensando de forma racional. Não estava em condições de agir de maneira sensata.

— Àquela altura — disse Rachel —, eu conhecera pessoas que haviam perdido entes queridos naquele ônibus. Chamar as vítimas do ônibus de atores e dublês era abominável. Então li tudo aquilo e depois saí para tomar um ar e pensei: *Eles não percebem. Assim que realmente falarem com uma pessoa de verdade, alguém que estava lá, vão perceber que isso é um monte de bobagem e desistir.* O homem do site estava convidando pessoas a deixar comentários em suas matérias. Então deixei uma mensagem bem irritada: "Como você se atreve a me citar dessa maneira? Surtos de energia não arrancam pernas de pessoas." E ele respondeu dizendo: "Você nem sabia que a bomba estava *em seu vagão*! Você fica *mudando a história*!"

Rachel estava furiosa. Sentiu que era seu dever fazê-los entender que estavam errados.

— Mas na época eu não tinha a menor ideia de como eram essas pessoas — disse ela. — O que aparece repetidamente é essa *completa* falta de empatia. Por exemplo, eles cortavam e colavam as descrições mais angustiantes dos oficiais dos serviços de emergência entrando nos vagões, vendo paredes amassadas cheias de sangue e pedaços de carne humana, passando por cima de partes de corpos e sobre o lugar onde a bomba abriu uma cratera no chão. Eles postavam isso e você não conseguia ler sem ter vontade de chorar, e eles diziam: "Ah! Está vendo? O buraco parece estar no lado da mão *direita*." Era esse tipo de comentário.

— Eles só estavam interessados na cratera? — perguntei.

— É estranho — desabafou Rachel.

Item 8: Insensível/falta de empatia, eu não conseguia deixar de suspeitar, embora estivesse começando a me sentir diferente em relação à lista de Bob. Agora eu achava que a lista era uma arma poderosa e intoxicante capaz de causar danos terríveis quando colocada em mãos erradas. Estava começando a suspeitar de que as minhas mãos poderiam ser as erradas. Mas, ainda assim, parecia muito um *Item 8: Insensível/ falta de empatia — Qualquer apreciação da dor dos outros é meramente abstrata.*

Rachel descobriu tarde demais que, quando se envolve com teóricos da conspiração, você próprio se torna parte da conspiração.

— Todos eles começaram a discutir comigo — falou. — Criaram as teorias mais bizarras sobre mim. Decidiram que, como eu fundara o grupo e tinha um blog, eu estava alimentando os sobreviventes com a história oficial, e estava de algum modo controlando-os, e que eu era uma porta-voz do governo cuja tarefa era disseminar desinformação. Eles ficaram muito desconfiados em relação a mim. Criaram uma teoria de que eu era uma espécie de profissional da contrainteligência ou uma agente secreta de serviços de segurança. Alguns pensavam até que eu não *existia*. Pensavam que eu era uma equipe de pessoas cuja tarefa era criar esse personagem Rachel North e mantê-lo como um meio para o que chamavam de Ops-Psi; ou seja, operações psicológicas, para controlar a população do Reino Unido.

A teoria "Rachel North não existe" surgiu depois de alguns teóricos da conspiração contarem o número de postagens e mensagens que ela deixara e matematicamente determinarem que ela não poderia ser um único ser humano. Ela *tinha* que ser uma equipe.

Rachel tentou dizer que eles estavam fantasiando e que não era bom se ver como um personagem da fantasia paranoica de uma pessoa, principalmente quando você acabou de ser atingida por uma explosão no metrô. Mas não adiantou nada. Quanto mais prolificamente ela tentava convencê-los de que era real, mais certos eles ficavam de que a moça não existia.

"Eu não trabalho para o governo", escreveu para eles. "Sou uma pessoa normal, tenho um trabalho normal, em um escritório normal, e estou pedindo educadamente a vocês que desistam disso e parem de fazer acusações que não são verdadeiras. Por favor."

"Deve estar claro, pelas táticas de desinformação de Rachel, que ela faz parte da mesma mídia mentirosa e da polícia que criou essa fraude", respondeu alguém.

"Aposto que nem mesmo é uma mulher", concordou outra pessoa.

A coisa toda aumentou. Ela recebeu ameaças de morte. Ela quase havia sido morta, dirigia um grupo de apoio a pessoas que quase haviam sido mortas, e agora estavam enviando ameaças de morte a ela. Eles entraram em contato com seus pais e enviaram a eles informações sobre a "verdade" em relação à sua filha e o 7 de Julho. O pai de Rachel, que era vigário no interior, achou as cartas preocupantes e confusas.

Ela decidiu confrontá-los em carne e osso. Mostraria a eles como era. Leu que eles fariam uma reunião no andar de cima de um pub e apareceu por lá com uma amiga. Quando subia as escadas, preocupou-se com quem seriam aquelas presenças ferozes na internet. Imaginou que eles seriam fisicamente perigosos. E então chegou ao alto da escada, abriu a porta e viu uma sala cheia de homens quietos, pequenos, com cara de nerd. Alguns estavam olhando sem jeito para seus copos de cerveja. Outros olhavam disfarçadamente para ela e sua amiga, intrigados e encantados por verem que duas mulheres bastante glamourosas haviam aparentemente ingressado no movimento deles.

Rachel e a amiga se sentaram a uma mesa perto da parede. Nada aconteceu durante algum tempo. E então a porta se abriu e outro homem entrou. Ele parecia bastante determinado e imponente. E Rachel o reconheceu de imediato. Ficou pasma.

Era David Shayler.

David Shayler. Em 1997, um espião do MI5, de codinome G9A/1, tornou-se foragido depois de passar informações secretas para o *Mail on Sunday*. Ele estivera em uma reunião entre agências, relatou o jornal, na qual um oficial do MI6, de codinome PT16B, anunciara um plano para assassinar secretamente o líder líbio, o coronel Kadafi. Os assassinos estavam prontos, dissera PT16B a G9A/1. Eram membros de uma organização chamada Grupo de Combate Islâmico Líbio. Eles colocariam uma bomba sob uma estrada por onde sabiam que Kadafi passaria de carro. Mas precisavam de dinheiro para o equipamento de fabricação da bomba, comida etc., e por isso haviam procurado o MI6.

PT16B (cujo nome, conforme se revelou, era David Watson) levara G9A/1 (cujo nome era David Shayler) para o "grupo que precisa saber" por um simples motivo: o MI6 não queria que o MI5 começasse a perseguir os assassinos se entrassem em contato com eles em algum outro contexto. O governo britânico não deveria saber, disse David Watson a David Shayler. Teria que ser algo estritamente secreto.

Shayler achou que provavelmente era tudo conversa fiada, que David Watson tinha fantasias de que era James Bond e que aquilo não daria em nada. Mas então, algumas semanas depois, uma bomba *foi* detonada sob o comboio de Kadafi. Como se viu, o carro errado foi atingido. Vários guarda-costas morreram, mas Kadafi escapou ileso.

Ele ficou indignado. Não queria fazer parte da cultura de uma agência que se envolvia em assassinatos clandestinos. Então decidiu tomar uma atitude. Telefonou para um amigo que o pôs em contato com um jornalista que trabalhava para o *Mail on Sunday*. Contou tudo ao jornalista, recebeu 20 mil libras em troca e, na noite do sábado seguinte — a noite anterior à publicação da reportagem —, fugiu pontualmente com sua namorada, Annie Machon.

Foram primeiro para a Holanda e depois para uma fazenda francesa no meio do nada. Não havia TV nem carro. Ficaram dez meses ali, vivendo do dinheiro do *Mail on Sunday*. Ele escreveu um romance. Em um fim de semana, foram a Paris e, quando puseram os pés no saguão do hotel, seis homens — do serviço secreto francês — cercaram Shayler.

Ele passou quatro meses em uma prisão francesa de alta segurança e, em seguida, mais um mês em uma prisão britânica antes de ser solto, como um herói para a legião de pessoas que achavam que ele fizera algo corajoso, que sacrificara sua liberdade ao se posicionar contra atividades secretas ilegais do governo. Rachel North o admirava há muito tempo. E eu também.

E agora, cinco anos depois, David Shayler, para enorme surpresa de Rachel, havia entrado no salão do andar de cima de um pub fuleiro. O que estaria *fazendo* ali, misturando-se a teóricos da conspiração?

E então ficou claro: Shayler era um deles.

Shayler era o principal orador da noite. Suas credenciais de ex-agente do MI5 lhe davam seriedade. Os outros ouviram atentamente. Ele disse que o 7 de Julho nunca aconteceu. Era uma mentira. A plateia concordou com vigor. O mundo havia sido enganado por uma mentira brilhante. Rachel não conseguiu aguentar mais. Levantou-se.

— Eu estava no *vagão*! — gritou.

Mais ou menos na mesma hora, em outra parte de Londres, eu estava pesquisando meu próprio nome no Google quando dei de cara com uma discussão longa e animada cujo tema era "Jon Ronson: engodo ou estúpido?" Era uma resposta a algo que eu escrevera sobre não acreditar que o 11 de Setembro havia sido um trabalho interno. As pessoas da discussão estavam divididas. Alguns achavam que eu era um engodo (um fantoche a serviço de uma elite obscura), outros achavam que eu era apenas idiota. Fiquei muito irritado e deixei uma mensagem dizendo que, na verdade, eu não era nem um engodo nem um idiota. Quase imediatamente, alguns deles postaram mensagens advertindo os outros a terem cuidado comigo, porque claramente eu era "outra Rachel North".

Quem é Rachel North?, pensei.

Digitei o nome dela no Google. E foi assim que acabamos nos encontrando.

Passei uma tarde na casa dela. Era uma casa comum, não muito longe da minha. Ela me contou toda a história, desde o dia das explosões até o momento em que as pessoas começaram a gritar umas com as outras no pub. Agora aquilo já havia acabado para ela, disse. Não se envolveria mais com eles. Não queria se relacionar com gente maluca. Iria reduzir a atividade em seu blog e parar de se estigmatizar como vítima. A última coisa que ela me disse antes de eu ir embora naquela tarde foi:

— Eu sei que existo. — Ela olhou para mim. — Todas as pessoas que estavam no metrô e que me conheceram sabem que eu existo. Eu saltei do vagão coberta de sangue, com fumaça e vidro no meu cabelo e um metal enfiado que deixava o osso de meu pulso para fora. Fui fotografada. Dei provas à polícia. Levei pontos em um hospital. Posso apresentar dezenas de testemunhas que sabem que eu estava lá e que existo. E que sou quem digo que sou.

Houve um breve silêncio.

— Não há dúvida alguma de que você definitivamente existe — falei.

E, por um segundo, Rachel pareceu estar aliviada.

Enviei um e-mail para David Shayler. Será que ele poderia me encontrar para conversar sobre Rachel North?

"Sim, claro", respondeu ele.

Nós nos encontramos alguns dias depois em um café perto da Edgware Road, no oeste de Londres. Ele parecia cansado, adoentado, acima do peso, mas o mais impressionante era a rapidez com que falava. Era como se não pudesse conter todas as palavras que precisavam ser ditas. As palavras saíam dele aos borbotões, como quando você monta em uma motocicleta pela primeira vez, acelera demais e dispara.

Ele não estava falando rápido no início da nossa conversa, quando lhe perguntei sobre os velhos tempos, sobre como começara a trabalhar para o MI5. Ele sorriu e relaxou, e a história que contou foi fascinante.

— Eu estava procurando trabalho e vi um anúncio na seção de mídia do *Independent* que dizia "Godot não vem" — disse ele. — Como estudara a peça em inglês e francês, eu li. Parecia um anúncio de um emprego em jornalismo, então enviei um currículo.

Seu currículo era bom, mas não incrível: Dundee University, onde editou um jornal estudantil; uma carreira dirigindo um pequeno negócio de publicações que acabou fracassando... Ainda assim, foi chamado para uma entrevista em uma empresa de consultoria em contratações. Foi tudo bastante comum.

Mas a segunda entrevista foi absolutamente incomum.

— Aconteceu em um prédio sem identificação na Tottenham Court Road, em Londres — disse ele. — O prédio estava completamente vazio. Não havia ninguém lá, exceto um cara na recepção e o cara que me entrevistou. Ele realmente parecia um agente secreto de uma agência de contratação de elencos — terno de risca de giz, alto, aristocrata, cabelo grisalho penteado para trás. Lá está você em um prédio maluco com um sujeito fazendo todas aquelas perguntas.

David, assim como eu, havia caminhado pela Tottenham Court Road milhares de vezes. Nada fora do comum: lojas de aparelhos elétricos com descontos e a revista *Time Out*. A última coisa que você espera é algum universo paralelo fantasma se revelando atrás de uma porta sem identificação.

— Quais foram as perguntas que ele fez a você?

— Se eu tinha alguma crença religiosa aos 12 anos. Como formei minhas convicções políticas na adolescência. Quais haviam sido os marcos da minha jornada? Quais eram os momentos da minha vida em que achei que havia feito algo útil? Era um nível muito mais alto do que o de uma entrevista normal para um emprego. Ele me perguntou sobre ética em informações secretas. Ficava dizendo: "Por que você acha que está aqui?" Eu não queria dizer aquilo. Não queria parecer um idiota. Mas ele continuou fazendo a pergunta. Por fim, eu perguntei: "Isso aqui é o MI5?" Ele respondeu: "É *claro* que sim."

Durante algum tempo, depois da entrevista de emprego, David ficou paranoico. Seria tudo aquilo alguma charada complicada destinada a destruí-lo?

— Fiquei imaginando o homem dizendo de repente: "Identificamos você a um quilômetro de distância e agora você pode dar o fora!" — David riu. — "Vamos arruinar sua vida!"

Eu ri também.

— É exatamente esse tipo de pensamento louco que tenho! — falei. — Realmente! Tenho pensamentos exatamente assim! Eles podem ser bastante intrusivos!

(Aliás, "Pensamentos Intrusivos" estão em todo o DSM-IV como sintomas de Transtorno Obsessivo Compulsivo, Transtorno de Ansiedade Generalizada etc. — todos os distúrbios caracterizados por uma amígdala hiperativa. Eu costumava vê-los como coisas positivas: jornalistas *devem* ser obsessivos e paranoicos, não? Mas desde que li sobre Pensamentos Intrusivos no DSM-IV, achei a ideia de tê-los um pouco assustadora, como se eles fossem algo sério. Não os tenho o tempo *todo*, aliás. Não gostaria que você pensasse isso. Apenas de vez em quando. Talvez uma vez por semana. Ou menos.)

O MI5 ofereceu o emprego a David. Mais tarde, ele perguntou quantas outras pessoas haviam sido contratadas a partir do anúncio "Godot não vem" e eles lhe disseram que nenhuma. Somente ele.

No primeiro dia, David descobriu que seria um espião e que ficaria em um escritório, uma sala bastante comum, nem um pouco fascinante quanto seus amigos propensos a conspirações imaginavam que seria a vida dentro de uma organização obscura como o MI5. (David não era um teórico da conspiração na época. Só se tornou um deles um ano depois, quando já estava fora do mundo desmistificador das elites obscuras e de volta à rotina do dia a dia.)

— Era um escritório perfeitamente normal — disse ele. — Você tem uma bandeja de entrada e uma bandeja de saída. Seu trabalho é processar informações. A diferença é que, se não processa as informações corretamente, pessoas morrem. Eu estava feliz por tornar o mundo um lugar mais seguro, impedindo homens de agir com violência. Era um bom trabalho. — Mas não sem suas esquisitices. — Eles tinham arquivos sobre todo tipo de gente, como John Lennon, Ronnie Scott e a maioria das pessoas que acabaria no gabinete trabalhista. Muita gente era acusada de comunismo por todo tipo de motivo idiota. Havia um arquivo sobre um menino de 12 anos que escrevera para o Partido Comunista dizendo que estava fazendo um dever sobre comunismo na escola e perguntando se poderiam lhe enviar algumas informações. Eles o trataram como um suposto simpatizante do comunismo.

— Esse menino algum dia teria sabido que o MI5 tinha um arquivo sobre ele? — perguntei.

— Não, claro que não — respondeu David.

De tempos em tempos, ele saía em campo, mas não com frequência.

— Uma vez, fui a uma manifestação vestido de anarquista. Um cara empurrou um folheto na minha mão que dizia: "O que você sabe sobre a Aliança Antieleição?", que era o que eu estava estudando na época no MI5. Tive vontade de dizer a ele: "Muito mais do que você, companheiro."

Conversamos sobre o agora famoso encontro secreto com PT16B, sobre o plano para assassinar Kadafi, a fuga para a

França, os meses como fugitivo, a prisão, e em seguida a conversa se voltou para Rachel North. Ele ainda estava convencido de que ela não existia.

— Deixe-me falar sobre Rachel North ser uma combinação de pessoas do MI5 — disse ele. — Este é exatamente o tipo de coisa que os serviços secretos fazem.

— Mas você a conheceu — insisti.

— Sim, eu sei que a *conheci* — respondeu ele. Sua voz agora estava se elevando, ficando mais rápida. — Pode ser que ela exista como ser humano, mas isso não quer dizer que não haja cinco pessoas por trás dela postando em seu nome na internet.

— Ah, espera um segundo... — interrompi.

— Você deveria olhar as provas da quantidade de postagens dela — disse David. — Você deveria olhar as provas de quantas postagens ela estava fazendo em um determinado momento.

— Ela estava postando muito — respondi. — Não tenho dúvida alguma disso.

— As pessoas do movimento chegaram à conclusão de que eram postagens demais para serem feitas por uma só pessoa.

— Ah, mas você sabe como são os blogueiros — falei. — Eles escrevem, escrevem e escrevem. Não sei por quê, já que não estão sendo pagos para isso.

— Também suspeitei muito do fato de ela se recusar a se sentar e ser informada de maneira imparcial sobre o 7 de Julho — disse David. — Por que ela não permite que alguém lhe explique pacientemente as provas?

— Ela estava no *vagão*! Ela estava no *VAGÃO*. Você realmente quer que Rachel se sente com alguém que estava na *internet* enquanto ela estava no *vagão* e que essa pessoa explique a ela que *não havia bomba alguma*?

Encaramos um ao outro com raiva. Eu havia vencido o round. Mas então ele sorriu, como se falasse que tinha algo melhor. Seu sorriso dizia que era hora de puxar as armas grandes.

— Quando Rachel North veio a um dos nossos encontros no salão do andar de cima do pub, achei que seu comportamento mostrava sinais de... transtornos mentais.

— Você acha que Rachel é *doente mental*? — Aquilo era golpe baixo.

— Foi a intensidade com que ela me atacou — respondeu David. — Ela se levantou, veio correndo na minha direção e gritou comigo. Havia uma *loucura* naquilo...

— Mas ela acha que isso é um absurdo... — interrompi.

— Ela não quer ver as *provas* — disse David. — Estou tendo a mesma sensação com você aqui, Jon. Um ponto de vista sem provas é *preconceito*. Dizer que muçulmanos executaram o 7 de Julho, aqueles três caras de Leeds e um de Aylesbury, dizer que eles fizeram aquilo é *racista*. Isso é racista. É racista. Você está sendo *racista* com os muçulmanos se acha que eles executaram esse ataque com base nas provas que estão lá.

Houve um breve silêncio.

— Ah, *cala essa boca*! — falei.

Naquela noite, telefonei para Rachel para lhe contar que passara a tarde com David Shayler.

— O que ele disse? — perguntou ela.

— Que ou você não existe ou é doente mental.

— Tudo por causa daquele encontro idiota — disse ela. — Eles fazem com que pareça que eu me levantei do chão, marchei até o palco e comecei a declamar. Não foi o que aconteceu. A sala inteira começou a gritar. Todo mundo começou a gritar. Sim, eu elevei minha voz para ser ouvida no meio da gritaria. Mas eles gritaram. Eu gritei...

Minha entrevista com David Shayler — incluindo o "cala essa boca" — foi transmitida algumas semanas depois, à noite, na BBC Radio 4. Comecei a entrar em pânico horas antes de nossa conversa ir ao ar. Acho que minha amígdala ficou acelerada. Estaria eu — ao mandar David Shayler calar a boca — prestes a abrir uma caixa de Pandora? Será que eu provocaria a ira do movimento pela verdade do 7 de Julho? Será que eles viriam atrás de mim, disparando suas armas, da mesma maneira que fizeram ao tentar arruinar a vida de Rachel? Não havia nada que eu pudesse fazer. O leite já fora derramado. Em algum lugar dentro de um prédio da BBC, a fita estava no alto de uma pilha, pronta para ser transmitida.

Nas primeiras horas da manhã seguinte, eu estava nervoso demais para abrir meus e-mails. Mas não resisti. E lá havia — descobri, para meu deleite — várias felicitações de ouvintes. O consenso era de que eu contribuíra para o pensamento racional. Isso me deu uma sensação boa: é sempre bom ser elogiado por pensar racionalmente. Aquela se tornou uma de minhas grandes entrevistas. Captou a imaginação do público. Não tive notícia alguma do movimento pela verdade do 7 de Julho. Minha amígdala voltou ao normal. A vida continuou.

Alguns meses se passaram. E então David Shayler estava em toda parte: no *Jeremy Vine Show*, da BBC Radio 2, e no programa *Steven Nolan*, da BBC Five Live. Havia uma reportagem de página dupla na *New Statesman*. O motivo era que ele desenvolvera uma nova e inesperada teoria:

> Pergunto a Shayler se é verdade que ele se tornou alguém que acredita que não havia avião na atrocidade do 11 de Setembro. [Sua namorada Annie] Machon parece desconfortável.
> — Ah, foda-se, só vou dizer isso — diz Shayler a ela.
> — Sim, acredito que não havia avião no 11 de Setembro.
> No entanto, todos nós vimos com nossos próprios olhos os dois aviões batendo no WTC.

— A única explicação é de que eram mísseis cercados por hologramas que fizeram com que parecessem aviões — diz ele. — Assista à filmagem quadro a quadro e você verá um míssil em forma de charuto atingindo o World Trade Center — Nesse momento, ele deve ter notado que meu queixo caiu. — Sei que parece estranho, mas é nisso que acredito.

Brendan O'Neill, *New Statesman*,
11 de setembro de 2006

David Shayler passara a fazer parte de uma facção rara e radical do Movimento pela Verdade do 11 de Setembro — um *"no-planer"* — e jornalistas que normalmente achavam o movimento um pouco fraco demais para ser coberto ficaram subitamente extasiados.

Telefonei para ele.

— Não há prova alguma de que aviões foram usados, exceto algumas declarações de testemunhas duvidosas — disse ele.

— E... — falei.

— E algumas filmagens muito obviamente adulteradas — interrompeu David.

— Mas as filmagens foram feitas ao vivo.

— Ah, não — disse ele. — As filmagens saíram com um tempo de atraso.

— Você está tendo problemas com sua namorada e com as pessoas mais conservadoras do Movimento pela Verdade?

Ouvi David suspirando com tristeza.

— Sim. Eles me pediram para guardar comigo a teoria do holograma. — Ele fez uma pausa. — Aparentemente, haverá uma moção na reunião anual do Movimento pela Verdade, que está para acontecer, para me repudiar.

Eu podia perceber que David estava magoado, mas ele disse que não se importava.

— Jeremy Vine, Steven Nolan, isso é coisa de muito prestígio, com bilhões de ouvintes — disse ele.

— Jeremy Vine e Steven Nolan só querem você porque sua teoria parece *maluca* — respondi.

David argumentou que a teoria não apenas não era maluca, como, em termos de hologramas, era apenas o começo. Havia planos para "criar uma operação de bandeira falsa mais moderna, que é usar hologramas para fazer parecer que há uma invasão alienígena acontecendo".

— Por que iriam querer fazer isso? — perguntei.

— Para criar uma lei marcial no planeta inteiro e acabar com todos os nossos direitos.

Na verdade, a ideia de que o governo poderá um dia utilizar hologramas para enganar a população não era tão implausível quanto parecia. Alguns anos antes, li um relatório vazado da Força Área dos Estados Unidos intitulado "Armas não letais: termos e referências", que relacionava todas as armas exóticas que estavam em fase de desenvolvimento no Departamento de Defesa dos Estados Unidos. Uma seção do documento intitulava-se "Hologramas":

HOLOGRAMA, MORTE
Holograma usado para assustar um alvo individual a ponto de matá-lo. Exemplo: um chefão do tráfico de drogas com um coração fraco vê o fantasma de seu rival morto surgindo ao lado de sua cama e morre de susto.

HOLOGRAMA, PROFETA
A projeção da imagem de um deus antigo sobre a sede de um governo inimigo cuja comunicação pública foi tomada é usada contra ele em uma grande operação psicológica.

HOLOGRAMA, BATALHÃO

A projeção de imagens de batalhões que faz o oponente pensar que há mais forças aliadas do que na verdade existem, que há soldados em regiões onde na verdade não há nada, e/ou que oferece alvos falsos para o inimigo disparar suas armas.

Então talvez David não seja tão louco quanto parece, pensei.

Um ano se passou. E então um e-mail chegou:

5 DE SETEMBRO DE 2007
Prezados,
Isso é absolutamente sério. Por favor, não perca a maior notícia da História: no momento mais difícil, Jesus retorna para salvar a humanidade. O local da entrevista coletiva será o Parlamento Verde, ao lado das Câmaras do Parlamento e do rio, às 14h de quinta-feira, 6 de setembro.
Amor & Luz
Dave Shayler

David, conforme explicava seu *release* em anexo, anunciaria que ele próprio era o Messias.

Solicita-se que os jornalistas cheguem com a mente aberta. Esta é uma verdade que eles não estão em posição de duvidar, e eles podem estar arriscando suas chances de uma vida eterna ao fazer isso.

A situação é bastante constrangedora para alguém como eu, que há três anos era um tecnocrata ateu. E, dolorosamente, tenho consciência de o quanto isso parece insano. Há, porém, provas antigas que demonstram que o Messias se chama foneticamente "David Shayler". Quando são adicionados os recentes sinais que surgiram independentemente de mim — incluindo a Cruz Messiânica de Saturno, Mercúrio, Vênus e o sol ocorrida em 7 de julho de 2007 — 07/07/07, o dia em que fui proclamado Messias — é impossível ignorar que um poder mais elevado está indicando que sou o consagrado e o escolhido para salvar a humanidade.

Outras encarnações incluíram Tutancâmon, o rei Arthur, Marco Antônio, Leonardo da Vinci, Lawrence da Arábia e Astronges, um pastor hebreu e líder revolucionário crucificado na Palestina em 1 a.C.

David Michael Shayler

O comparecimento foi surpreendentemente pequeno. David estava sentado no centro de um círculo, com uma túnica branca esvoaçante. Parecia bem. Havia apenas dois jornalistas na plateia — alguém da Sky News e eu. Todos os outros aparentemente eram velhos amigos do Movimento pela Verdade. Eles pareciam constrangidos.

O homem da Sky News me disse que estava ali para entrevistar David, mas que não tinha intenção alguma de exibir aquilo na TV. O plano era dar corda e, depois, exibir apenas "se acontecer alguma coisa no futuro".

Não havia dúvida de que essa "alguma coisa" seria algo realmente horrível.

David dizia ao grupo de ouvintes que os sinais estavam ali desde o começo.

— Lembram-se quando respondi àquele anúncio do *Independent* — disse ele — do *Godot não vem*? Creio que ele foi feito especialmente para mim.

— Por que o MI5 iria querer fazer um anúncio de emprego apenas para você? — perguntei.

— Creio que o trabalho deles é proteger as encarnações do Messias — David respondeu. — Sei como aquela agência de espionagem funciona. Eles querem entrar em contato com você. Eles sabem, por meio de grampos em seu telefone, que você está procurando um emprego e que lê um certo jornal. Então fazem um anúncio tendo você como alvo. É interessante que ninguém mais tenha sido contratado a partir daquele anúncio.

Comecei a falar com a mulher que estava ao meu lado. Ela disse que seu nome era Belinda e que era proprietária de um imóvel onde David havia morado. Enquanto ele continua a pregação, ela sussurrou para mim que não conseguia mais ficar simplesmente sentada ali ouvindo tudo aquilo. Era triste demais. Ela tinha que dizer alguma coisa.

— Ah, David, posso... — começou ela.

— Como você se *atreve* a interromper o Messias? — reagiu David.

— Desculpe — suspirou Belinda. — Continue.

— Como sou o salvador — disse-lhe David de mau humor —, estou *tentando* explicar como as pessoas podem alcançar a vida eterna...

— Está bem, desculpe... — murmurou Belinda.

— ... e as pessoas que desejam a vida eterna *provavelmente* querem me ouvir sem interrupções. — disse David. — Vou aceitar perguntas no final, Belinda, mas estou tentando contar uma história importante.

— Eu acho que é uma história bastante triste — respondeu Belinda. — De acordo com a cultura do Messias, ou a cultura do profeta, você está cometendo vários erros. Primeiro, não está tirando tempo algum para realmente meditar sobre sua missão. Está vindo a público cedo demais. Segundo, não está reunindo seguidores à sua volta. Terceiro, você mesmo está anunciando isso, quando outras pessoas é que deveriam dizer "Ele é o Messias", e começar a se curvar diante de você ou o que quer que seja. Mas você está jogando isso em cima de todo mundo. Meu argumento é: você não está se comportando muito como o Messias.

David reagiu dizendo que, já que ele *era* o Messias, *qualquer* maneira como se comportasse deveria ser considerada a maneira do Messias.

— Como você de repente se tornou uma especialista em Messias? — disparou David.

— Eu vejo alguém com um enorme talento e uma mente belíssima — disse Belinda —, que estava indo extremamente bem no caminho que seguia e, de repente, está explodindo a coisa toda ao entrar em uma viagem exotérica. Você está vomitando um monte de coisas que as pessoas simplesmente não podem conectar a outro nível que não seja o do ridículo. O que é uma pena.

David olhou para ela calmamente.

— Eu sei que sou o Messias — respondeu ele. — Cabe a você descobrir por que não pode aceitar isso.

Na entrevista coletiva, David falou bastante sobre a necessidade urgente de divulgar a mensagem, mas, nas semanas que se seguiram, não aconteceu muita coisa. Houve uma ou duas reportagens, mas nada parecido com o número de entrevistas que ele dera na época do holograma. A mídia se interessara muito mais na teoria de que os aviões do 11 de Setembro eram hologramas, e até mesmo na teoria de que o 7 de Julho era um trabalho interno, do que sua autoproclamação como Messias.

Parecia haver um consenso tático de que, no caso de David, a alegação de que "o 7 de Julho nunca aconteceu" era um pouco estúpida demais para ser o tipo certo de loucura, a da teoria do holograma do 11 de Setembro era a ideal e a do Messias o tipo errado de loucura. Mas por quê? O que tornava uma delas apropriada e a outra não? A maioria dos jornalistas presumivelmente se declararia inocente, dizendo que os hologramas pareciam uma tosse inócua no caminho para o óbvio câncer de pulmão da declaração do Messias — e é claro que haveria alguma verdade nisso. No entanto, eu não estava certo de que era simples assim. As duas teorias pareciam ser manifestações palpáveis de doença mental, mas apenas uma delas chamara a atenção da mídia.

Durante os dois anos seguintes, David perdeu completamente a atenção pública. Sua única aparição foi no verão de 2009, quando a polícia fez uma operação contra uma ocupação em uma fazenda do National Trust em Surrey. Imagens borradas feitas por uma câmera de telefone celular, mostrando a retirada forçada, chegaram à internet. Em sua maior parte, eram cenas de invasores gritando com a polícia, enquanto eram arrastados de suas camas. Mas por um momento, em meio à comoção, a câmera se moveu para o lado e captou de relance um travesti vestido de maneira bastante glamourosa. Mais tarde, ele disse ao *Daily Mail* que seu nome era Delores, mas, sob a peruca e maquiagem, você podia ver claramente que era David Shayler.

Por acaso, o travestismo — ou o Fetichismo Travestista — é considerado um transtorno mental pelo DSM-JV. Fiquei surpreso ao vir isso no livro:

> Geralmente, o homem com Fetichismo Travestista tem uma coleção de roupas femininas que usa intermitentemente (...) Em muitos casos, ou na maioria deles, isso produz excitação sexual (...) [embora] a motivação para se vestir de mulher possa mudar ao longo do tempo, com a excitação sexual diminuindo ou desaparecendo.

Em tais situações, o hábito de se vestir de mulher se torna um antídoto para a ansiedade ou a depressão ou contribui para uma sensação de paz e calma.

Passou-se outro ano, durante o qual resolvi o mistério de *O ser ou o nada*, conheci os cientologistas e Tony, em Broadmoor, tentei provar (com resultados confusos) a teoria de Bob Hare de que os psicopatas governam o mundo e me tornei desconfortavelmente consciente de que o fato de ser um identificador de psicopatas me transformara, de certa forma, em uma pessoa enlouquecida pelo poder. Na verdade, eu agora percebia que durante vinte anos havia sido uma espécie de identificador de maluquice enlouquecido pelo poder. Esse é o trabalho de um jornalista. Por isso eu resolvera ser um identificador de psicopatas com tanta autoconfiança. Eu era bom em encontrar os diamantes da loucura em meio à escuridão da normalidade, porque era o que fazia para ganhar a vida havia vinte anos. Pode haver algo bastante psicopático no jornalismo, na psicologia, na arte de identificar a loucura. Depois de conhecer Charlotte Scott, eu me consolara com a ideia de que esse tipo de coisa só acontecia nos círculos dos reality shows da TV, e que eu estava acima disso. No entanto, a história de David Shayler demonstrou que eu estava enganado. O jornalismo político não é diferente. Eu estava escrevendo um livro sobre a indústria da loucura e percebendo que eu mesmo fazia parte dessa indústria.

Minha mente ficava voltando ao enigma do porquê a teoria do holograma de David fizera tanto sucesso com a mídia enquanto sua alegação de que era o Messias havia sido basicamente ignorada. Por que uma era o tipo certo de loucura e a outra, o tipo errado? Qual era a fórmula? E o que essa fórmula dizia sobre nós, jornalistas e público?

Mandei um e-mail para ele. Será que poderia fazer-lhe uma última visita? Ele respondeu imediatamente:

Jon,

Recebi seu e-mail. É claro que pode.

O telefone não está funcionando no momento. Estou em Devon. Venha me ver e pergunte o que quiser.

David

Parecia realmente que ele havia se estabelecido. Morava em um chalé encantador, em um pequeno vilarejo. A vista da banheira de hidromassagem na varanda se estendia por Dartmoor. A cabana tinha home theater e sauna. David — que usava roupas masculinas, com um suéter branco e uma calça de couro — parecia saudável e feliz.

— Vivo completamente sem dinheiro — disse ele, enquanto me fazia uma xícara de café —, mas tenho uma qualidade de vida bastante boa. Deus cuida de mim.

No entanto, logo ficou claro que ele não havia se estabelecido de jeito algum. Ele ficaria no chalé por apenas alguns meses, e a verdade é que estava pobre. As noites boas eram aquelas em que ele dormia sob uma lona em uma ecovila em Kew, a oeste de Londres. As noites ruins eram aquelas em que ele dormia no chão bruto de um parque municipal em algum lugar como Guildford.

O período mais estável, disse ele, havia sido mais ou menos um ano antes, quando, por um breve período, ele teve uma nova namorada, a primeira desde que Annie Machon o deixara.

— Fiz uma palestra em um refúgio e essa mulher se aproximou de mim e disse que era a Noiva de Cristo. Eu verifiquei com Deus e ela *era* a encarnação de um dos deuses, e então comecei a sair com ela. — David fez uma pausa. — Acabou sendo um relacionamento bastante peculiar.

— Você está sempre me surpreendendo — falei.

— Acabamos tendo uma briga enorme — disse ele. — Ela tinha um grupo que a venerava. Pedi permissão ao grupo para me vestir de Delores e eles disseram que tudo bem, mas quando coloquei a roupa se viraram contra mim. Começaram a gritar comigo, me acusaram de todo tipo de coisa, que eu era uma piranha, um esquisito, um pervertido, e não demonstrava respeito por minha namorada. Não me deixavam em paz. E então me puseram para fora.

Fomos para o quarto do sótão, onde David vinha dormindo nas últimas semanas embaixo de um edredom estampado com personagens de desenhos animados. Havia uma pilha de DVDs da CCHR — filmes produzidos pela seção de antipsiquiatria de Brian na Igreja de Cientologia — ao lado de seu computador, com títulos como *Fabricando um matador: A história não contada do uso de drogas psicotrópicas*. David disse que os cientologistas talvez fossem malucos, mas os DVDs realmente o haviam ajudado a abrir os olhos.

Por um momento, a visão do edredom fez com que eu me sentisse profundamente triste. A infância era um período tranquilo, sem problemas, antes de a loucura se instalar. Mas, na verdade, os diagnósticos de transtornos mentais em crianças aumentaram muito ultimamente, chegando a níveis epidêmicos. Por exemplo, quando eu era criança, menos de uma em cada 2 mil crianças eram diagnosticadas como autistas. Agora, o percentual era maior do que uma em cada cem. Quando eu estava indo de carro para a Penitenciária Coxsackie, no norte do estado de Nova York, para me encontrar com Toto Constant, passei por um outdoor que dizia: "A cada vinte segundos, uma criança é diagnosticada como autista." O mesmo era verdade para o Transtorno Bipolar Infantil. Antes, não havia diagnóstico algum. Agora, havia uma epidemia nos Estados Unidos.

* * *

Perguntei a David se o declínio acentuado do interesse da mídia o apanhara de surpresa. Ele concordou.

— De acordo com a Bíblia — disse ele — eu deveria passar três dias no inferno depois da minha crucificação. Bem, fui crucificado em setembro de 2007...

— Quando você se assumir como Jesus?

— Isso. As unidades bíblicas são notoriamente ruins, e acho que quando disseram três dias no inferno, na verdade queriam dizer três anos no inferno.

— Conte-me sobre os três anos no inferno — pedi.

— Ainda estou neles — disse David.

— O que você quer dizer com inferno?

— O inferno é ser um professor, ter uma mensagem que quer divulgar, mas ninguém lhe dá a menor atenção por você dizer que é Jesus Cristo, por Deus estar lhe falando para dizer isso. — Ele fez uma pausa. — Deus está me testando. Ele sabe que posso fazer essas coisas no palco, no rádio e na TV. Faz parte do meu teste não ter permissão para fazer o que acho que faço bem. Para me ensinar humildade, esse tipo de coisas. — David balançou a cabeça. — Sim. Deus está me testando. E o teste é para saber se posso continuar a acreditar que sou Cristo diante da oposição de 6 bilhões de seres humanos.

— Quando foi a última vez que você falou com Deus?

— Tivemos uma conversa rápida pouco antes de você chegar — respondeu ele. Havia um livro em hebraico sobre a mesa. — Deus me falou para abrir o livro e encontrar inspiração. Abri na página que dizia sobre falar as palavras certas.

Apanhei o livro. Este se abriu ao acaso em uma página dupla cheia de quadros, cada um deles contendo algumas letras de hebraico.

— É uma tabela dos 72 nomes de Deus — disse David. — Veja esse... — Ele apontou aleatoriamente para alguns. — Este se traduz como David Shayler, o Peixe. — Ele apontou aleatoriamente para outros. — Este se traduz como David Shayler Moleque Direito.

— David Shayler Moleque Direito? — perguntei.

— Deus riu muito quando me apontou essa. Foi a primeira vez que eu e Deus rimos juntos.

Olhei para a tabela com os 72 quadros.

— Certamente você está encontrando um padrão onde não há padrões — falei.

— Encontrar padrões é o trabalho do serviço secreto — rebateu David. — É como as pesquisas funcionam. É como o jornalismo funciona. A busca de padrões. Você não vê? É isso que *você* faz!

Nossa conversa se voltou novamente para a infelicidade de David por já não ser um convidado popular de programas de entrevistas. Ele disse que achava isso inexplicável e uma pena.

— Muitas pessoas estão com medo de estar enlouquecendo hoje em dia. E para elas é confortante ouvir alguém como eu no rádio, alguém que tem as mesmas crenças "loucas" que elas têm, sobre o 11 de Setembro e o 7 de Julho, mas que parece feliz, e não maluco. Eu desafio qualquer um a vir me ver a sair daqui achando que pareço um maluco.

No caminho de volta a Londres, pensei: *David está certo. Muitas pessoas* estão *com medo de enlouquecer.* Tarde da noite, depois de alguns drinques, elas admitem isso. Um ou dois amigos meus juram que não se incomodariam se isso acontecesse. Uma mulher que conheço diz que secretamente deseja ter um colapso nervoso para poder ser admitida em um hospital psiquiátrico, longe das tensões da vida moderna, onde poderá ficar muito tempo na cama e receber os cuidados de enfermeiras.

Mas a maioria de meus amigos diz que está com medo. A loucura os assusta. Eles só querem ser normais. Sou um deles, sempre pensando que minha mulher pode estar morta quando não consigo falar com ela pelo telefone, dando gritos involuntários em voos claustrofóbicos de linhas aéreas baratas, ficando debilitadamente ansioso por achar que psicopatas querem me matar. E, à noite, assistimos a *Troca de esposas*, *Supernanny* e aos primeiros rounds de *X Factor* e *Big Brother*. Atualmente, a TV é apenas um monte de pessoas loucas sendo vaiadas.

> Estão sendo feitos muitos filmes em que os diretores vão a um condomínio residencial pobre, onde 90% das pessoas estão agindo normalmente — arrumando seus filhos para ir à escola, pagando seus impostos, trabalhando — e 10% não estão batendo bem da cabeça. Eles dizem: "É sobre isso que vamos fazer um filme."
>
> Eddie Marsan, ator, entrevistado por Jonhathan Romney no *Independent*, 2 de maio de 2010.

Praticamente, todos os programas em horário nobre são recheados de pessoas que têm o tipo certo de loucura, e agora eu conhecia a fórmula. As pessoas que são o tipo certo de louco são um pouquinho mais malucas do que tememos estar nos tornando, e de uma maneira reconhecível. Podemos ser ansiosos, mas não somos tão ansiosos quanto *elas*. Podemos ser paranoicos, mas não somos tão paranoicos quanto *elas*. Nós nos divertimos com elas e somos confortados pelo fato de não sermos tão loucos assim.

A tragédia de David Shayler é que sua loucura degringolou para algo estranho demais, fora do normal e, consequentemente, sem utilidade. Não queremos uma exploração óbvia. Queremos uma exploração ilusória.

Mas não estávamos apenas no negócio da loucura, estávamos também no negócio da conformidade. Lembrei-me de Mary

Barnes, a mulher no porão do Kingsley Hall, de R.D. Laing, que se besuntava com a própria merda. Até que começou a besuntar telas com tinta e se tornou uma artista famosa. Nos anos 1960 e 1970, a sociedade de Londres reverenciava a maneira como suas pinturas proporcionavam um olhar profundo dentro de uma mente insana. Mas Charlotte Scott e todos os outros jornalistas — inclusive eu — não estavam vasculhando o planeta em busca de pessoas com o tipo certo de loucura para aparecer na televisão e pudéssemos *reverenciá-las*. Quando apresentávamos pessoas loucas, estávamos mostrando ao público como ele *não deveria* ser. Talvez fosse a tentativa tão forte de ser normal que estivesse deixando todo mundo com medo de ficar louco.

Dias depois de voltar de Devon, recebi um telefonema de Bob Hare.

9

QUERENDO UM POUCO DEMAIS

Bob iria passar uma noite de sábado em um hotel perto do aeroporto Heathrow, em uma escala entre a Suécia e Vancouver — ele passava a vida cruzando o planeta, ensinando pessoas a usar sua Lista PCL-R —, e perguntou se eu queria encontrá-lo em seu hotel para um drinque.

Quando cheguei, não havia sinal algum da presença dele no saguão. A fila no balcão de recepção era longa, com um monte de pessoas cansadas em viagens de negócios, com cara de infelizes, registrando sua entrada já tarde da noite. Eu não conseguia ver o telefone para ligações internas. Então, tive uma ideia brilhante. A mesa do concierge estava desocupada. Seu telefone estava ali. Eu podia teclar o zero, falar diretamente com o balcão de recepção (quem telefona para o balcão de recepção invariavelmente fura a fila: nós, enquanto pessoas, aparentemente somos mais atraídos por misteriosos autores de chamadas telefônicas do que por pessoas de verdade paradas diante de nós) e pedir para me ligarem com o quarto de Bob.

Porém, quando apanhei o telefone vi o concierge marchando rápido na minha direção.

— Largue o telefone! — gritou ele.

— Me dá só um segundo! — balbuciei alegremente.

Ele arrancou o telefone da minha mão e o colocou no gancho.

* * *

Finalmente, Bob apareceu. Fiz um grande e delicado show ao cumprimentá-lo em frente ao concierge.

— Bob! — exclamei.

Éramos dois homens corteses em viagens de negócios nos encontrando por motivos importantes em um hotel já tarde da noite. Certifiquei-me de que o concierge estava vendo isso.

— Vamos para o bar executivo no terceiro andar? — perguntou Bob.

— Sim! — falei, fuzilando o concierge com o olhar. — O bar executivo. — Cruzamos o saguão juntos e cochichei: — Você não vai *acreditar* no que acabou de acontecer.

— O quê?

— O concierge acabou de ser grosso comigo.

— Como assim?

— Eu estava usando o telefone para tentar falar com você e, quando ele me viu, arrancou o telefone de minha mão e o bateu no gancho. Foi totalmente desnecessário e bastante chocante. Por que será que ele fez isso?

— Bem, ele é um.

Olhei para Bob.

— Um *psicopata*? — falei.

Estreitei meus olhos e dei uma olhada no concierge. Ele estava ajudando alguém a entrar no elevador com a bagagem.

— Será?

— Muitos psicopatas se tornam porteiros — respondeu Bob —, concierges, guardas de segurança, donos de seus domínios.

— Ele realmente parecia ter falta de empatia e não conseguia controlar direito seu comportamento.

— Você deveria colocar isso no seu livro — disse Bob.

— *Vou* colocar.

211

Então, espiei Bob de novo.

Teria Bob uma certa tendência a reagir sem refletir?, pensei. *Talvez o cara apenas tivesse tido um dia longo e ruim. Talvez tivesse recebido ordem de seus chefes para não deixar os hóspedes usarem seu telefone. Por que nem Bob nem eu pensamos nisso?* Pegamos o elevador para o andar do bar executivo.

Era quase meia-noite. Bebemos uísque com gelo. Outros viajantes de negócios — aqueles com o cartão magnético do bar executivo — digitavam em seus laptops concentrados e desviavam o olhar para a noite. Eu estava um pouco bêbado.

— É um poder e tanto que você dá às pessoas — falei. — O poder de identificar psicopatas. — Bob contraiu os ombros. — Mas e se você criou um exército de pessoas que se tornaram loucas por esse poder e que identificam psicopatias onde não há, como generais caçadores de bruxas no mundo da identificação de psicopatas?

Houve um silêncio.

— Eu realmente me preocupo com o mau uso da PCL-R – disse Bob. Ele suspirou e mexeu no gelo de sua bebida.

— Quem a usa de forma ruim? — perguntei.

— Aqui você tem o programa da DSPD.

— É onde meu amigo Tony está — falei. — A unidade da DSPD em Broadmoor.

— Se trinta é o limite, quem dá a pontuação? — disse Bob. — Quem administra isso? Na verdade, há bastante zelo no Reino Unido. Mas nos Estados Unidos temos a coisa do Compromisso Civil do Predador Sexual Violento. Eles podem recorrer para que os agressores sexuais fiquem "civilmente comprometidos". Isso significa para sempre...

Bob estava se referindo a hospitais psiquiátricos como o de Coalinga, em uma bela área de 130 hectares perto de Monterey

Beach, Califórnia. O amplo hospital (111 mil metros quadrados) tem quadras de esporte, salas de música e artes plásticas, campos de beisebol e gramados bem cuidados. Dos 100 mil pedófilos da Califórnia, 1.500 estão internados confortavelmente ali, e ficarão lá — muito provavelmente — até o dia em que morrerem (apenas 13 foram soltos desde que o lugar foi inaugurado, em 2005). No dia em que saíram da prisão, esses 1.500 homens foram informados de que eram considerados reincidentes certos e estavam sendo enviados para Coalinga, em vez de serem libertados.

— A PCL-R tem um papel nisso — disse Bob. — Tentei treinar algumas pessoas para aplicá-la. Elas ficavam sentadas, girando os polegares com os dedos entrelaçados, virando os olhos, rabiscando, cortando as unhas. Essas eram as pessoas que *usariam* a lista.

Um psiquiatra de Coalinga, Michael Freer, disse ao *Los Angeles Times* em 2007 que mais de um terço dos "indivíduos" (como os internos são chamados) do hospital psiquiátrico haviam sido diagnosticados erroneamente como predadores violentos e, na verdade, não representariam qualquer ameaça ao público se fossem soltos.

"Eles cumpriram sua sentença e de repente foram apanhados de novo e enviados para um hospital estadual por período indeterminado", disse Freer ao jornal. "Para sair, eles têm de demonstrar que já não são um risco, o que pode ser um padrão muito alto. Então, sim, eles têm motivos para estar muito perturbados."

No bar, Bob Hare prosseguiu. Contou-me sobre um mundo alarmante de especialistas que rodavam o mundo. Psicólogos forenses e profissionais em traçar perfis de criminosos viajavam pelo planeta com pouca coisa além de um Certificado de Participação do curso dele, como aquele que eu tinha. Essas pessoas podiam influenciar audiências para liberdade condicional e para pena de morte, em salas de registro de ocorrência para assassinos em série, e por aí em diante. Acho que ele via sua lista como algo puro — inocente como só a ciência pode ser —, mas via os seres humanos que a aplicavam como massas de preconceitos estranhos e predisposições loucas.

Depois de me despedir de Bob naquela noite, tomei a decisão de procurar o homem responsável pelo que certamente foi a mais malfadada caça aos psicopatas da história recente. Seu nome era Paul Britton. Embora durante algum tempo tivesse sido um profissional renomado por traçar perfis de criminosos, atualmente ele estava bem menos em evidência, e até mesmo bastante recluso, desde que se enlameara no incidente mais notório de sua profissão.

Passei os dias que se seguiram deixando mensagens para ele em toda parte, mesmo sem esperança. E então, tarde da noite, meu telefone tocou. Apareceu escrito "Número bloqueado" no visor.

— Desculpe — disse a voz. — Meu nome é Paul Britton. Soube que você está tentando... desculpe... — Ele parecia nervoso, retraído.

— Você falaria comigo sobre os tempos em que traçava perfis de criminosos? — perguntei.

Eu o ouvi suspirando diante da lembrança.

— Passar a vida observando as entranhas de um pobre coitado que foi morto não é uma maneira de viver.

(Na verdade, Paul Britton raramente passava seu tempo observando as entranhas de alguém: profissionais que traçam perfis de criminosos não visitam cenas de crimes. Ele teve contato com as entranhas em fotografias da polícia e em sua imaginação, quando tentava visualizar algum assassino sexual psicopata cujo perfil estava traçando.)

— De qualquer modo, você falaria comigo sobre esses tempos?

— Há um novo hotel ao lado da estação de trem de Leicester — respondeu ele. — Podemos nos encontrar na quinta-feira às 11 horas.

Paul Britton chegou ao hotel com um casaco preto comprido que lembrava o tipo de roupa dramática que Fitz, o brilhante profissional que traçava perfis de criminosos na série de TV *Cracker*, usava. No entanto, provavelmente eu estava fazendo essa ligação porque sempre achara que Fitz fosse baseado nele. Pedimos café e encontramos uma mesa.

Comecei com cuidado, perguntando a ele sobre a Lista de Bob Hare.

— Ele tem feito um trabalho maravilhoso — disse Britton. — É realmente uma ferramenta valiosa. — Depois, a conversa esfriou por um momento e ele mudou de cadeira e disse: — Não sei se deveria lhe contar sobre como tudo começou para mim. Assim está bem? Desculpe! Você precisa me impedir de ficar dando voltas se eu estiver sendo redundante. Eu não ficaria nem de longe ofendido com isso. Mas eu poderia?...

— Sim, sim, por favor — falei.

— Tudo começou em 1984 — disse ele —, quando um companheiro chamado David Baker, um dos melhores detetives que já existiram, apareceu no meu escritório...

O ano era 1984. O corpo de uma jovem havia sido encontrado em uma rua perto do hospital do Serviço Nacional de Saúde, onde Paul Britton trabalhava como psicólogo clínico. Ela fora esfaqueada quando caminhava com seus cachorros. Não havia suspeitos. Traçar o perfil de criminosos era uma atividade que mal existia na época na Grã-Bretanha, mas algum instinto motivou David Baker — o oficial responsável pela investigação — a buscar a opinião de Britton.

— David é o pai do perfil psicológico no Reino Unido — falou Britton — porque ele chegou e me fez a pergunta. Você me entende? Se David não tivesse chegado e perguntado, eu não teria tido motivo algum para me envolver.

Britton olhou para mim. Era óbvio que ele queria que eu dissesse: "Ah, mas *você* é o pai dos perfis de criminosos no Reino Unido."

Acho que ele queria enfatizar que havia mais coisas para ele do que o terrível incidente.

— Ah, mas *você* é o pai do perfil de criminosos no Reino Unido — falei, obedientemente.

E então David Baker observou enquanto Britton, "quase inconscientemente" (conforme mais tarde ele próprio escreveu em suas memórias que viraram best-seller, *The Jigsaw Man*), começou a lhe fazer perguntas. "Quando ele a amarrou? Quanto tempo ela ficou consciente? Quanto tempo demorou para morrer?"

Até que Britton anunciou a Baker que o assassino seria um psicopata sexual, um jovem com idade entre mais ou menos 15 e 20 anos, solitário e sexualmente imaturo, que provavelmente morava com os pais. Era também um trabalhador manual que sabia lidar com facas e possuía uma coleção de revistas e vídeos pornográficos violentos.

— Como se viu, isso estava inteiramente correto, e em pouco tempo conseguiram pôr as mãos na pessoa responsável — disse Britton. — Um homem chamado Bostock, acho.

Paul Bostock, que de fato se encaixava no perfil traçado por Britton, confessou o assassinato. Com isso, Britton virou uma celebridade. Publicaram entusiasmados perfis deles em jornais. O Ministério do Interior o levou para usar suas sutilezas na recém-criada Unidade de Pesquisa de Perfis de Infratores e lhe pediu para aparecer em uma série de TV, *Murder in Mind*. Ele disse que relutou em se tornar uma celebridade televisiva e só concordou depois de as pessoas do Ministério do Interior lhe explicarem que queriam ser vistas como vanguardistas dos perfis psicológicos e lembrarem a ele que tudo o que fizera "tinha tido muito sucesso".

Conforme os meses se passaram, Britton fez perfis corretos de muitos outros assassinos sexuais psicopatas, quase todos jovens que moravam com os pais e possuíam uma grande coleção de pornografia violenta.

— Há uma crítica... — comecei.

— *Uma critica de quê?* — interrompeu Britton, inesperadamente.

Ele estava sendo bastante modesto e humilde até aquele momento e, portanto, a mudança repentina de tom foi uma surpresa.

— De que, bem, seus perfis foram todos de personalidade quase idênticas.

— Ah, sim, falo sobre isso depois — ele deu de ombros.

E de fato ele fez — de acordo com *The Jigsaw Man* — perfis de alguns criminosos que não eram o arquétipo: descobriu-se que um chantagista, que colocava lâminas de barbear em produtos para bebês, era um ex-policial, exatamente como ele aparentemente previra.

Aqueles foram seus anos dourados. Começaram a vir à tona estranhos rumores infundados de ocasiões em que ele talvez tivesse entendido errado. Por exemplo, foi dito que em 1989 uma adolescente entrou em uma delegacia de polícia em Leeds e alegou ser usada como "égua de reprodução" por alguns pilares da comunidade, um grupo que incluía o comandante da polícia e o procurador-geral, um membro da Câmara dos Lordes.

"O que é uma égua de reprodução?", perguntou um policial confuso à garota.

Ela explicou que era regularmente levada para um apartamento no bairro estudantil de Leeds, onde, no porão — que tinha um pentagrama pintado no chão — ela era "engravidada" pelo comandante da polícia e por seus companheiros maçons satanistas. Mais tarde, o feto era arrancado dela e sacrificado no altar a Lúcifer.

O policial não sabia o que fazer. Estaria a moça fantasiando ou ela era realmente uma égua de reprodução? Seria seu chefe um velho satanista ou uma vítima de calúnia? Então ele pediu a Britton para avaliar o testemunho da jovem, que declarou que ela estava falando a verdade. A polícia abriu uma investigação dispendiosa e nada encontrou. Nenhum altar, nenhum encontro de bruxos, nenhuma prova de atividades de qualquer tipo com éguas de reprodução. O caso foi discretamente encerrado.

— Uma égua de reprodução? — Britton franziu as sobrancelhas quando lhe perguntei sobre esse rumor.

— Isso te lembra alguma coisa? — perguntei. — Ela disse que as pessoas do culto satanista eram policiais de alta patente e que eles a engravidavam, arrancavam o feto dela e o usavam em um sacrifício a Satã.

— Houve diversos casos envolvendo atividades satanistas com os quais lidei ao longo dos anos — respondeu Britton. — Isso não é incomum. Mas não me lembro desse em particular.

Se a investigação sobre a égua de reprodução realmente aconteceu, ele poderia ser perdoado por não se lembrar. O fim dos anos 1980 e o início dos anos 1990 foram um turbilhão para Britton. Havia aparições na mídia, policiais fazendo fila para pedir seus conselhos sobre casos de assassinos sexuais não resolvidos e por aí em diante. Ele estava em ascensão. E então tudo despencou.

Em 15 de julho de 1992, uma mulher de 23 anos, Rachel Nickell, foi encontrada morta em Wimbledon Common. Havia sido esfaqueada 49 vezes diante de seu filho Alex, um bebê. A polícia, como se tornara costume em casos assim, pediu a Britton para traçar o perfil do agressor.

"Eu esfregava meus olhos até ver estrelas brancas pulando pelo teto", escreveu ele mais tarde em *The Jigsaw Man*. "Estava tão concentrado que era difícil mudar o foco." Então ele anunciou que o assassino seria um psicopata sexual, um único homem, um trabalhador manual que morava com os pais ou sozinho em um apartamento conjugado, a uma distância curta de Wimbledon Common, e que tinha uma coleção de pornografia violenta.

Em retrospecto, é de certa forma compreensível que tenham acreditado equivocadamente que Colin Stagg era o assassino. Por um terrível capricho do destino, ele se parecia muito com a descrição feita por testemunhas de um homem que haviam visto fugindo do local e que, por sua vez, parecia-se muito com o verdadeiro assassino, Robert Napper. Além disso, Colin se encaixava no perfil de Britton — na verdade, mais do que Robert Napper. Por exemplo, Napper morava em Plumstead, a 27 quilômetros de distância, do outro lado de Londres. (Atualmente, Robert Napper mora a três portas de Tony na unidade da DSPD em Broadmoor. Tony me falou que ninguém na ala gosta muito do homem, porque ele é traiçoeiro e estranho.)

Stagg já havia sido advertido pela polícia por tomar sol sem roupa em Wimbledon Common e escrever uma carta obscena para uma mulher chamada Julie, com a qual entrara em contato por meio dos classificados sentimentais da revista *Loot*. Em uma placa na porta da sua casa, lia-se: "Cristãos, mantenham distância. Um pagão mora aqui." Dentro da casa havia uma coleção de revistas pornográficas e livros sobre ocultismo.

Porém, não havia qualquer prova de que ele fosse sexualmente depravado. Conforme escreveu em suas memórias, *Who Really Killed Rachel?*: "Eu me considero uma pessoa perfeitamente normal (...) um homem normal e de sangue quente, que ansiava pela companhia de mulheres (...) O que eu realmente desejava era um relacionamento sólido, de confiança, que acabasse levando a um casamento e filhos."

Mas, sim, ele disse à polícia que estava caminhando com seu cachorro em Wimbledon Common no dia em que Rachel fora assassinada, como fazia todos os dias.

A polícia — com forte suspeita de que apanhara o assassino — perguntou a Britton se ele poderia criar uma maneira de extrair uma confissão de Stagg, ou de eliminá-lo das investigações. E foi quando ele teve uma ideia brilhante.

Ele sugeriu que uma policial disfarçada fizesse contato com Stagg e ficasse amiga dele. A polícia instruiu a policial — "Lizzie James" — a escrever para Stagg afirmando ser amiga de Julie, a mulher dos classificados sentimentais da *Loot*.

Ao contrário da pudica Julie, Lizzie diria que não conseguia tirar da cabeça a carta erótica de Colin. Para enfatizar a indireta, ela acrescentou: "Tenho um gosto estranho para música. Minha canção favorita é 'Walk on the Wild Side', de Lou Reed."

Colin, claramente surpreso com a maravilhosa e inesperada reviravolta, respondeu de imediato.

— Sou dolorosamente solitário — escreveu ele, perguntando a Lizzie se ela se importaria se ele lhe enviasse algumas de suas fantasias sexuais.

Lizzie respondeu que seria um prazer: "Tenho certeza de que suas fantasias não têm limites e de que você tem a mente tão aberta e é tão desinibido quanto eu."

E então Colin respondeu descrevendo em detalhes os dois fazendo amor suavemente em um parque, em um belo dia de sol, e sussurrando: "Eu te amo. Eu te amo muito." A fantasia terminava com Colin enxugando com ternura as lágrimas que rolavam no rosto de Lizzie.

A polícia ficou animada. Colin citara como local um *parque*.

Mas Paul Britton aconselhou cautela. Teria sido claramente melhor se a fantasia dele tivesse sido menos afetuosa e mais, digamos, depravada. Portanto, nas cartas seguintes, Lizzie aumentou a aposta. Colin não devia se conter, escreveu ela, "porque minhas fantasias não têm limites e minha imaginação corre solta. Às vezes, isso me preocupa, e seria bom se você tivesse os mesmos sonhos incomuns que eu... Quero sentir você poderoso e avassalador, para que eu fique completamente em seu poder, indefesa e humilhada".

"Você precisa de uma boa trepada com um homem de verdade", respondeu Colin entusiasmado. "Garanto que vai gritar de agonia." Imediatamente, ele esclareceu que não era realmente uma pessoa violenta. Estava dizendo aquilo apenas porque era o tipo de fantasia erótica que achava que ela queria ouvir. "Se você achou isso ofensivo, peço mil desculpas." Na verdade, disse ele, seria ótimo se Lizzie pudesse ir ao seu apartamento para que ele pudesse cozinhar para ela sua "especialidade: arroz à bolonhesa, seguido de mousse caseira de framboesa".

Entretanto, Paul Britton notou "elementos distintos de sadismo" nas cartas de Colin.

E a coisa foi adiante. Lizzie enviou a Colin uma série de cartas insinuando o quanto achava que ele era incrivelmente gostoso. As respostas de Colin indicavam que ele mal podia acreditar na própria sorte. Aquilo era a melhor coisa que já lhe acontecera. A única nuvem no horizonte era o fato incongruente de que toda vez que ele sugeria levar as coisas para a próxima fase — talvez se encontrando com ela e fazendo sexo de fato — ela invariavelmente ficava quieta e recuava. Ele estava intrigado, mas atribuiu isso aos modos misteriosos das mulheres.

Sob a direção de Britton, Lizzie começou a dar pistas a Colin de que tinha um "segredo obscuro" — algo "mau", "brilhante" e "glorioso" que fizera em seu passado, e que despertava nela "as emoções mais excitantes".

Colin respondeu que adoraria saber seu segredo obscuro e que, na verdade, também tinha um: a polícia achava equivocadamente que ele assassinara Rachel Nickell, "porque sou solteiro e tenho antigas crenças nativas".

Lizzie respondeu que preferiria que ele *fosse* o assassino: "Isso tornaria as coisas mais fáceis para mim, porque tenho algo para lhe contar." Era seu "segredo obscuro". Talvez eles devessem fazer um piquenique no Hyde Park e ela poderia revelar seu segredo. Colin respondeu que estava excitado com a possibilidade de fazer o piquenique e ouvir seu segredo obscuro, mas que era justo informá-la que ele definitivamente não matara Rachel Nickell. Ainda assim, acrescentou de maneira nada elegante, talvez eles pudessem fazer sexo e ele poderia empurrar a cabeça dela com um cinto quando a penetrasse por trás, "cedendo aos desejos carnais a cada cinco minutos".

O "segredo obscuro" de Lizzie — conforme ela finalmente informou a Colin no Hyde Park, enquanto uma grande equipe de policiais disfarçados monitorava cada movimento deles — era que ela, na adolescência, envolvera-se com algumas "pessoas especiais" — *satanistas* — e que, quando estava com elas, "um bebê teve sua garganta cortada. Em seguida, o sangue do bebê foi posto em uma taça e todos beberam, e foi uma atmosfera muito eletrizante". Depois de beberem o sangue do bebê, eles mataram a mãe dele: "Ela foi deixada nua, facas foram trazidas, um homem me entregou uma das facas, me pediu para cortar a garganta da mulher e eu o fiz, e então houve uma grande orgia e fiquei com esse homem e, bem, ele foi o melhor que já tive."

Lizzie olhou para Colin e disse que só poderia amar realmente um homem que tivesse feito algo parecido.

Colin respondeu: "Acho que você está querendo um pouco demais."

* * *

Nas semanas que se seguiram, Lizzie perseverou: "Pensar [no assassino] é TÃO bom. É excitante pensar no homem que fez isso (...) Eu quero alguém como ele. Eu quero esse homem (...) Se pelo menos você tivesse cometido o assassinato em Wimbledon Common, se pelo menos você tivesse matado a mulher, tudo seria diferente."

"Lamento muito", respondeu Colin, com tristeza, "mas não fiz isso".

Ainda assim, ele enviou a ela fantasias sexuais cada vez mais violentas, envolvendo facas, sangue etc. E quando Lizzie as enviou a Paul Britton, ele as estudou e solenemente informou à polícia: "Vocês estão olhando para alguém com uma sexualidade altamente desviante, presente em um número muito pequeno de homens da população em geral. As chances de que houvesse dois homens assim em Wimbledon Common quando Rachel foi assassinada são incrivelmente pequenas."

Lizzie tentou, pela última vez, extrair uma confissão de Colin. Eles se encontraram no Hyde Park. "Tento imaginar aquele homem", disse ela, melancolicamente, enquanto eles comiam sanduíches junto ao lago Serpentine, "e pensar nele é tão excitante. Talvez você seja esse homem. Quero que você me trate mais ou menos como aquele cara tratou aquela mulher".

Colin (conforme escreveu mais tarde) começou a se perguntar se Lizzie "poderia ser mentalmente perturbada".

"Talvez a gente deva parar com isso", disse ele, desolado.

E, diante disso, ela se levantou, suspirou e saiu andando, passando por um furgão amarelo que estava perto, cheio de policiais.

Dias depois, Colin foi preso e acusado pelo assassinato de Rachel Nickell. Passou os 14 meses seguintes sob custódia. Durante esse período, o verdadeiro assassino, Robert Napper, matou uma mulher e sua filha de 4 anos, respectivamente Samantha e Jazmine Bissett, perto de sua casa, em Plumstead, no leste de Londres.

— O corpo de Samantha estava tão horrivelmente mutilado — contou-me Paul Britton no hotel — que o fotógrafo da polícia destinado para a cena do crime abriu o edredom no qual Napper o embrulhara, tirou a fotografia... — Britton fez uma pausa. Mexeu seu café. Lançou-me um olhar grave. — E *nunca mais trabalhou.*

E este, dizia a expressão de Britton, era o mundo que eles habitavam, o horror total que civis inocentes como eu nunca entenderiam realmente.

Por fim, o caso de Colin Stagg foi para o tribunal de Old Bailey. O juiz deu uma olhada no caso e o descartou. Disse que a armadilha sexual havia sido uma "conduta enganosa do tipo mais grosseiro" e que a ideia de "um perfil psicológico ser admissível como prova de identidade em qualquer circunstância representava um perigo considerável".

E assim a reputação de Britton, e a da sua profissão, estava arruinada.

Ninguém se saiu bem dessa história. A policial que encenou Lizzy James desapareceu da história em abril de 2001, quando a BBC relatou que recebera 125 mil libras em compensação pelo trauma e pelo estresse. Em 2008, Colin Stagg recebeu uma indenização de 706 mil libras, mas isso só aconteceu depois de ele passar 16 anos sendo rejeitado em cada emprego ao qual se candidatava, em meio a rumores persistentes de que escapara livre de um assassinato. Paul Britton sofreu uma acusação da Sociedade Psicológica Britânica, mas o caso contra ele foi arquivado depois de seu advogado argumentar que, devido à passagem do tempo, ele não teria uma audiência justa. Britton se tornou um pária no mundo dos perfis de criminosos.

Agora, no hotel, eu dizia:

— Gostaria de falar sobre Colin Stagg.

Diante disso, ele ergueu seu dedo, vasculhou em silêncio sua bolsa e me entregou uma folha de papel. Levei alguns instantes para entender o que estava lendo. Então compreendi: era uma declaração, preparada por ele, para qualquer pessoa que fizesse essa pergunta.

Bem no começo da investigação do caso Nickell — alegava sua declaração — ele disse à Polícia Metropolitana que o Estuprador de Plumstead (que, conforme acabaria sendo descoberto, era Robert Napper) era o homem que eles procuravam. Mas os policiais não lhe deram ouvidos.

Tirei os olhos da página.

— Você realmente disse isso a eles?

Britton fez que sim com a cabeça.

— Eu falei: "Vocês estão olhando para o mesmo criminoso. Eu o encontrei em Plumstead e o encontrei em Rachel Nickell." Eles disseram: "Nossa análise está clara. Os crimes não estão ligados." Está bem. Eles são a Polícia Metropolitana. Sabem dessas coisas. Não sou perfeito. Seria arrogante da minha parte achar que a análise que fiz era superior à deles. E eles estão certos. Estariam. Tive que aprender isso. Tive que aceitar. Considere isso uma aula. É isso aí. Desculpe.

— Você pode me dar uma prova? — perguntei. — Há alguém lá que estaria disposto a dizer: "Sim, é absolutamente verdade."

— Há várias pessoas que poderiam dizer isso. Mas ninguém dirá.

— Por causa dos seus interesses pessoais?

— Por causa das pensões, da situação e dos interesses. Mas recebi um telefonema de duas pessoas que falaram: "Eu estava lá. Sei o que aconteceu. Você está certo. Perdoe-me por não dizer nada. Talvez quando que eu receber minha pensão eu revele tudo."

— Acho que nenhum deles recebeu ainda a pensão.

— As pessoas cuidam das próprias vidas. Você não pode culpá-las. É uma guerra feia...

— É — falei.

Ele olhou para mim.

— Deixe-me tentar ajudar você com isso... — ele disse.

Durante a meia hora seguinte, Britton destrinchou pacientemente os acontecimentos da armadilha sexual para demonstrar que em nenhum momento fez qualquer coisa errada. Sua regra o tempo todo era de que "o suspeito, Colin Stagg, tem que ser a pessoa que introduz cada elemento. O que você vai poder fazer, então, é refletir sobre isso. Você nunca pode introduzir primeiro. Se fizer isso, estará satisfazendo as *suas* próprias esperanças".

Eu estava boquiaberto. Não sabia por onde começar.

— Mas e o passado de ritual de assassinatos de Lizzie? — perguntei.

— Como... desculpe... o que você está pensando aí? — respondeu Britton suavemente, lançando-me um olhar hostil.

— Ela disse que só poderia amar um homem que tivesse feito algo parecido — esclareci.

— Se alguém com quem estivesse saindo dissesse isso a você — disse Britton —, o que faria? — Ele fez uma pausa e repetiu: — *O que você faria?*

— Mas ele estava claramente desesperado para perder sua virgindade com ela.

— Eu não sei nada sobre isso.

Era impressionante que Britton parecesse realmente incapaz de reconhecer como a armadilha sexual havia sido mal planejada. Mas, para mim, tão impressionante quanto era perceber que isso era, de muitas maneiras, uma versão radical de um impulso que jornalistas e produtores de conteúdo de não ficção na TV — e talvez psicólogos, policiais e advogados — entendem bem. Eles haviam criado uma versão completamente distorcida e insana de Colin Stagg delineando os aspectos mais insanos de sua personalidade. Somente o jornalista mais louco iria tão longe quanto eles foram, mas praticamente todo mundo segue *um pouco* nesse caminho.

Ele olhou para mim. Repetiu sua posição. Em nenhum momento durante a operação ele cruzou os limites.

— Nem mesmo quando você disse que a chance de haver dois homens com um desvio sexual tão grande em Wimbledon Common era incrivelmente pequena? — perguntei.

— Bem, lembre-se que Robert Napper estava lá e Colin Stagg não estava. Portanto...

— Colin Stagg estava lá naquela manhã.

— Mas não estava em Common ao mesmo tempo! — respondeu Britton.

Ele me lançou um olhar vitorioso.

— Você acha que Colin Stagg tem uma personalidade sexual desviante? — perguntei.

— Não conheço Colin Stagg — respondeu ele.

Houve um silêncio glacial.

— São essas as perguntas que você veio me fazer? — disse ele.

Pedimos a conta.

10

A EVITÁVEL MORTE
DE REBECCA RILEY

Em uma noite bastante agradável, fui convidado para um banquete da cientologia, em traje de gala, na velha mansão de L. Ron Hubbard em East Grinstead. Bebemos champanhe no terraço de Hubbard, com vista para hectares ininterruptos do interior inglês, e, em seguida, fomos conduzidos para o Grande Salão, onde me sentaram à mesa principal, ao lado de Tony Calder, ex-assessor dos Rolling Stones.

A noite começou com uma cerimônia estranha. Os cientologistas que haviam aumentado suas doações para mais de 30 mil libras foram convidados ao palco para receber estatuetas de cristal. Ficaram ali sorrindo radiantes, à frente de um panorama pintado de nuvens celestiais, enquanto a plateia se erguia a seus pés em aplausos e alguns assistentes bombeavam gelo seco em torno deles, dando-lhes uma espécie de brilho místico.

Em seguida, Lady Margaret McNair, chefe da filial britânica da CCHR, fez um longo e espantoso discurso detalhando os novos distúrbios mentais cuja inclusão na próxima edição da DSM — a DSM-V — havia sido proposta.

— Você já apertou sua buzina com raiva? — disse ela. — Então sofre de Transtorno Explosivo Intermitente!

— É isso aí! — gritou a plateia. — Parabéns!

Na verdade, o Transtorno Explosivo Intermitente é descrito como "um transtorno de comportamento caracterizado por manifestações de raiva extremas, desproporcionais à situação, com frequência chegando a uma fúria incontrolável".

— Depois tem o Vício em Internet! — prosseguiu ela, enquanto a plateia ria e vaiava.

Na verdade, o Vício em Internet já havia sido rejeitado pela comissão da DSM-V. Era a ideia de um psiquiatra que morava em Portland, Oregon, chamado Jerald Block: "O Vício em Internet parece ser um transtorno comum e que merece sua inclusão na DSM-V", escreveu ele na *American Journal of Psychiatry* de março de 2008. "As repercussões negativas incluem discussões, mentiras, péssimo desempenho profissional e estudantil, isolamento social e fadiga."

Contudo, a comissão da DSM-V discordou. Disseram que passar tempo demais na internet podia ser considerado um sintoma de depressão, mas não um transtorno isolado. Concordaram em mencioná-lo no apêndice da DSM-V, mas todos sabiam que o apêndice era o cemitério dos distúrbios mentais.

(Não queria admitir isso diante dos cientologistas, mas secretamente eu era a favor de classificar o Vício em Internet como um distúrbio e gostaria que as pessoas que haviam discutido se eu era um engodo ou um estúpido fossem declaradas insanas.)

Lady Margaret continuou sua lista de propostas ultrajantes de distúrbios mentais:

— Você já brigou com seu marido ou sua esposa? Então está sofrendo de Transtorno Relacional!

— Uuh! — vaiou a plateia.

— Você é um pouco preguiçoso? Então tem o Transtorno do Ritmo Cognitivo Lento!

Depois teve o Transtorno da Compulsão Alimentar Periódica, o Transtorno da Personalidade Passivo-Agressiva, o Transtorno da Amargura Pós-Traumática...

Muitos na plateia eram homens e mulheres bem-sucedidos de negócios locais, pilares da comunidade. Tive a sensação de que a liberdade de discutir com seus cônjuges e de apertar suas buzinas com raiva eram liberdades que eles realmente prezavam.

Não sei o que pensar. Há muitas pessoas doentes cujos sintomas se manifestam de maneiras estranhas. Parecia inconveniente para Lady Margaret — e para todos os antipsiquiatras, cientologistas e outros — considerá-las basicamente sãs porque isso combinava com sua ideologia. Quando o questionamento de critérios de diagnóstico se tornara zombar dos sintomas incomuns de pessoas que vivem estresses bastante reais? A CCHR já havia divulgado um release condenando pais por medicarem seus filhos simplesmente porque estes estavam "enfiando o dedo no nariz".

> Os psiquiatras têm rotulado tudo como doença mental, desde cutucar o nariz (rinotilexomania) até altruísmo, desde loteria até brincar com bonecos. Eles vendem a ideia espúria de que os distúrbios presentes do DSM, como transtornos de linguagem e matemática e dependência de cafeína, são tão legítimos quanto câncer e diabetes.
>
> Jan Eastgate, presidente da Comissão dos Cidadãos para Direitos Humanos Internacional, 18 de junho de 2002

A questão não era que os pais estivessem medicando seus filhos por estes enfiarem o dedo no nariz. Os filhos estavam sendo medicados por cutucarem o nariz até os ossos da face ficarem expostos.

Mas, enquanto a lista de Lady Margaret continuava, era difícil não se perguntar como as coisas haviam acabado daquela maneira. Parecia realmente que ela estava consciente de alguma coisa, que o comportamento humano complicado estava sendo cada vez mais rotulado como distúrbio mental. Como isso havia acontecido? Era algo importante? Havia consequências?

A resposta à primeira pergunta era impressionantemente simples. Tudo isso havia acontecido por causa de um homem nos anos 1970: Robert Spitzer.

— Até onde me lembro, sempre gostei de classificar as pessoas.

Em uma casa branca e arejada, em um bairro residencial arborizado de Princeton, Nova Jersey, Robert Spitzer — agora com mais de 80 anos e sofrendo de mal de Parkinson, mas ainda bastante alerta e carismático — sentou-se comigo e com sua empregada, lembrando-se de suas viagens ao norte do estado de Nova York para acampar.

— Eu me sentava na barraca, olhava para fora e fazia anotações sobre as moças de acampamento — disse ele. — O que eu achava de cada uma delas. Suas qualidades. Quais me atraíam mais. — Ele sorriu. — Sempre gostei de classificar as coisas. Ainda faço isso.

Suas viagens para acampar eram um descanso de sua vida tensa em casa, porque sua mãe era "uma paciente psiquiátrica crônica. Era uma senhora muito infeliz. E fazia muita psicanálise. Ia de um analista para outro".

E ela nunca melhorou. Viveu infeliz e morreu infeliz. Sptizer acompanhou isso. Os psicanalistas eram inúteis, girando em volta dela. Nada fizeram pela pobre mulher.

Ele se tornou psiquiatra pela Columbia University e sua aversão pela psicanálise permaneceu inabalada. Até que, em 1973, houve uma oportunidade de mudar tudo.

David Rosenhan era psicólogo do Swarthmore College, na Pensilvânia, e em Princeton. Assim como Spitzer, estava cada vez mais cansado da torre de marfim pseudocientífica onde viviam os psicanalistas. Queria demonstrar que eles eram tão inúteis quanto eram idolatrados e, assim, criou uma experiência. Cooptou sete amigos. Nenhum deles jamais tivera problemas psiquiátricos. Ele e os amigos inventaram pseudônimos e ocupações falsas e, todos de uma vez, viajaram pelos Estados Unidos — cada um deles foi para um hospital psiquiátrico diferente. Como escreveu Rosenhan mais tarde:

> Eles [os hospitais] estavam localizados em cinco estados diferentes, nas costas leste e oeste. Alguns eram antigos e decadentes, outros eram novos em folha. Alguns tinham uma boa proporção entre funcionários e pacientes, outros careciam de profissionais. Apenas um deles era um hospital estritamente privado. Todos os outros eram apoiados por verbas federais e estaduais ou, em um dos casos, por fundos de uma universidade.

Em um momento combinado, cada um deles disse ao psiquiatra encarregado que estava ouvindo uma voz na cabeça que dizia as palavras "vazio", "oco" e "batida". Esta era a única mentira que eles tinham permissão para falar. Fora isso, tinham que se comportar de maneira completamente normal.

Todos os oito foram imediatamente diagnosticados como insanos e admitidos nos hospitais. Sete deles foram informados de que tinham esquizofrenia; o outro seria maníaco-depressivo.

Rosenhan esperava que a experiência durasse dois dias. Foi o que disse a sua família: que não deviam se preocupar porque ele estaria de volta em dois dias. O hospital não o deixou sair durante dois meses.

Na verdade, não deixaram nenhum dos oito sair por, em média, 19 dias cada um, embora todos agissem de maneira completamente normal desde o momento em que haviam sido admitidos. Quando funcionários perguntavam como estavam se sentindo, eles diziam que se sentiam bem. Todos receberam fortes remédios para psicose.

Cada um deles foi informado de que teria que sair pelos próprios artifícios, basicamente convencendo a equipe de que eram sãos.

Simplesmente dizer à equipe que eram sãos não adiantaria.

Uma vez rotulado de esquizofrênico, o pseudopaciente ficava preso a esse rótulo.
David Rosenhan, *On Being Sane In Insane Places*, 1973

Só havia uma saída. Eles tiveram que concordar com os psiquiatras que eram insanos e depois fingir melhorar.

Quando Rosenhan relatou a experiência, houve um pandemônio. Foi acusado de trapaceiro. Ele e seus amigos haviam fingido doenças mentais! Você não pode culpar um psiquiatra por diagnosticar erroneamente uma pessoa que se apresentou com sintomas falsos! Um hospital psiquiátrico desafiou Rosenhan a enviar mais alguns pacientes falsos, garantindo que desta vez seriam identificados. Ele concordou e, um mês depois, o hospital anunciou orgulhosamente que havia descoberto 41 pacientes falsos. Rosenham revelou então que não enviara nenhum deles ao hospital.

A experiência de Rosenhan foi um desastre para a psiquiatria americana. Robert Spitzer se deleitou.

— Foi muito constrangedor — dizia-me ele agora. — A autoestima da psiquiatria ficou muito baixa por causa disso. A psiquiatria nunca havia sido realmente aceita como parte da medicina porque os diagnósticos eram pouco confiáveis, e a experiência de Rosenhan confirmou isso.

O respeito de Spitzer era, em vez disso, por psicólogos como Bob Hare, que trocou a psicanálise por algo mais científico, as listas de verificação: catálogos objetivos de comportamentos evidentes. Se pelo menos houvesse algum modo de levar esse tipo de disciplina para a psiquiatria...

Então ele soube de uma oportunidade de trabalho: ser o responsável pela nova edição de um livreto em espiral pouco conhecido, chamado DSM.

— A primeira versão do DSM tinha 65 páginas! — Spitzer riu. — Era usada principalmente em hospitais estaduais para relatórios estatísticos. Não tinha interesse algum para pesquisadores.

Aconteceu de ele conhecer algumas pessoas do DSM. Estava por perto quando ativistas gays fizeram pressão para que tirassem a homossexualidade como transtorno mental do livro. Spitzer ficara do lado dos ativistas e intermediara um acordo para que ser gay não fosse mais considerado uma manifestação de insanidade. Sua intervenção ganhou o respeito de todos e, assim, quando demonstrou interesse pelo trabalho de editar o DSM-III, o resultado já era previsto.

— De qualquer modo — disse ele —, não havia ninguém disputando o emprego. Não era considerado um trabalho muito importante.

O que ninguém sabia era que Spitzer tinha um plano: retirar, tanto quanto conseguisse, o julgamento humano da psiquiatria.

Durante os seis anos seguintes, de 1974 a 1980, ele realizou uma série de reuniões editoriais do DSM-III em uma pequena sala de conferência da Columbia University. As reuniões eram, segundo a opinião geral, um caos. Como relatou mais tarde Alix Spiegel, da *New Yorker*, os psiquiatras que Spitzer convidava gritavam uns com os outros. Aquele que tivesse a voz mais alta tendia a ser levado mais a sério. Ninguém fazia minutas.

— É claro que não fazíamos minutas — disse-me Spitzer. — Mal tínhamos um datilógrafo.

Alguém gritava o nome de um potencial distúrbio mental novo e uma lista de suas características; havia uma cacofonia de vozes aprovando ou desaprovando; e, se Spitzer concordasse — como quase sempre acontecia — ele martelava aquilo imediatamente em uma velha máquina de escrever e a decisão estava selada.

Parecia um plano infalível. Ele erradicaria da psiquiatria toda aquela investigação ridícula sobre o inconsciente. Não haveria mais polêmicas tolas. O julgamento humano não havia ajudado sua mãe. Em vez disso, seria como a ciência. Qualquer psiquiatra poderia apanhar o manual que eles estavam criando — o DSM-III — e, se o paciente exibisse sintomas que correspondessem à lista, ele teria seu diagnóstico.

E é assim que praticamente todo distúrbio do qual você já ouviu falar ou que já foi diagnosticado veio a ser inventado, dentro daquela sala de conferência caótica, sob os auspícios de Robert Spitzer, que estava buscando inspiração em pioneiros de listas como Bob Hare.

— Me dê alguns exemplos — pedi a ele.

— Ah... — Ele fez um gesto com a mão para dizer que eram muitos. — Transtorno do Estresse Pós-Traumático, Transtorno de Personalidade Limítrofe, Transtorno de Déficit de Atenção...

Depois vieram o Autismo, a Anorexia Nervosa, a Bulimia, o Transtorno do Pânico... cada um deles um distúrbio novinho em folha com sua própria lista de sintomas.

Eis, por exemplo, parte da lista do Transtorno Bipolar encontrada no DSM-IV:

CRITÉRIOS PARA EPISÓDIO MANÍACO
Um período distinto de humor anormal e persistentemente elevado, expansivo ou irritável, com duração de, no mínimo, uma semana.

Autoestima elevada e sensação de grandiosidade.

Necessidade de sono reduzida (por exemplo, sente-se descansado depois de apenas três horas de sono).

Mais falante do que o habitual ou demonstra pressão para continuar falando.

Envolvimento excessivo em atividades prazerosas que têm alto potencial de consequências dolorosas (por exemplo, fazer compras desenfreadamente, indiscrições sexuais ou investimentos tolos em negócios).

COM CARACTERÍSTICAS MELANCÓLICAS

Perda de prazer em todas ou quase todas as atividades.

Falta de reatividade a estímulos geralmente prazerosos (não se sente muito bem, mesmo temporariamente, quando algo bom acontece).

Culpa excessiva ou inapropriada.

Os problemas incluem faltar às aulas, fracassar na escola ou no trabalho, divórcio ou comportamento antissocial episódico.

— Você já rejeitou alguma proposta de distúrbio mental? — perguntei a Spitzer.

Ele pensou por um momento.

— Sim. Eu me lembro de um. A Síndrome da Criança Atípica.

Houve um breve silêncio.

— Síndrome da Criança Atípica?

— O problema foi quando tentamos descobrir como caracterizá-la. Eu perguntei: "Quais são os sintomas?" O homem que a propôs respondeu: "É difícil dizer, porque as crianças são muito atípicas." — Ele fez uma pausa. — E íamos incluir o Transtorno da Personalidade Masoquista, mas houve um grupo de feministas que se opôs violentamente.

— Por quê?

— Achavam que era rotular a vítima.

— O que aconteceu com este transtorno?

— Mudamos o nome para Transtorno da Personalidade Autoderrotista e o colocamos no apêndice.

Eu sempre me perguntara por que não havia qualquer menção a psicopatas no DSM. Spitzer me contou que na verdade houve uma divergência nos bastidores — entre Bob Hare e uma socióloga chamada Lee Robins. Ela achava que clínicos não podiam avaliar de maneira confiável traços de personalidade como a empatia e propôs retirá-los da lista do DSM e incluir apenas sintomas evidentes. Bob discordou, a comissão do DSM ficou do lado de Lee Robins e a psicopatia foi abandonada em favor do Transtorno da Personalidade Antissocial.

— Robert Hare provavelmente está bastante aborrecido conosco — disse Spitzer.

— Acho que sim — falei. — Acho que ele pensa que você plagiou os critérios dele sem lhe dar crédito.

(Mais tarde, soube que Bob Hare poderá finalmente receber seu crédito. Um membro da comissão de coordenação do DSM-V, David Shaffer, me disse que eles estavam pensando em mudar o nome do Transtorno da Personalidade Antissocial — que soa muito mal — e alguém sugeriu chamá-lo de Síndrome de Hare. Eles estão analisando o caso.)

Em 1980, depois de seis anos na Columbia, Spitzer se sentia pronto para publicar o livro. Mas primeiro queria fazer um test drive com suas novas listas. E havia muitas. O DSM-I foi um livreto de 65 páginas. O DSM-II era um pouco maior — 134 páginas. Mas o DSM-III — o DSM de Spitzer — tinha 494 páginas. Ele transformou as listas em questionários de entrevista e enviou pesquisadores pelos Estados Unidos para perguntar a centenas de milhares de pessoas aleatórias como elas se sentiam.

O que se constatou foi que quase todas elas se sentiam muito mal. E, de acordo com as novas listas, mais de 50% delas sofria de um transtorno mental.

O DSM-III foi uma sensação. Juntamente com sua edição revista, vendeu mais de 1 milhão de exemplares. As vendas para cidadãos comuns superaram enormemente as vendas para profissionais. Foram vendidos muito mais exemplares do que o número de psiquiatras que existiam. Em todo o mundo ocidental, pessoas começaram a usar as listas para diagnosticar a si mesmas. Para muitas delas, foi um presente dos deuses. Algo estava categoricamente errado com elas e finalmente seu sofrimento tinha um nome. Foi realmente uma revolução na psiquiatria, e uma corrida do ouro para as empresas farmacêuticas, que de repente tinham centenas de transtornos mentais inéditos para os quais podiam inventar medicamentos e milhões de novos pacientes que podiam tratar.

— Os farmacêuticos ficaram encantados com o DSM — disse-me Spitzer, e isso, por sua vez, deixou-o encantado: — Adoro saber de exemplos de pais que dizem: "Era impossível viver com ele até que lhe demos um remédio e ele mudou da água para o vinho." Isso é uma boa notícia para uma pessoa do DSM.

Mas então algo começou a dar errado.

Gary Maier — o psiquiatra que inventou os workshops de sonhos e os rituais de canto em Oak Ridge e que acabou sendo demitido por dar LSD a 26 psicopatas simultaneamente — foi convidado recentemente por alguns representantes de venda de empresas farmacêuticas para almoçar. Ele trabalha atualmente em duas prisões de segurança máxima em Madison, Wisconsin, e seu departamento acaba de tomar a decisão de não ter mais nada a ver com empresas farmacêuticas. Então, alguns representantes de venda o convidaram para almoçar para descobrir por quê.

— Eram duas mulheres muito bonitas e um cara bastante simpático — contou-me Gary depois de um almoço.

— O que eles disseram? — perguntei a ele.

— Bem, se você me procurar na internet, encontrará ensaios que escrevi sobre montes com efígies indígenas — respondeu Gary. — É o meu hobby. Então as duas mulheres passaram a maior parte do almoço me perguntando sobre efígies. Elas me fizeram desenhar efígies na toalha da mesa.

— E depois?

— Depois foram direto ao assunto — disse ele. — Por que eu não estava mais usando seus produtos? Falei: "Vocês são o inimigo. Vocês sequestraram a profissão. Estão interessados apenas em vender seus produtos, não em tratar pacientes." Todos eles me provocaram. Eu aguentei calado. Então veio a conta. Estávamos prontos para ir embora. E então a mais atraente das duas mulheres disse: "Ah, você gostaria de algumas amostras de Viagra?"

Gary ficou em silêncio. Em seguida, disse com certa fúria:

— Como se fossem traficantes de drogas.

Ele revelou não ter nada contra listas:

— Uma boa lista é útil. Mas agora estamos inundados de listas. Você pode encontrá-las até na revista *Parade*.

E um excesso de listas, junto com representantes de venda de remédios inescrupulosos, é uma combinação assustadora, segundo Gary.

Há um livro infantil, *Brandon and the Bipolar Bear*, escrito por uma mulher chamada Tracy Anglada. Nele, o pequeno Brandon fica furioso diante da menor provocação. Em outros momentos, ele é tolo e aéreo. Sua mãe o leva, acompanhado de seu urso, a um médico, que diz a Brandon que ele tem transtorno bipolar. Brandon pergunta ao médico se algum dia se sentirá melhor. Ele diz que sim, hoje existem bons remédios para ajudar meninos e meninas com transtorno bipolar e que Brandon poderia começar tomando um agora mesmo. O médico pede ao menino para prometer tomar seu remédio sempre que sua mãe lhe pedir.

Se Brandon fosse uma criança de verdade, é quase certo que seu diagnóstico de transtorno bipolar estivesse errado.

— Os Estados Unidos diagnosticam exageradamente muitas coisas, e a bipolaridade infantil é a mais recente, e talvez a mais preocupante, considerando as implicações.

Ian Goodyer é professor de psiquiatria para crianças e adolescentes na Cambridge University. Assim como praticamente todos os neurologistas e psiquiatras infantis que atuam fora dos Estados Unidos, e como um grande número deles dentro do país, ele simplesmente não acredita na existência do transtorno bipolar na infância.

— Estudos epidemiológicos nunca encontram nada parecido com a prevalência citada pelos protagonistas dessa opinião de que há crianças bipolares — disse-me ele. — Esta é uma doença que surge a partir do fim da adolescência. É muito, muito improvável que você a encontre em crianças com menos de 7 anos de idade.

O que é estranho, considerando o enorme número de crianças americanas com menos de 7 anos que atualmente recebem diagnóstico de transtorno bipolar.

Essas crianças podem estar doentes, algumas muito doentes, algumas muito perturbadas, disse Ian Goodyear, mas elas *não* são bipolares.

Quando Robert Spitzer deixou de ser editor do DSM-III, seu cargo foi ocupado por um psiquiatra chamado Allen Frances. Este continuou a tradição de Spitzer de acolher tantos distúrbios mentais novos — com suas listas correspondentes — quanto possível. O DSM-IV saiu com 886 páginas.

Agora, enquanto viajava de carro de Nova York para a Flórida, o Dr. Frances me dizia por telefone que ele achava que cometeram alguns erros terríveis.

— É muito fácil deflagrar uma falsa epidemia na psiquiatria — disse ele. — E inadvertidamente contribuímos para três delas que estão acontecendo agora.

— Que são? — perguntei.

— Autismo, déficit de atenção e bipolaridade infantil — respondeu ele.

— Como vocês fizeram isso?

— Com o autismo, foi principalmente acrescentando a Síndrome de Asperger, que era uma forma muito mais moderada. Os índices de diagnóstico de transtorno autista em crianças foram de menos de um em cada 2 mil para mais de um em cada cem. Muitas crianças que seriam consideradas excêntricas, diferentes, foram subitamente rotuladas de autistas.

Lembrei-me da minha viagem para a Penitenciária Coxsackie, passando por aquele outdoor perto de Albany: "A cada vinte segundos, uma criança é diagnosticada como autista."

Alguns pais passaram a acreditar, de forma errada, que esse surto repentino e espantoso estava ligado à vacina MMR. Médicos como Andrew Wakefield e celebridades como Jenny McCarthy e Jim Carrey promoveram essa opinião. Os pais pararam de dar a vacina aos filhos. Alguns contraíram sarampo e morreram.

Mas esse caos, disse Allen Frances, é pouco perto da bipolaridade infantil.

— A maneira como o diagnóstico está sendo feito nos Estados Unidos não era o que tínhamos em mente — revelou. — Crianças com irritabilidade extrema, mudanças de humor e explosões de raiva são chamadas de bipolares. As empresas farmacêuticas e os grupos de defesa têm uma influência tremenda na propagação da epidemia.

* * *

Por acaso, Tracy Anglada, autora de *Brandon and the Bipolar Bear*, é a líder de um grupo de defesa da bipolaridade infantil chamado BP Children. Ela me enviou um e-mail dizendo que me desejava toda a sorte do mundo em meu projeto, mas que não queria ser entrevistada. Se, porém, eu quisesse submeter um manuscrito concluído a ela, acrescentou, ficaria feliz em considerar a possibilidade de analisá-lo.

— Os diagnósticos psiquiátricos estão chegando cada vez mais perto do limite do normal — disse Allen Frances. — Esse limite é muito populoso. O limite mais cheio é o limite com o normal.

— Por quê? — perguntei.

— Há uma pressão da sociedade para a conformidade de todas as maneiras — respondeu ele. — Há menos tolerância à diferença. E, portanto, para algumas pessoas, ter um rótulo talvez seja melhor. Isso pode conferir um senso de esperança e direção. "Antes riam de mim e implicavam comigo. Eu não tinha amigos. Mas agora posso falar com companheiros bipolares na internet e já não me sinto tão sozinho." — Ele fez uma pausa. — Nos velhos tempos, alguns deles talvez recebessem um rótulo mais estigmatizante, como Transtorno de Conduta, ou Transtorno de Personalidade ou Transtorno de Oposição e Desafio. A bipolaridade infantil tira dos pais a margem de culpa de que talvez eles tenham criado uma criança problemática.

— Então talvez isso seja bom — falei. — Talvez receber um diagnóstico de bipolaridade infantil seja bom.

— Não — disse ele. — Definitivamente não é bom. E há um motivo para que não seja.

* * *

Bryna Hebert, que mora a 321 quilômetros de Robert Spitzer, em Barrington, Rhode Island, era "uma criança com muita energia", segundo ela mesma.

— Eu teria sido rotulada? Provavelmente. Eu fazia todo tipo de maluquice. Descia a escada dando cambalhotas...

No entanto, sua infância ocorreu antes da publicação do DSM-III, e seu comportamento era considerado apenas infantil. Tudo mudou com seus filhos. Eu estava sentado com todos eles em sua casa de classe média. Matt, que tinha 14 anos, ficava andando e tocando "Smoke on the Water" em uma Gibson Epiphone. Hanna estava com medo de que um resto de comida que comera estivesse velho demais. Jessica não havia chegado da escola. Tudo parecia bem e normal para mim. Mas, por outro lado, Matt estava sendo medicado. Visitei Bryna porque, assim como sua amiga Tracy Anglada, ela escrevera um livro infantil sobre o distúrbio: *My Bipolar, Roller Coaster, Feelings Book*.

— Sempre houve muita energia — disse Bryna. — Eles foram crianças difíceis. Tinham cólicas. Precisavam ficar sempre em movimento. Engatinharam aos 6 meses. Andaram aos 10. Eu os apanhava na escola e a professora dizia: "Hoje Hannah comeu o arroz cru que estava espalhado sobre a mesa para eles brincarem. Ela encheu a boca de arroz!"

Bryna riu e ficou vermelha. Ela ainda tinha muita energia — falava rápido, as palavras e os pensamentos saíam tropeçando.

— Tínhamos que colocar fita isolante nas fraldas deles. Eles as tiravam enquanto estavam dormindo. Eram impossíveis. Matt! Vá tomar seus remédios!

Os remédios estavam enfileirados na mesa da cozinha. Ele os tomou de uma vez só.

Quando era bebê, o apelido de Matt era Senhor Maníaco-Depressivo.

— Porque seu humor mudava muito rapidamente. Ele estava sentado na cadeirinha alta, feliz como um passarinho, e, dois segundos depois, jogava coisas pela sala. Estava chorando e zangado, e ninguém sabia por quê. Quando tinha 3 anos, passou a brigar muito mais. As crianças gostavam dele, mas também começaram a ficar com medo, porque não podiam prever o que ele faria em seguida. Matt batia e não se desculpava por isso. Era obcecado por vampiros. Cortava pedacinhos de papel e os colocava na boca, como dentes de vampiro, e saía andando. Uivando. Andando pela rua! Aproximando-se de estranhos. Era um pouco esquisito.

— Você ficava nervosa? — perguntei.

— Sim — disse Bryna. — Entrávamos no carro e ele dizia que estava vendo os edifícios no centro da cidade. Mas os prédios estavam a quase cinquenta quilômetros de distância! Quando brincava de Rei Leão, ele *era* realmente o Simba. Era maníaco. Não ficava deprimido com muita frequência. Só de vez em quando. Dizia que não merecia viver, mas nunca foi suicida. E tinha uns surtos que duravam muito tempo. Um dia, em casa, queria uns biscoitos antes do almoço. Eu estava fazendo o almoço e disse não. Falei que ele *não podia* comer biscoitos. E ele agarrou uma faca de açougueiro e me ameaçou com a faca. Gritei com ele: *"Largue isso!"*

— Quantos anos ele tinha?

— Quatro.

— E ele largou?

— Sim.

— Foi a única vez?

— Foi a única vez que ele fez algo tão radical — falou Bryna. — Ah, ele bateu em Jessica na cabeça e lhe deu um chute na barriga.

— Foi ela que me bateu na cabeça — gritou Matt do outro lado da sala.

Bryna parecia furiosa. Ela procurou se acalmar.

Foi depois do incidente com a faca, segundo ela, que eles o levaram para fazer exames.

Por acaso, a unidade pediátrica do hospital local — o Massachusetts General — era dirigida pelo Dr. Joseph Biederman, o decano do transtorno bipolar infantil.

A ciência dos medicamentos psiquiátricos para crianças é tão primitiva e a influência de Biederman é tão grande, que quando ele simplesmente menciona um remédio durante uma apresentação, em um ano ou dois, dezenas de milhares de crianças vão acabar tomando esse remédio, ou uma combinação de remédios. Isso acontece sem que haja qualquer tipo de teste — em vez disso, a decisão é baseada em um boca a boca entre 7 mil psiquiatras de crianças nos Estados Unidos.
San Francisco Chronicle, 13 de julho de 2008

Em novembro de 2008, Biederman foi acusado de conflito de interesses quando se descobriu que sua unidade recebia verbas da Johnson & Johnson, a fabricante do remédio para psicose Risperdal, dado com frequência a crianças. Embora o hospital tenha negado que a unidade estivesse promovendo os produtos da Johnson & Johnson, o *New York Times* publicou trechos de um documento interno em que Biederman prometia "levar adiante os objetivos comerciais da J&J".

Biederman também dissera que o transtorno bipolar pode começar "no momento em que a criança abre os olhos".

O médico negou as acusações feitas contra ele.

— Na época em que examinaram Matt, ele ficava ligando e desligando o aparelho de som — disse Bryna. — Ficava acendendo e apagando as luzes. Ficava embaixo da mesa e em cima da mesa. Ele passou por todas essas listas. Disse que uma vez sonhou que um helicóptero grande, com lâminas no rotor, estava cortando as cabeças de suas irmãs. Em outro sonho, ele foi engolido por um fantasma. Quando ouviram seus sonhos, eles começaram a prestar atenção.

Depois de algum tempo, um dos colegas do Dr. Biederman disse: "Realmente achamos que Matt preenche os requisitos do DSM para transtorno bipolar."

Isso foi há dez anos, e desde então Matt toma remédios. Assim como sua irmã Jessica, que a equipe do Dr. Biederman também diagnosticou com o mesmo transtorno.

— Passamos por um milhão de medicamentos — falou Bryna. — Com o primeiro, ele melhorou muito, mas ganhou quatro quilos e meio em um mês. Então há ganho de peso. Tiques. Irritabilidade. Sedação. Eles funcionam durante dois anos e depois param de funcionar. Matt!

O filho dela estava tocando "Smoke on the Water" bem perto de nós.

— Filho, você pode fazer isso em outro lugar? Querido, você pode achar alguma coisa para fazer? Vá para outro lugar.

Bryna está convencida de que seus filhos são bipolares, e eu não iria entrar de repente na casa de uma estranha para passar a tarde ali e lhe dizer que todos eles eram normais. Isso seria incrivelmente arrogante e ofensivo. Além disso, conforme me disse David Shaffer — o venerável psiquiatra de crianças, pioneiro do DSM que recentemente se divorciou da editora da *Vogue*, Anna Wintour — quando o encontrei em Nova York mais tarde, naquela noite:

— Essas crianças que são diagnosticadas equivocadamente como bipolares podem ser muito revoltadas, muito perturbadas. Não são crianças normais. É difícil controlá-las e elas podem aterrorizar e romper um lar. São crianças poderosas, que podem roubar anos felizes de sua vida. Mas não são bipolares.

— Então o que elas têm?

— Transtorno de Déficit de Atenção — disse ele. — Muitas vezes, quando se está com uma criança com TDA, você pensa: "Meu Deus, parece um adulto louco." Crianças com esse transtorno são com frequência irritáveis. Muitas vezes são maníacas. Mas não crescem assim. E adultos maníacos não tinham TDA na infância. No entanto, elas estão sendo rotuladas de bipolares. Este é um rótulo enorme, que vai acompanhá-los pelo resto da vida. Se você é uma menina, vai tomar remédios que podem induzir a todo tipo de distúrbio no ovário e causar mudanças significativas em seu equilíbrio metabólico. Há implicações se lhe dizem que você tem um distúrbio genético familiar, o que vai torná-lo não confiável, imprevisível, com tendência a depressões terríveis e ao suicídio...

Bryna trabalha em centros de assistência.

— Recentemente, chegou um garoto para adoção — disse ela. — Ele tinha sido retirado de sua casa por causa de abuso e negligência. E, como tinha um comportamento sexualizado, e tivera alguns episódios de humor alterado, alguém falou que ele era bipolar. O garoto se encaixava na lista de bipolares, entende? E então lhe deram uma medicação bem pesada. Isso o deixou lento e o tornou um menino gordo e bobo. E declararam que os remédios eram um sucesso.

Até que ficou claro que o menino não era bipolar. Ele tinha humor instável e comportamento sexualizado porque sofrera abuso sexual. Mas eles eram escravos da lista. Seus sintomas visíveis correspondiam às características relacionadas na lista. Esta é uma criança aleatória em um centro de assistência aleatório. Nos últimos anos, 1 milhão de crianças foram diagnosticadas como bipolares nos Estados Unidos.

— Alguém já pesquisou se as crianças bipolares ainda recebem esse diagnóstico quando chegam à adolescência? — perguntei a Bryna.

— Sim. Algumas criancas continuam bipolares. Outras superam.

— Superam? A bipolaridade não é considerada um transtorno para a vida toda? Isso não é outra maneira de dizer que elas não tinham isso, para início de conversa?

Bryna me lançou um olhar sério.

— Meu marido superou a asma e as alergias a comida — respondeu.

Quando perguntei a Robert Spitzer sobre a possibilidade de ele ter criado, de maneira imprudente, um mundo em que alguns comportamentos comuns estavam sendo rotulados de distúrbios mentais, ele mergulhou em um silêncio profundo. Esperei por sua resposta. Mas o silêncio durou três minutos. Finalmente, ele disse:

— Não sei.

— Você pensa nisso?

— Acho que a resposta é não. Talvez devesse pensar. Mas não gosto da ideia de especular quantas categorias do DSM-III estão descrevendo comportamentos normais.

— Por que você não gosta de especular sobre isso? — perguntei.

— Porque assim estaria especulando sobre quantas podem estar equivocadas — disse ele.

Houve outro longo silêncio.

— Algumas talvez sejam — falou ele.

Na noite de 13 de dezembro de 2006, em Boston, Massachusetts, Rebecca Riley estava resfriada, não conseguia dormir e chamou sua mãe, que a levou para o próprio quarto, deu-lhe algum remédio para o resfriado, outros para o transtorno bipolar e lhe disse que ela podia dormir no chão ao lado da cama. Quando tentou acordá-la na manhã seguinte, descobriu que a filha estava morta.

A autópsia revelou que seus pais haviam lhe dado uma overdose de remédios antipsicóticos que haviam sido receitados para seu transtorno bipolar. Nenhum deles havia sido aprovado para uso em crianças. Os pais haviam adquirido o hábito de lhe dar os comprimidos para fazê-la se calar quando a menina estava perturbando. Ambos foram condenados pelo assassinato de Rebecca.

Rebecca recebera o diagnóstico de bipolar e a medicação — dez comprimidos por dia — de um psiquiatra de destaque chamado Dr. Kayoko Kifuji, que trabalhava no Tufts Medical Center e era fã da pesquisa do Dr. Joseph Biederman sobre bipolaridade infantil. Rebecca tivera uma pontuação alta na lista do DSM, embora na época só tivesse 3 anos e mal conseguisse formar uma frase inteira.

Pouco antes de sua condenação, a mãe de Rebecca, Carolyn, foi entrevistada por Katie Couric, da CBS:

KATIE COURIC: A senhora acha que Rebecca tinha mesmo transtorno bipolar?

CAROLYN RILEY: Provavelmente não.

KATIE COURIC: O que a senhora acha que havia de errado com ela?

CAROLYN RILEY: Eu não sei. Talvez ela fosse apenas hiperativa para a idade.

11

BOA SORTE

Dois anos haviam se passado desde que Deborah Talmi desliza-
ra seu exemplar daquele livro misterioso, estranho e fino sobre
a mesa do Costa Coffee. Tony, de Broadmoor, me telefonou. Eu
não tinha notícias dele há meses.

— Jon! — exclamou ele. Parecia animado. Sua voz soou
como se estivesse ecoando em algum corredor comprido e
vazio.

Eu estava realmente satisfeito por ter notícias dele, embora
não soubesse ao certo o quão satisfeito era apropriado que eu
estivesse. Quem era Tony? Seria ele Toto Constant, que me im-
pressionara como o arquétipo do psicopata de Bob Hare, charmoso e perigoso, correspondendo à lista com uma precisão si-
nistra e assustadora? Seria ele Al Dunlap, que — eu achava, em
retrospecto — havia sido um pouco adaptado por mim para se
encaixar na lista, embora ele próprio tivesse reivindicado para
si muitos itens, vendo-os como manifestações do Sonho Americano e do espírito empreendedor? Seria ele David Shayler,
com sua insanidade palpável, mas inofensiva para outras pessoas, reduzida a um brinquedo em benefício da indústria da
loucura? Ou seria ele Rebecca Riley ou talvez Colin Stagg, avaliados de forma errada como insanos porque simplesmente não
eram o que as pessoas em torno deles queriam que fossem?

Eram somente pessoas difíceis demais, apenas não eram normais o bastante.

— Vai haver um julgamento por um tribunal — disse Tony.

— Quero que você venha. Como meu convidado.

— Ah — falei, tentando parecer satisfeito por ele.

Brian, o cientologista da CCHR, contara-me sobre os diversos julgamentos de Tony. O presidiário estava sempre forçando para que ocorressem, ano após ano, desde que entrara na unidade de Transtorno de Personalidade Perigoso e Grave, em Broadmoor. Seu otimismo era incansável. Ele tentava cooptar qualquer pessoa que pudesse para ficar do seu lado: psiquiatras, cientologistas, eu — qualquer um. Mas o resultado era sempre o mesmo. Não dava em nada.

— Onde vai ser o julgamento?

— Aqui mesmo — respondeu Tony. — No fim do corredor.

Jornalistas raramente entravam em uma unidade da DSPD — meus encontros com Tony sempre haviam sido na cantina principal, o Centro de Bem-estar — e eu estava curioso para ver o lugar por dentro. De acordo com o professor Maden, o clínico-chefe dali, aquele lugar não existiria sem a lista do psicopata feita por Bob Hare. Tony estava lá porque sua pontuação havia sido alta, assim como todos os trezentos pacientes daquela unidade intensiva, incluindo os famosos, como Robert Napper, o homem que matara Rachel Nickell em Wimbledon Common; Peter Sutcliffe, o Estuprador de Yorkshire, e assim por diante. A Grã-Bretanha tinha cinco unidades como aquela — quatro para homens e uma para mulheres, em Durham. Esta se chamava Primrose. A de Tony se chamava Paddock.

A conduta oficial era de que estes eram lugares para tratar psicopatas (com terapia comportamental cognitiva e remédios contra libido — castrações químicas — para os psicopatas sexuais), para ensiná-los a administrar suas psicopatias com o intuito de que um dia, teoricamente, eles fossem enviados de volta ao mundo como pessoas seguras e produtivas. No entanto, a teoria disseminada era de que isso tudo era, na verdade, um esquema para manter os psicopatas trancados pelo resto da vida.

— Aquilo é uma mentira — dissera-me Brian quando o encontrei pela primeira vez para almoçar, mais ou menos dois anos antes. — Dá aos prisioneiros; desculpe, aos *pacientes;* alguma terapia cognitivo-comportamental. Define como terapia algumas conversas casuais entre o paciente e um enfermeiro durante o almoço. Se o paciente conversa, está fazendo a terapia. Está sendo *tratado.* Assim, qualquer pessoa que tem uma pontuação alta na Lista de Hare pode ficar trancada para sempre.

A história dessa unidade começou em um dia de verão de 1996. Lin Russell, suas duas filhas, Megan and Josie, e a cachorra delas, Lucy, estavam caminhando por uma estrada no interior quando viram um homem observando-as do seu carro. Ele saltou e pediu dinheiro a elas. Tinha um martelo nas mãos.

Lin disse: "Não tenho dinheiro. Quer que eu volte para casa e pegue algum?"

O homem falou "Não" e começou a espancá-las até a morte. Josie foi a única sobrevivente.

O nome do assassino era Michael Stone, e ele era um psicopata conhecido. Tinha condenações anteriores. Mas a lei determinava que apenas pacientes cujos transtornos mentais eram considerados tratáveis podiam ficar detidos além de suas sentenças de prisão. Os psicopatas eram considerados intratáveis e, portanto, Michael Stone teve que ser libertado.

Depois de sua condenação pelo assassinato das Russell, o governo decidiu abrir uma série de centros de tratamento — "centros de tratamento", disse Bob, fazendo as aspas com os dedos — para psicopatas. Logo depois, as unidades DSPD foram construídas. E, de fato, durante os dez anos que se seguiram, dificilmente alguém foi libertado de alguma delas. Depois que você se tornava paciente de uma dessas unidades, parecia não haver saída.

— Ah, por falar nisso — dizia-me Tony ao telefone agora — tem uma coisa que eu estava querendo pedir a você. Um favor.

— Pois não?

— Quando você escrever sobre mim em seu livro —, falou ele — por favor, ponha meu nome. Meu nome real. Nada desse negócio idiota de "Tony". Meu nome *de verdade.*

O Paddock Centre era uma fortaleza em estilo clean, agradável, moderna, em tons de pinho tranquilizadores. Uma unidade de segurança dentro de uma unidade de segurança. A iluminação era proposital e flagrantemente forte, eliminando qualquer possibilidade de sombra. As paredes eram de um amarelo pastel, uma cor tão inócua que mal aparecia. Os únicos lampejos de algo parecido com uma cor de verdade eram os vermelhos intensos dos muitos botões de pânico. Eles se enfileiravam nas paredes a intervalos exatos. O aquecimento central soava como um suspiro longo e alto.

Um guarda me colocou em uma cadeira de plástico, em um corredor sem graça — parecia um corredor de hotel novinho em folha — abaixo de um botão de pânico.

— Não se preocupe — disse ele, embora eu não tivesse perguntado —, nenhum paciente consegue chegar a essa parte.

— Onde estão os pacientes? — perguntei a ele.

Ele indicou o fim do corredor com a cabeça. Havia uma espécie de sala de observação. Depois dela, por trás de um vidro espesso e claro, havia duas alas grandes e sem graça, em plano aberto. Alguns homens se movimentavam dentro delas — os psicopatas — comendo chocolates, olhando as colinas onduladas pelas janelas. Em algum lugar, a uma distância próxima, em meio à neve, estavam o Castelo de Windsor, o hipódromo de Ascot e a Legoland.

Uma hora se passou lentamente. Enfermeiros e guardas apareciam para me cumprimentar e perguntar quem eu era. Eu disse que era amigo de Tony.

— Ah, Tony — disse um enfermeiro. — Conheço Tony.

— O que você acha dele? — perguntei.

— Tenho opiniões fortes sobre Tony — respondeu. — Mas não seria apropriado lhe dizer.

— Suas opiniões sobre Tony são fortemente positivas ou fortemente negativas?

Ele me encarou como se estivesse me dizendo: "Não vou lhe contar."

Mais tempo se passou. Éramos quatro no corredor agora: eu, o enfermeiro e dois guardas. Ninguém dizia nada.

— Eu me sinto um tanto privilegiado por estar neste prédio — falei, rompendo o silêncio.

— É mesmo? — disseram os outros em uníssono, lançando-me olhares intrigados.

— Bem, é um lugar misterioso. — Fiz uma pausa. — As pessoas de fora não podem vir aqui dentro.

— Temos algumas camas sobrando, se você quiser — respondeu o enfermeiro.

E então, de repente, houve um movimento. Pessoas estavam indo e vindo — advogados, enfermeiros, psiquiatras, magistrados, guardas — todo mundo muito apressado, tendo conversas privadas, confabulando, correndo para dar telefonemas frenéticos, entrando juntos em salas particulares.

— É sempre movimentado assim? — perguntei a um guarda.

— Não. — Ele parecia surpreso. Endireitou-se na cadeira.
— Isso não é normal. Está acontecendo alguma coisa.

— Alguma coisa a ver com Tony?

— Não sei — respondeu ele. Seus olhos viravam para um lado e o outro do corredor, como os de uma fuinha. Mas ninguém o chamou para ajudar com o que quer que estivesse acontecendo, então ele voltou a despencar na cadeira.

Um homem parou para se apresentar.

— Sou Anthony Maden — disse.

— Ah, oi — respondi. Embora eu tivesse trocado e-mails com ele algumas vezes durante certo tempo, esta era a primeira vez que eu me encontrava pessoalmente com o clínico de Tony, o clínico-chefe ali na DSPD. Ele era mais novo do que eu imaginara, um pouco mais desleixado e mais simpático.

— Esta sendo uma manhã agitada — disse ele.

— Por causa de Tony?

— Tudo provavelmente vai ficar claro, ou provavelmente *não* vai ficar claro, à medida que a manhã passar. —Ele começou a se afastar com pressa.

— Ei — chamei por ele. — Tony quer que eu coloque o nome dele em meu livro. O nome real.

Ele parou.

— Ah — falou.

— Mas e se finalmente ele sair em algum momento no futuro, e algum possível empregador dele ler meu livro? Como isso o ajudaria? E se o mundo descobrir que ele passou metade da vida na unidade de Transtorno de Personalidade Perigoso e Grave em Broadmoor?

— Sim — respondeu Anthony Maden.

Abaixei minha voz.

— Estou um pouco preocupado de que ele só queira que eu coloque seu nome verdadeiro por causa do item 2 da Lista de Hare. *Senso de autoestima elevado.*

Seu rosto se iluminou, como se dissesse: "Então você *entende*."

— Exatamente — disse ele.

Um homem idoso, de aparência simpática, parou. Usava um terno de tweed com gravata-borboleta.

— E quem é você? — perguntou-me ele.

— Sou jornalista. Estou escrevendo sobre Tony.

— Ah, ele é um caso muito interessante. Sou um dos magistrados do tribunal.

— Também o acho interessante — respondi. — O professor Maden sempre ficou intrigado por eu querer escrever sobre Tony e não, você sabe, sobre o Estrangulador de Stockwell, ou algo assim. Mas ele é interessante, não acha? — Fiz uma pausa. — Ele é tão *ambíguo*!

O juiz olhou para mim, seu rosto subitamente se fechando, e perguntou:

— Você é cientologista?

Membros da CCHR com frequência apareciam em julgamentos como esse.

— Não! — falei. — Não, não, não! Não mesmo. Claro que não. Mas foram os cientologistas que me trouxeram pela primeira vez a Broadmoor. E acho que um deles *está* chegando. Um homem chamado Brian.

— Os cientologistas são um grupo engraçado.

— Sim, é verdade. Mas eles me ajudaram e, sabe, não fizeram nenhuma exigência estranha. Foram apenas simpáticos e prestativos, sem querer nada em troca. Eu sei. Estou surpreso também. Mas o que posso dizer? — Dei de ombros. — É verdade.

(Na realidade, recentemente eles haviam me pedido algo em troca. A BBC estava planejando um documentário atacando-os e eles haviam me enviado um e-mail perguntando se eu participaria de um vídeo em resposta, testemunhando sobre como haviam me ajudado desde que os conhecera. Eu recusei. Eles rapidamente disseram que não tinha problema.)

Brian chegou agitado, sem fôlego.

— Perdi alguma coisa? — perguntou-me.

— Apenas um bocado de agitação misteriosa — falei. — Alguma coisa está acontecendo, mas ninguém diz o que é.

— Hum — falou Brian, olhando em volta, estreitando os olhos.

E então, de repente, um lampejo de cor, uma camisa marrom e um ruído. Claque, claque, claque.

— Ei — disse o guarda. — Lá vem ele!

Tony parecia diferente. Seu cabelo estava curto e rente quando o conheci. Agora estava longo e escorrido. Ele engordara um pouco também. Estava mancando sobre muletas de metal.

— O que houve com sua perna? — perguntou-lhe Brian.

— Fiquei aleijado — respondeu Tony. Ele olhou em volta e imediatamente cochichou para mim e Brian, com um olhar suplicante no rosto: — *Os guardas me espancaram.*

— *O quê?* — cochichei em resposta, estarrecido.

Uma expressão de raiva justiceira cruzou o rosto de Brian. Seus olhos se voltaram para a ala, procurando urgentemente alguém para tomar satisfação.

— É brincadeira — falou Tony, rindo. — Quebrei jogando futebol.

Estava na hora. Entramos na sala do tribunal. A audiência durou ao todo cinco minutos. Os juízes me disseram que se eu divulgasse detalhes do que acontecera dentro daquela sala — quem havia dito o que — seria preso. Então não direi. Revelo apenas o resultado: Tony foi libertado.

* * *

Ele parecia ter sido atingido por um ônibus. No corredor, seu advogado, Brian e alguns psiquiatras independentes que ele co-optara para o seu lado o cercavam, felicitando-o. O processo duraria três meses — tempo que seria usado para encontrarem uma cama para ele passar por um período de transição em uma unidade de segurança média, ou para colocá-lo diretamente na rua. Mas não havia mais dúvida. Ele sorriu, mancou na minha direção e me entregou uma pilha de papéis.

Eram relatórios independentes, escritos para o tribunal por vários psiquiatras que haviam sido convidados para avaliá-lo. Os documentos contavam coisas que eu não sabia sobre Tony: que sua mãe era alcoólatra, batia nele regularmente e o chutou para fora de casa; que ele ficou desabrigado durante alguns dias na época e, depois, sua mãe o deixou voltar para casa; que os namorados dela eram quase todos viciados em drogas e criminosos; que ele foi expulso da escola por ameaçar a funcionária da cantina com uma faca; que ele foi enviado para internatos e escolas especiais, mas fugiu porque sentia falta de casa e da mãe.

Perguntei-me se, às vezes, a diferença entre um psicopata em Broadmoor e um psicopata em Wall Street era a sorte de nascer em uma família estável e rica.

Tony entrou na sala ao lado para assinar algumas coisas com seu advogado. Continuei folheando os papéis.

Trechos de Anotações sobre o Caso Broadmoor

27 DE SETEMBRO DE 2009
Em boa forma.

25 DE SETEMBRO DE 2009.
Bem-humorado.

16 DE SETEMBRO DE 2009

Humor e comportamentos estáveis. Passou a tarde inteira em grupo, interagindo com funcionários e colegas pacientes.

5 DE SETEMBRO DE 2009

Mostrou a funcionários uma personagem que criou no X-Box. A personagem é do sexo feminino, de pele negra e foi criada deliberadamente para não parecer atraente — quase como um zumbi nos traços faciais. Ele disse que criou a personagem com o nome de uma funcionária. A funcionária conversou com ele, disse que aquilo era desagradável e inapropriado e pediu várias vezes para que ele mudasse o nome da personagem. Ele se recusou e falou que ela deveria aguentar a piada. A criação dessa personagem não parecia uma piada de verdade, mas sim uma expressão de sua aversão e seu desrespeito por ela.

25 DE AGOSTO DE 2009

Dia de voleibol. Mais tarde interagindo com colegas pacientes e funcionários de maneira apropriada.

Na parte final do documento, havia as conclusões.

OPINIÃO

A questão é inteiramente periculosidade. Ele não é ignorante. Permaneceu limpo o tempo todo. Se sair e cometer outro delito, receberá IPP [sentença indeterminada para proteção pública] com um período muito longo — não há dúvida alguma quanto a isso, e ele deve ser informado sobre essa questão, o que esqueci de fazer.

Eu recomendaria liberação absoluta. Acho que as provas são de que seu distúrbio mental não é nem de na-

tureza nem de grau que tornem apropriado seu tratamento em um hospital psiquiátrico por mais tempo. Não
acho que ele precisa ficar detido no interesse de sua saúde, segurança ou para a proteção de outros. Não o considero perigoso.

— O que você tem que perceber — disse Tony, enquanto eu
tirava os olhos dos papéis — é que todo mundo é um pouco
psicopata. Você é. Eu sou. — Ele fez uma pausa. — Bem, obviamente *eu* sou.

— O que você vai fazer agora? — perguntei.

— Talvez me mudar para a Bélgica — respondeu ele. —
Tem uma mulher lá que me atrai. Mas ela é casada. Terei que
fazê-la se divorciar.

— Bem, você sabe o que dizem sobre os psicopatas — falei.

— Somos *manipuladores*!

O enfermeiro que me contara de maneira enigmática sobre
suas fortes opiniões sobre Tony se aproximou. Perguntei:

— E então?

— É a decisão certa — disse ele. — Todos acham que ele
deve sair. Ele é um cara bom. Seu crime foi horrível, e foi certo
trancafiá-lo por um longo tempo, mas ele perdeu anos de sua
vida em Broadmoor, e não deveria ter perdido.

— Todo mundo pensa assim? Até o professor Maden?

Examinei o professor. Pensei que ele podia estar decepcionado, ou mesmo preocupado, mas na verdade, ele parecia satisfeito. Aproximei-me dele.

— Depois que fiz o curso de Bob Hare, passei a acreditar
que os psicopatas são monstros — falei. — Eles são apenas *psicopatas*, é isso que os define, é isso o que eles *são*. — Fiz uma
pausa. — Mas Tony não seria uma espécie de *semi*psicopata?
Em uma área mais neutra. Sua história não prova que as pes-

soas que se situam no meio não devem necessariamente ser definidas por seus aspectos mais loucos?

— Acho que você está certo — respondeu o professor. — Pessoalmente, não gosto da maneira como Bob Hare fala sobre psicopatas, quase como se eles fossem uma espécie diferente.

Agora Tony estava em pé, sozinho, olhando para a parede.

— Ele tem um nível muito alto de algumas características psicopáticas — disse o doutor. — Tony nunca assume responsabilidade, tudo é culpa de alguma outra pessoa. Mas ele não é um criminoso que apresenta perigo. Então ele pode ser um brigão nas circunstâncias certas, mas não procura causar danos sérios em seu próprio interesse. Eu também diria que você nunca pode reduzir qualquer pessoa a um rótulo de um diagnóstico. Tony tem muitas qualidades afetuosas quando você olha além do rótulo.

Examinei Tony. Pensei por um segundo que ele estava chorando. Mas não, estava apenas ali parado.

— Mesmo que você não aceite essas críticas ao trabalho de Bob Hare — continuou o professor Maiden —, é óbvio, se olhar a lista dele, que você pode ter uma pontuação alta se for impulsivo e irresponsável, ou se planejar friamente fazer alguma coisa. Portanto, pessoas muito diferentes acabam tendo a mesma pontuação. — Ele fez uma pausa. — É preciso, porém, ter cuidado com as qualidades afetuosas de Tony. — Muitas pessoas com personalidade bastante danificada têm carisma, ou alguma outra qualidade que atrai as pessoas.

— O que o senhor acha que vai acontecer com ele? — perguntei.

— Seu destino está agora em suas próprias mãos — disse ele, dando de ombros.

O destino de Tony, como se viu, não estava em suas próprias mãos. Ele, de fato, foi libertado de Broadmoor, mas quando me telefonou, alguns meses depois, tinha, segundo ele, "saído da frigideira para cair no fogo."

— Eles me mandaram para o Bethlem, Jon, o lugar formalmente conhecido como Bedlam, e não parecem muito dispostos a me deixar sair.

Bedlam: uma instituição com uma história tão assustadora que seu nome virou sinônimo de caos e pandemônio.

— Quando digo que estou no fogo, é sério — continuou Tony. — Outra noite, alguém tentou incendiar a ala.

— Como você passa seus dias? — perguntei a ele.

— Fico aqui sentado e não faço porra nenhuma — respondeu ele. — Só engordando com comida para viagem.

— Como são seus novos vizinhos? Eles não podem ser tão intimidantes quando o Estrangulador de Stockwell e o Estuprador da Ponta dos Pés entre as Tulipas, certo?

— São *bem* piores. Há uns caras muito loucos por aqui.

— Quem, por exemplo?

— Tony Ferrera. Procure saber sobre ele. Você vai descobrir que ele é realmente um cara difícil. Ele morava em uma casa abandonada e estava andando por aí quando viu uma mulher. Ele a estuprou e a esfaqueou e ateou fogo nela. Está aqui. Tem também Mark Gingell. Esse tem dois casos de estupro e não sei mais o quê...

— Algum deles é uma pessoa legal com quem você pode conversar?

— Não.

— Você está assustado?

— Completamente. Se você não ficar assustado com essas pessoas, deve haver algo de errado com você.

— Ah, por falar nisso, eu estava querendo lhe contar sobre meu dia com Toto Constant. Ele comandava um grupo de extermínio haitiano. Agora está preso por fraude em hipoteca. Quando o conheci, Toto ficava dizendo que realmente queria que as pessoas gostassem dele. Era muito sensível aos sentimentos das pessoas por ele. Pensei: "Isso não é muito típico de um psicopata."

— Sim — disse Tony. — Já parece triste.

— Até que eu disse a ele: "Isso não é uma fraqueza? Querer que as pessoas gostem de você tanto assim?" E ele respondeu: "Não, não é! Se você consegue fazer as pessoas gostarem de você, pode manipulá-las para que elas façam o que quiser."

— Meu Deus! — disse Tony. — É o psicopata em pessoa.

Ele fez uma pausa.

— Eu nem sequer *pensei* nisso! — exclamou. — Juro por Deus, isso nem me passou pela cabeça.

No início de janeiro de 2011, não muito tempo depois de me enviar uma mensagem de Natal ("Os amigos são o bolo de frutas da vida — alguns têm cabeça de coco, alguns são embebidos em álcool, alguns são doces..."), Tony foi libertado do Bethlem.

Acho que o negócio da loucura está cheio de gente como Tony, reduzidas aos seus aspectos mais loucos. Algumas pessoas, como Tony, estão trancafiadas em unidades intensivas por terem tido uma pontuação alta na lista de Hare. Outras aparecem na TV, com seus atributos maçantes, comuns e nada insanos habilmente editados, referências de como não devemos ser. Mas também há pessoas que se encontram no meio do caminho e estão sendo rotuladas de forma exagerada, tornando-se nada mais do que uma grande demonstração de loucura na mente de pessoas que tiram proveito disso.

Bob Hare estava passando por Heathrow, e então nos encontramos pela última vez.

— O cara que andei visitando em Broadmoor — falei, mexendo meu café. — Tony. Ele acabou de ser solto.

— Ah, meu Deus — disse Bob.

Olhei para ele.

— Bem, ele foi para Bethlem. Mas estou certo de que estará nas ruas em breve. — Fiz uma pausa. — O clínico dele criticou você. Disse que você fala sobre psicopatas quase como se eles fossem uma espécie diferente.

— Todas as pesquisas indicam que eles não são uma espécie diferente — respondeu Bob. — Não há prova alguma de que eles formam uma espécie diferente. Então ele está mal informado sobre a literatura científica. Deveria se atualizar nos estudos. Isso é dimensional. Ele precisa saber disso. É dimensional.

— Claro que é dimensional — respondi. — Sua lista pontua tudo de zero a quarenta. Mas ele estava se referindo à maneira *geral* como você fala sobre os psicopatas...

— Ah, sim — disse Bob, friamente. — Eu sei.

— Foi isso que ele quis dizer.

— Isso é uma *conveniência* — afirmou Bob. — Se falamos de alguém com pressão sanguínea alta, falamos de um hipertenso. É um *termo*. Esse cara não entende esse conceito específico. Dizer "psicopata" é como dizer "hipertenso". Eu poderia dizer: "Alguém que atingiu um determinado número de pontos ou mais na Lista PCL-R". Mas seria cansativo. Então me refiro a eles como psicopatas. E é isso que quero dizer quando falo em psicopatia: quero dizer uma pontuação alta na classificação da PCL-R. Não sei bem o quanto ela tem que ser alta. Para pesquisas, trinta é conveniente, mas não é absoluto.

Bob olhou calmamente para mim.

— Não tenho culpa disso — disse ele. Houve um silêncio. — Minha sensação, lá no fundo, porém, é de que talvez eles sejam diferentes. Mas ainda não determinamos isso.

— Acho que o cara de Broadmoor é um semipsicopata.

Bob deu de ombros. Ele não conhecia Tony.

— Então devemos defini-lo por sua psicopatia ou por sua sanidade? — perguntei.

— Bem, as pessoas que dizem esse tipo de coisa, e eu não uso isso de maneira pejorativa, são normalmente de esquerda, acadêmicos de tendência socialistas. Eles não gostam de rótulos. Não gostam de falar sobre diferenças entre as pessoas. —

Ele fez uma pausa. — As pessoas dizem que defino a psicopatia em termos pejorativos. De que outra maneira posso fazer isso? Falar das coisas *boas*? Eu poderia dizer que ele é bom de papo. Que beija bem. Que dança de maneira excelente. Que tem bons modos à mesa. Mas ao mesmo tempo ele sai por aí matando gente. Então o que eu vou *enfatizar*?

Bob riu. Eu ri também.

— Peça a uma vítima de um psicopata para ver as coisas positivas e ela dirá que é impossível — disse Bob.

É claro que rótulos exagerados ocorrem, segundo Bob. Mas isso está sendo perpetrado pelas empresas farmacêuticas.

— Espere para ver o que acontecerá quando desenvolverem um remédio para psicopatia. O limite vai cair para 25, vinte...

— Acho que ser um identificador de psicopatas é algo que me deixou um pouco obcecado por poder — falei. — Acho que fiquei assim depois de fazer seu curso.

— Conhecimento é poder — disse Bob. Então ele me lançou um olhar afiado. — Eu me pergunto, por que *eu* não me tornei obcecado pelo poder?

Algumas semanas depois, chegou um pacote para mim. O carimbo postal indicava Gotemburgo, Suécia. No canto de cima alguém havia escrito: "Hoje 21 anos se passaram desde O Evento — agora depende de nós!"

Encarei o pacote por algum tempo. Então rasguei e abri.

Dentro havia um exemplar de *O ser ou o nada*. Eu o virei em minhas mãos, admirando sua beleza estranha, limpa, os buracos cortados na página 13, as palavras e padrões e desenhos enigmáticos, as 21 páginas em branco.

Tornar-me um dos que haviam recebido *O ser ou o nada* foi uma grande surpresa, mas não totalmente inesperada. Petter havia me enviado um e-mail alguns dias antes para me dizer que logo eu receberia algo pelo correio, que haveria uma mensagem ali dentro para mim e que talvez eu não a entendesse imediatamente, mas também que a mensagem era importante e eu deveria perseverar, e talvez até consultar meus colegas.

"Demorei 18 anos para descobrir como executar a fase 1", escreveu ele, "portanto, seja paciente e você acabará descobrindo como proceder. Depois de amanhã, você não conseguirá mais se comunicar comigo. Isso é uma pena, mas é assim que tem que ser."

"Se eu lhe enviar um e-mail depois de amanhã você não vai responder?", escrevi de volta.

"Você pode enviar o e-mail, mas não posso responder", escreveu ele. "É assim que tem que ser."

E então eu tive o espaço de um dia para disparar tantas perguntas para ele quanto podia. Comecei perguntando por que cada página era seguida de uma página em branco.

"Estou surpreso por ninguém ter comentado isso antes, mas é claro que não é coincidência", respondeu ele. "Vinte e uma páginas com texto mais 21 páginas em branco é igual a 42 páginas (*O ser ou o nada*). Achei que isso seria bastante óbvio."

"Todo esse trabalho manual complicado — cortar cuidadosamente as letras da página 13, e assim por diante — você fez isso sozinho ou teve alguma ajuda?"

"Faço sozinho todos os cortes, a fixação das etiquetas, a inserção da 'carta ao professor Hofstadter'", respondeu ele. "Uma tarefa bastante chata."

"E as pessoas que recebem?", perguntei em outro e-mail. "Por que foram escolhidas? Qual foi o padrão?

Ele não respondeu imediatamente. Fiquei olhando para a caixa de entrada. Até que chegou: "Tem que restar um pequeno mistério", respondeu ele.

E, com isso, ele pareceu se retirar novamente, como que assustado com sua sinceridade acidental.

"Não há mais nada que eu possa lhe dizer", escreveu ele. "Quando você receber a mensagem, siga o seu coração. Quanto à direção, ela virá para você. Deixe que os acontecimentos se desenrolem. Agora você é o escolhido, e não eu! Você é uma boa pessoa e tenho certeza de que fará a coisa certa — qualquer que seja ela."

A TV estava ligada. Havia um programa sobre como Lindsay Lohan estava farreando ao "estilo Britney".

Agora você é o escolhido, e não eu! Você é uma boa pessoa e tenho certeza de que fará a coisa certa — qualquer que seja ela.

Sem parar para pensar, escrevi para ele um e-mail de *mea culpa*, dizendo que quando o conheci, quando o cerquei na entrada de sua casa em Gotemburgo, achei que ele fosse apenas um excêntrico e obsessivo. Eu o havia reduzido a isso. No entanto, agora podia ver que eram suas excentricidades e obsessões que o haviam levado a produzir e distribuir *O ser ou o nada* das maneiras mais intrigantes. Não há prova alguma de que fomos postos neste planeta para sermos especialmente felizes ou especialmente normais. E, de fato, nossa infelicidade e nossas esquisitices, nossas ansiedades e compulsões, os aspectos menos elegantes de nossas personalidades, são muitas vezes o que nos leva a fazer coisas bastante interessantes.

Ele me respondeu: "Posso ser um pouco obsessivo, tenho que admitir..."

E então, como prometera que faria, Petter encerrou todo e qualquer contato por e-mail.

Agora, eu virava o livro em minhas mãos, e algo caiu. Era um envelope com meu nome escrito e um pequeno adesivo de um golfinho.

Sentindo-me inesperadamente excitado, eu o rasguei e abri.

Era um cartão: uma pintura de uma borboleta e um lírio azul. Abri-o. E dentro, escrita à mão, estava a mensagem, com apenas duas palavras...

"Boa sorte!"

NOTAS/FONTES/BIBLIOGRAFIA/ AGRADECIMENTOS

Estar entre meus primeiros leitores pode ser uma experiência um tanto estressante, já que tenho uma tendência a entregar o manuscrito e ficar ali, exalando uma mistura silenciosa de desafio e desespero. Minha esposa, Elaine, e também William Fiennes, Emma Kennedy, Derek Johns e Christine Glover, da AP Watt, merecem, portanto, meus maiores agradecimentos.

Havia quatro ou cinco páginas do capítulo "A noite dos mortos-vivos" que estavam chatas e eu precisava que alguém me dissesse isso. Ben Goldacre ficou feliz — talvez feliz demais — por fazer isso. Adam Curtis e Rebecca Watson foram caixas de ressonância brilhantemente inteligentes, assim como meus editores Geoff Kloske, na Riverhead, e Paul Baggaley, na Picador, e Camilla Elworthy e Kris Doyle.

Sou muito grato a Lucy Greenwell por ajudar a pesquisar e preparar minha viagem a Gotemburgo.

Gravei uma primeira versão de "O homem que fingia ser louco" para o programa *This American Life*, da Chicago Public Radio. Obrigado, como sempre, a Sarah Koenig, Ira Glass e Julie Snyder.

Minha pesquisa sobre Harry Bailey e o Tratamento de Sono Profundo vieram de *Medical Murder: Disturbing Cases of Doctors Who Kill*, de Robert M. Kaplan (Allen and Unwin, 2009).

As informações sobre a vida e a morte de L. Ron Hubbard vieram de vídeos de cientologia e do documentário de 1997 do Channel 4, *Secret Lives: L. Ron Hubbard*, produzido e dirigido por Jill Robinson e pela 3BM.

Gostei de reunir a história de Elliott Barker/Oak Ridge. A pesquisa sobre a odisseia do Dr. Barker me levou a *R.D. Laing: A Life*, de Adrian Laing (Sutton, 1994-2006); "Baring the Soul: Paul Bindrim, Abraham Maslow and 'Nude Psychotherapy'", de Ian Nicholson *(Journal of the History of the Behavioral Sciences*, Wiley Periodicals Inc: Volume 43 (4), outono de 2007); e *Please Touch*, de Jane Howard (McGraw-Hill, 1970).

Aprendi sobre a experiência em Oak Ridge lendo *An Evaluation of a Maximum Security Therapeutic Community for Psychopaths and Other Mentally Disordered Offenders*, de Marnie E. Rice, Grant T. Harris e Catherine A. Cormier (Plenum Publishing, 1992), "Reflections on the Oak Ridge Experiment with Mentally Disordered Offenders, 1965-1968", de Richard Weisman (*International Journal of Lawand Psychiatry*, Vol. 18, 1995); *The Total Encounter Capsule*, de Elliott T. Barker, M.D., e Alan J. McLaughlin (Canadian Psychiatric Association, 1977); e *Total Encounters: The Life and Times of the Mental Health Centre at Penetanguishene*, de Robert F. Nielsen (McMaster University Press, 2000). Obrigado a Catherine Cormier e Pat Reid, de Oak Ridge, e a Joel Rochon.

Montei o capítulo sobre Bob Hare em parte por meio de minhas entrevistas com ele, mas também lendo seus livros *Without Conscience: The Disturbing World of the Psychopaths Among Us* (The Guilford Press, 1999) e *Snakes in Suits: When Psychopaths Go to Work* (Harper, 2007), que tem como coautor Paul Babiak.

A história sobre Nicole Kidman que Bob Hare conta vem do artigo "Psychopaths Among Us", de Robert Hercz, 2001.

Minhas informações sobre a história de Jack Abbott/Norman Mailer vieram de "The Strange Case of the Writer and the

Criminal", de Michiko Kakutani (*New York Times Book Review*, 20 de setembro de 1981) e *In the Belly of the Beast*, de Jack Henry Abbott, com a Introdução escrita por Norman Mailer (Vintage, 1991).

Os conhecimentos sobre os crimes de Emmanuel "Toto" Constant vieram de "Giving 'The Devil' His Due", de David Grann (*Atlantic*, junho de 2001).

Obrigado a Ben Blair e Alan Hayling pela ajuda no capítulo "A noite dos mortos-vivos", e a John Byrne por seu livro *Chainsaw: The Notorious Career of Al Dunlap in the Era of Profit at Any Price* (HarperBusiness, 1999), bem como por sua pesquisa sobre Al Dunlap nas revistas *Business Week* e *Fast Company*.

Meu objetivo de entender a relação entre a brutalidade da reestruturação de Al Dunlap e o enorme aumento do preço das ações da Sunbeam me levou a Michael Shermer, Joel Dimmock, Paul Zak e Ali Arik. Agradeço a todos eles.

Obrigado a Laura Parfitt e Simon Jacobs, produtores da minha série na BBC Radio 4, *Jon Ronson On...*, pela ajuda na história de David Shayler, e a Merope Mills e Liese Spencer, da *Guardian Weekend*, pela ajuda com Paul Britton. O fiasco Colin Stagg/Paul Britton é descrito de maneira mais interessante nos livros *The Rachel Files*, de Keith Pedder (Blake Publishing, 2002); *The Jigsaw Man*, de Paul Britton (Corgi Books, 1998); e *Who Really Killed Rachel?*, de Colin Stagg e David Kessler (Greenzone Publishing, 1999).

A pesquisa sobre o DSM-IV e o capítulo "A evitável morte de Rebecca Riley" me levaram a quatro fontes brilhantes: "Dictionary of Disorder: How One Man Revolutionized Psychiatry", de Alix Spiegel (*New Yorker*, 3 de janeiro de 2005); *The Trap*, de Adam Curtis (BBC Television); "The Encyclopedia of Insanity — A Psychiatric Handbook Lists a Madness for Everyone", de L.J. Davis (*Harpers Magazine*, fevereiro de 1997); e "Pediatric Bipolar Disorder: An Object of Study in the Creation of an Illness", de David Healy e Joanna Le Noury (North Wales Department of Psychological Medicine, Cardiff University, Bangor, 2007).

E agradeço a Alistair Stevenson por me dar uma linha bonita que resumiu meus sentimentos sobre esses ideólogos cujo amor pela polêmica e cuja falta de confiança na psiquiatria os cegam para o sofrimento muito real das pessoas com sintomas de saúde mental incomuns.

Este livro foi composto na tipologia Minion Pro,
em corpo 11,5/14,8, impresso em papel off-white,
no Sistema Cameron da Divisão Gráfica
da Distribuidora Record.